从入门到精通的
四维薪酬设计全案

舒瀚霆 ◎ 著

电子工业出版社
Publishing House of Electronics Industry
北京·BEIJING

未经许可，不得以任何方式复制或抄袭本书之部分或全部内容。
版权所有，侵权必究。

图书在版编目（CIP）数据

成也薪酬 败也薪酬：从入门到精通的四维薪酬设计全案 / 舒瀚霆著 . — 北京：电子工业出版社，2022.7

ISBN 978-7-121-43924-7

Ⅰ.①成… Ⅱ.①舒… Ⅲ.①企业管理－工资管理 Ⅳ.① F272.923

中国版本图书馆 CIP 数据核字（2022）第 117515 号

责任编辑：张振宇　　　　　特约编辑：田学清
印　　刷：三河市良远印务有限公司
装　　订：三河市良远印务有限公司
出版发行：电子工业出版社
　　　　　北京市海淀区万寿路 173 信箱　　邮编：100036
开　　本：700×1000　1/16　　印张：24.5　　字数：370 千字
版　　次：2022 年 7 月第 1 版
印　　次：2022 年 7 月第 1 次印刷
定　　价：78.00 元

凡所购买电子工业出版社图书有缺损问题，请向购买书店调换。若书店售缺，请与本社发行部联系，联系及邮购电话：（010）88254888，88258888。

质量投诉请发邮件至 zlts@phei.com.cn，盗版侵权举报请发邮件至 dbqq@phei.com.cn。
本书咨询联系方式：（010）88254210，influence@phei.com.cn，微信号：yingxianglibook。

成也薪酬　败也薪酬

今天，薪酬变得更简单了，还是更复杂了？

这是一个不容易回答的问题。老板们发现，管理方法层出不穷，可真正对公司起作用且行之有效的管理方法寥寥无几。HR们也发现，从学校和专业书籍里学到的理论知识是一回事儿，在工作中的实际运用又是另一回事儿。

特别是在互联网和大数据时代来临之后，这样的趋势越发明显：一方面，传统薪酬模式的余威尚在，岗位、能力、绩效仍然是我们这个时代的薪酬最强劲有力的"三驾马车"；另一方面，互联网带来的组织变革和大数据产生的时代效应使得"80后""90后""00后"成为公司的核心人才，"大众创业，万众创新"的新形势对社会带来深刻影响，万物互联和人工智能时代促进人性复苏等，又为薪酬体系带来了深刻的变革。要在旧方法和新变革之中做出取舍，往往是最难的。

事实上，大多数老板和薪酬工作者已经深有体会：薪酬变得越来越难做了。

在我的轻奢顾问企业家社群"瀚霆研习会"上，曾经有一位企业家会员和我半开玩笑地说："瀚霆老师，你万万想不到，我们这些企业不是被市场搞死的，而是发工资发死的。"

这番话引起了我的深思。由于不会发工资，很多企业不是因此导致人才的"劣币驱良币"现象，造成优秀人才流失，成为行业的"黄埔军校"，就是招不到优秀人才，致使企业发展因人才匮乏而失去发展与转型的机会，或者无法有效地激活员工，让企业里的人变得越来越"佛系"等。

我专注于企业经营管理咨询20余年，服务过的企业有数百家，培训过的企业家及高管有数万人次。在这20多年间，我见证了太多企业因为薪酬问题而由兴盛转为衰败。面对薪酬问题，一部分企业显得束手无策，只能隐忍屈服。另一部分企业尝试做出改变，却收效甚微。究其原因，往往是这些企业没有找到薪酬问题的根源所在。

在很多企业里，薪酬问题往往都被视为HR的事情。有问题问HR，出问题责怪HR，已经成为很多企业潜意识里的共识。

可问题往往是，99%的薪酬问题或许并不是HR的错，也绝非老板不够支持，而是管理者缺乏必要的"薪酬素养"，对薪酬方案一知半解，想要支持HR的工作，却不知道如何支持；想要解决薪酬问题，却不知道从何着手，致使薪酬的规划设计与落地执行之间产生了严重的分歧与隔阂，甚至是偏差与错误，导致专业的薪酬方案失效，进而导致大量的企业陷入薪酬困局中不能自拔。

市面上，关于薪酬的书籍琳琅满目，可是却很少有人注意到因为老板与HR角色的偏差所造成的薪酬困局。

在进行了大量的市场考察，基本盘点了市面上的薪酬书籍后，我惊讶地发现，面向人力资源工作者（或MBA）的专业薪酬书籍竟然占据了80%以上，而针对企业老板和管理者的薪酬书籍却不足10%。

出现这种现象，说明大多数的薪酬书籍的作者尚未意识到：薪酬不只是HR的痛点，更是老板的痛点，是企业管理者的痛点。于是，抱着"能够同时满足老板和HR共同需求"的想法，我创作了《成也薪酬 败也薪酬》这套书籍。

本书是这套薪酬书籍的第二本，是针对薪酬工作者而创作的书籍，主要从"术"和"器"的角度，对薪酬知识进行了梳理。这里的"术"是指具体操作的方式，"器"是指承载这些方式的工具。

从这本书中，你将了解大量实用的薪酬设计方法和操作工具，它将让你对薪酬有一个更专业、更深入、更细致的认知。

同时，你还会掌握一套全新的四维薪酬体系，这套体系从岗位、能力、绩效和战略四个维度，对企业进行了全面的分析。这是一套立体的、完善的、有效的薪酬体系。

通过对这本书的阅读，你还会了解到企业在薪酬设计方面需要达到的"终极效果"，那就是实现"上联战略，下接策略，对内公平，对外吸引，远能发展，近能激励，动可挑战，静有保障"，即"上、下、内、外、远、近、动、静"的薪酬八字方针。

关于薪酬八字方针，我在本套薪酬书籍的第一本《成也薪酬 败也薪酬——让老板发的每一分工资都有效》中，也就是本书的姊妹篇中有更为详细的介绍。该书从人性和战略的视角出发，总结出企业最容易遭遇的"八只薪酬拦路虎"，并据此提炼出薪酬八字方针，从"道"与"法"的高度，帮助企业老板和管理者找出企业的薪酬困局，并提出解决方案。这里的"道"是指承载薪酬的人性和道理，"法"是指薪酬的策略和方法。该书的创作初心是帮助企业老板和管理者站在企业的视角，对薪酬进行宏观的了解和把握，因此视角更高、角度更宽、格局更大，审视的薪酬问题也更为宏观。

两本书合在一起，分别从"道、法、术、器"四个不同的高度和角度，对企业中的薪酬进行了全面的剖析，构成了一套完整的薪酬认知体系，两本书合在一起阅读效果自然更佳。

同时，两本书合在一起阅读，也正好满足了我创作本套薪酬书籍的初衷：既能满足老板的阅读需求，又能让薪酬工作者从中受益。

不过，当创作薪酬书籍的想法在我的脑海中萌发时，对于其中的诸种困难，我也有所顾虑。真正让我下定决心一定要把这本书写好的原因，很大一部分是来自我的顾问客户和"瀚霆研习会"的企业家会员们。

作为一名给数百位老板及其高管授课的资深顾问,在每次授课结束后,我都会收到大量的反馈。一方面,是他们遭遇的各类经营、管理和薪酬的问题,在寻求我的帮助和解答;另一方面,他们也向我反馈,每次的培训授课对他们的帮助都很大,帮助他们解决了很多困惑的问题。略有遗憾的是,当他们回到企业,重新回忆我所讲授的内容时,往往会有疏漏。他们希望我能就所讲授的内容出一本书,以供他们随时翻阅,解决困惑。

一些企业家们在听过我的课之后都风趣地说:"瀚霆老师,你讲的薪酬,可谓道中有术,术中有道,不限于狭隘的视角,结合了老板的视野和 HR 的做法。如果不出一本书让更多的人知道,实在是太可惜了。"

正是这些企业家朋友们的支持,为我出这本书带来了极大的信心和鼓励。于是,我开始尝试着整理几十年来在薪酬方面的大量的实践内容,特别是我在数十家企业担任顾问的时候遇到的问题和总结的经验。我想,这些问题在很多企业都是通病,是值得所有老板注意的。

同时,我也要感谢我的团队,他们在短时间内重新翻阅、收集、整理了许多的实践资料,从我服务过的 100 余家重点企业案例中,提炼出大量共性的问题,供我思考和写作。尤其要感谢我的助理陈泓伊、蔡昌鹏和刘汉松,他们在资料的收集整理、方法的总结提炼、品质的把控、书籍结构的构建和内容的加工打磨等方面,为我提供了大量的建议,并完成了很多实质性的工作,帮助我在很大程度上缩短了创作的时间,让这本书尽早地跟大家见了面。

正如前面所讲,我写这本书的初衷有两个:一是那些可爱可敬的企业家们强烈的期愿触动了我;二是作为一名资深企业顾问,我深知薪酬的问题和痛点所在,想写一本真正可以帮助老板和 HR 工作者的书籍。

但当我的创作接近尾声时,内心一种更为强烈的愿望突然被唤醒:我曾经是一名"拿工资"的员工,后来成为一名"发工资"的老板,现在又是一名"教别人如何发工资"的顾问。其中的角色转换以及不同角色对薪酬的不同看法,让我有太多的触动和思考,我想要分享给更多的人。

这本书于我来说,已经不单单是 20 多年管理经验的总结,更是这 20 多年我一路走来的成长和转变。以此书与君共勉,希望你能读有所益,用有所获,使你的事业蒸蒸日上,你的企业蓬勃发展。

舒瀚霆

2022 年 1 月

目　录

第一章　遵循八字方针，构建四维薪酬体系 / 001
　　第一节　常用的薪酬模式 / 001
　　第二节　构建四维薪酬体系 / 010

第二章　岗位价值评估，四维薪酬设计的基石 / 032
　　第一节　岗位价值评估的方法 / 034
　　第二节　岗位价值评估的操作流程 / 089
　　第三节　从岗位价值评估到岗位薪酬设计 / 104

第三章　能力素质模型，四维薪酬设计的带宽 / 132
　　第一节　设计薪档，为能力薪酬设计做铺垫 / 134
　　第二节　通过技能/知识模型，设计技能型/知识
　　　　　　型能力薪酬 / 144
　　第三节　通过胜任力模型，设计胜任力型能力薪酬 / 153
　　第四节　通过任职资格模型，设计任职资格型
　　　　　　能力薪酬 / 187

第四章　绩效薪酬，四维薪酬设计的激励 / 199
　　第一节　绩效薪酬与固浮比 / 201

第二节　绩效目标的制定 / 209

第三节　绩效目标分解 / 219

第四节　绩效指标的提炼 / 227

第五节　绩效结果考评 / 249

第六节　绩效薪酬设计 / 265

第五章　战略薪酬，四维薪酬激励的整合 / 289

第一节　利用 SWOT 分析法，制订战略事件计划 / 290

第二节　利用人才九宫格，盘点战略人才 / 302

第三节　利用四维薪酬，打造富有竞争力的薪酬体系 / 327

第六章　薪酬管理，四维薪酬效力的保障 / 339

第一节　做好薪酬预算，为企业的薪酬体系打下坚实的基础 / 340

第二节　制定薪酬管理制度，保障企业薪酬体系的正常运转 / 349

结束语 / 379

第一章
遵循八字方针，构建四维薪酬体系

第一节　常用的薪酬模式

薪是指薪水、薪金、薪资，是用现金、物质来衡量的个人回报；酬是指报酬、报答、答谢，是着眼于非物质、精神层面的酬劳。狭义上的薪酬，主要是指薪的方面，也就是对员工的物质性回报；广义上的薪酬，包括薪和酬两个方面，即物质上的回报和非物质上的酬劳。

现代意义上的薪酬诞生于 18 世纪中后期的英国，是按照工作时间或生产数量，支付给劳动工人的报酬，称作"工资（Wage）"。这个时期的薪酬只有工资，没有奖金和福利。到了 19 世纪末，大量的监工和白领出现在工厂和企业中，对于他们的薪酬激励变得稳定和复杂，于是产生了"薪水（Salary）"。薪水是按照这些监工和白领的岗位责任大小和所需要的技能要求，按时支付报酬。这个时期的薪酬不仅包含工资，还增加了一些福利。20 世纪 60 年代，一些企业为了激励核心员工，开始为其提供股权和分红，并且福利在总薪水中的占比也越来越高。"薪水"一词已经不足以表现这时的薪酬概念，于是在 20 世纪 90

年代前后,"薪酬(Compensation)"被引入人力资源管理中,取代"薪水",成为我们现在意义上所说的薪酬概念。

自诞生至今,薪酬的含义不断变化,涵盖的内容不断丰富。不过,传统薪酬的底层逻辑却没有改变。企业付薪给员工,员工为企业做事。在此基础上,企业付薪的依据和形式变得尤为重要,即企业为什么和怎么付薪?

对这个问题的不同回答,产生了大量不同类型的薪酬模式。其中,最常见的薪酬模式包括协议薪酬制、等级薪酬制、计时薪酬制、计件薪酬制、提成薪酬制、年薪制和薪点制。

一、协议薪酬制,为双方意愿付薪

协议薪酬制最早起源于英国。1845年,英国国内一些规模较小、没有组织的行业,共同成立了"全国各业劳工保护会"。到了19世纪后半叶,这个保护会发展成为"工联主义",最早提出劳资双方代表全权谈判制度,就工作报酬、工作时间及其他雇佣条件,老板和员工进行了坦诚的谈判,以在薪酬问题上达成统一。

在劳资谈判制度的基础上,逐渐形成了协议薪酬制。所以协议薪酬制也叫谈判薪酬制,是根据企业的经营状况、劳务市场的供求关系、员工工作的复杂程度等因素,由企业和员工进行当面谈判,从而决定薪酬水平高低的薪酬制度。

在这种薪酬模式下,企业和员工通过谈判、协商等方式,形成一个统一的"劳动协议"或"合同"。协议达成后,双方必须履行和遵守,任何一方不得强迫对方执行协议以外的内容和终止协议内容。同时,劳资双方可以对各自履行的义务、协议中规定的问题、协议的执行情况等提出质询,双方有责任和义务回答对方的质询。

双方谈判的过程是一个典型的博弈过程。双方在谈判过程中,往往会为自己设定谈判的"期待上限"和"可接受下限",并不断地试探彼此的上下限，从而寻找到最有利于自己，同时双方都能接受的薪酬水平。通常来说，员工的上限是在保证不失去该岗位的前提下，尽可能地拿到高薪；员工的下限是不低于原岗位的薪酬标准。企业的上限是不超过该岗位的薪酬预算；企业的下限是不失去该人才。

协议薪酬制很早就已经出现了，经过近两个世纪的发展，如今已经比较成熟，已在很多行业使用，比如针对一些短期工、临时工、兼职和实习生的薪酬设计。但就目前而言，协议薪酬在特殊人才的引进、集体工资的协商、劳务派遣类薪酬等方面的运用最为普遍。在一些特殊行业，比如在球队和运动员的薪酬制定上，往往也会采用这种模式。我们最熟悉的足球运动员、篮球运动员等的薪酬设计，往往会采取这种模式。

协议薪酬制体现的是在平等谈判的条件下，双方的自由意愿。对于企业来说，这种薪酬模式可以充分体现企业的意志。想要签什么人、签的时间长短、履行的责任和义务、具体的执行情况、可预期的效果都可以在合同中体现。

因此这种薪酬模式适应性强，可以因人而异，灵活性很高。不过，它的缺点同样明显，独特的"协议"机制并不适用于企业所有的人，需要依附于其他的薪酬模式，起到辅助和补充作用。这时，协议薪酬制和其他薪酬模式的兼容性就是最大的问题。如果薪酬设计不当，很容易给整体薪酬体系带来麻烦，造成内部的不公平，影响企业氛围，破坏企业和谐。而过度灵活的薪酬模式，往往随意性大、差别大、不够稳定，很难做到系统化、规范化和体系化。同时，企业和员工进行一对一谈判、协商，不仅是对双方谈判者能力的巨大考验，而且也需要企业投入大量的时间和精力。

二、等级薪酬制，为职位等级付薪

等级薪酬制也是一种常见的传统薪酬模式。它是根据工作的复杂程度、劳动的繁重程度、劳动条件及责任的大小等因素划分等级，再按照等级规定薪酬标准的薪酬体系。等级薪酬模式的重点是职位等级，是为"职位"付薪，而不是为个体的"人"付薪，强调的是劳动价值和岗位价值的对等性。

这种薪酬模式一般适用于技术复杂程度较高、劳动差别较大的行业和职位。在这些行业和职位实行等级薪酬制，有利于鼓励员工学习技术，提升业务水平，让他们朝着更高的职位和薪酬水平努力，也很容易与相关规定的统一参考工资标准相衔接。

等级薪酬制按照不同标准分为两类：第一类是技术等级薪酬制；第二类是职务等级薪酬制。

技术等级薪酬制主要是根据技术的复杂程度以及劳动的熟练程度，对专业技术人员划分等级，规定相应的薪酬标准，然后根据员工所达到的技术水平，评定其技术等级和标准工资的一种等级薪酬制度。

职务等级薪酬制主要是根据职务序列、业务标准、职责条例等，对企业管理者实行的等级薪酬制度。职务等级薪酬制一般采用职数级、上下交叉的办法，即在同一职务内划分若干等级，相邻的职务工资等级线上下交叉，职员都在本职务所规定的工资等级范围内评定工资。

一般来说，企业中的管理人员是脑力劳动者，不直接从事生产工作。他们的劳动差别主要体现在所担任职务的复杂程度、业务繁简、责任大小以及职责范围等方面。职务不同，所付出的劳动也不同。因此，和职务等级薪酬制的匹配度很高。但是，担任同一职务的各个员工，往往在文化程度、专业技能以及工作熟练程度上存在差异。按照等级薪酬制，这会对他们在工作中做出的贡献和取得的劳动成果产生影响。因此，有些等级薪酬制还会在每个职务内部再划分若干等级，规定一些工资标准，借以反映同职务内部职员劳动的差别。

等级薪酬制是按照职位等级分配薪酬，综合考虑了职位的多方面因素，在一定程度上起到了公平的效果，且简明易懂，操作难度小，受到一些企业的欢迎。

不过，等级薪酬制作为传统薪酬的一种，也存在明显的缺点：第一，薪酬与职位牢牢挂钩，意味着员工想要涨薪，往往要满足职位的晋升。如果晋升无望，员工的工作热情就会降低，出现消极怠工或离职现象；第二，这是一种过于稳定的薪酬模式，缺乏有效的激励效果，不能及时有效地激励员工；第三，由于同职级间实行的薪酬标准基本相同，无法准确地衡量个体员工为企业带来的真正价值和贡献；第四，将薪酬与岗位挂钩，要求责权匹配，在某个特定岗位的员工往往只会关注自己本岗位的事情，对企业其他的事情漠不关心，导致组织内部人浮于事，不利于企业的整体效益。

三、计时薪酬制，为工作时间付薪

计时薪酬制是按照员工的技术熟练程度、劳动繁重程度和工作时间长短来计算和支付薪酬的模式。一般来说，决定计时薪酬制的两大要素是工资标准和工作时间。

计时薪酬制最早诞生于工厂，是工厂按照工人的工作时间来付薪的方式，如今被运用到许多行业和岗位，产生了多种形式，其中最常见的包括三种：时薪制、日薪制、月薪制。

时薪制就是按照小时薪酬标准和实际工作的小时数来计算薪酬的。小时薪酬标准可以按日薪酬标准除以日法定工作时数得到。

日薪制就是根据劳动者的日薪酬标准和实际工作日数来计算的。日薪制的计算标准可以按平均每月应出勤的天数计算，也可以按平均每月的日历天数计算，或者按员工当月的应出勤天数计算。具体的计算标准，往往需要根据企业自身的情况和国家标准拟定。

月薪制就是按照企业与劳动者达成的月度薪酬标准来计算和发放薪酬的。员工全勤时，企业按月薪标准支付薪酬；员工缺勤时，则按实际缺勤天数或小时数减发薪酬。如果员工加班加点，则按照相应的加班标准补发薪酬。

计时薪酬制操作简单，便于计算，适应性强，所以使用范围较广。从理论上来说，它适合大多数的企业，尤其是月薪制在我国得到了普遍运用。不过，计时薪酬制的缺陷也十分明显，按时间计算薪酬，员工的薪酬和工作的时间挂钩，会让员工将心思花费在时间上，对于工作中的事情、完成工作的质量、办事的效率缺乏关注，容易导致人浮于事、上班摸鱼，造成企业效率低下。同时，按照工作时间长短支付薪酬，往往也很难衡量员工在单位时间内的贡献价值，不能全面地反映同一工作时间内员工的劳动付出和劳动成果的差别，容易造成平均主义。

四、计件薪酬制，为完成数量付薪

计件薪酬和计时薪酬是同时诞生的，最初也是为衡量工厂里工人的工作情况而实行的薪酬。与计时薪酬不同的是，计件薪酬是按照员工生产的合格产品的数量或完成的作业量，根据一定的计件单价计算劳动报酬的薪酬模式。它主要是由工作物等级、劳动定额和计件单价所组成。计件薪酬制的类型有很多，最常见的包括：上不封顶型、递减计件型、超额累积计件型。

上不封顶型就是不设置数量上限，员工完成的产品数量越多，得到的薪酬越高。这种形式适用于订单量很大的企业。这种企业需要实现产品的大批量生产，为了彻底激活生产员工，可以采用这种方式，让员工多劳多得，上不封顶。

递减计件型是指计件数量存在上限，超过这个上限之后，就用逐级递减的方法计算产品单价。有些企业存在这种情况：某个环节的工序效率高，另一个工序的效率低，但全部工序都一起做完才能做成一个完整的产品。这些企业为了保证产品的及时完工，就需要对各个流程进行调节和控制，实现流程同步化，这种类型的计件薪酬价值就体现出来了。

超额累积计件型是指员工完成规定的额度标准，对于超出的部分，按照相应的规定，发给的超额计件薪酬。超额部分的薪酬，既可以采用递减模式，也可以采用递增模式，企业往往会根据自己的需求进行设计。如果企业需要加大生产量，可以采用递增的方法；如果企业想要控制成本，可以采用递减的方法。

计件薪酬也经历了上百年的发展历程，从最初注重产品数量，到现在逐渐形成集数量、质量、消耗、费用、市场效益等多项指标于一体的薪酬模式，此薪酬模式对企业提升效率起到了一定的积极作用。和计时薪酬一样，计件薪酬的操作和管理简单便捷、成本较低。对员工来说，完成的工作量越多，其薪酬越高，多劳多得，激励性强。

不过计件薪酬也存在一定的缺陷。比如对于产品数量的过度关注，会让员工过于短视，员工只注重自己的短期利益，而漠视企业和团队的利益。并且对数量的过度关注，还可能导致员工对产品的质量、设备、工艺改进、成本节约等方面投入不足，甚至产生抵制情绪。同时，员工一旦习惯了某类具体工作，为了得到高回报，往往会拒绝人员调配和岗位流动，不利于组织内部的长期发展和进步。

五、提成薪酬制，为业绩结果付薪

提成薪酬制又称"分成薪酬制"或"拆账薪酬制"，是按照企业的销售收入或纯利润的一定比例提取薪酬总额，然后根据员工的技术水平和实际工作量计发薪酬的模式。也就是说，提成薪酬制是为员工达成的业绩和完成的结果付薪。

这种模式一般适用于劳动成果事先难以用劳动定额的方式衡量且不易确定计件单价的工作。在销售行业和服务业中最为常见。

提成薪酬制是用企业实际销售收入减去成本开支和应缴纳的各种税费以后，再用剩余部分在企业和职工之间按比例进行分成。实行提成薪酬制需要注意三大要素：适当的提成指标、恰当的提成方法、合理的提成比例。这三大要素是否恰当、合理，往往决定着实施提成薪酬制的成败。

常见的提成薪酬制可以分为两种，第一种是全额提成，即取消固定薪酬，员工的收入完全随利润或销售收入额浮动。在这种模式下，员工的薪酬就是其业务提成，或者是其"提成 + 奖金"。第二种是超额提成，即保留基本的固定薪酬，并规定相应的需要完成的销售额或利润，超额完成的部分再按一定的比例提取提成工资。在这种情况下，员工薪酬为"底薪 + 提成 + 奖金"。

提成薪酬制最大的优点就是激励性强，可以极大地调动员工的积极性，提高企业短期内的效率。同时，它的运营成本低，可以减轻企业管理的负担。这就是它受到很多企业青睐的主要原因。不过，固定薪酬部分过低，甚至根本没有，往往会让员工缺乏安全感和保障性，容易造成人员流失，导致企业组织内部人员流动性大，往往难以留住人才。同时，员工为了拿到更多的提成、更高的薪酬，也会把重心放在自己熟悉和擅长的产品和业务上，对其他产品和业务不关注，从而造成员工的"偏科"。过于强调业绩和结果的重要性，还会导致员工将工作重心放在追求业绩上，而忽视企业要求的其他标准，漠视企业的长远发展。在一些极端的例子中，员工为了获取提成，甚至会违背公司的规定，出卖企业，给企业带来损失。

六、年薪制，为年度目标付薪

年薪制是指根据企业的生产经营情况，以财务年度为单位，计算并发放薪酬的模式。年薪制往往与企业的经营业绩挂钩，需要员工制定相应的年度目标并达成协议，然后以年度为考核周期，对员工进行考核。

年薪制类似企业和员工之间签订的"对赌协议"。即员工实现目标，即可获得相应的薪酬；如果未能实现目标，则会减少薪酬的发放，或者受到一定的惩罚。显然，年薪制是为需要达成的年度目标付薪，并通过目标的制定、执行和考核，对员工形成有效的约束。这种模式往往运用于企业的高管和核心骨干人才中。

一般来说，年薪制包括两个部分，第一部分为基本收入；第二部分为收益收入（风险收入）。基本收入主要是依据企业规模而确定的，收益收入则是根据企业完成指标的情况而浮动变化的。

作为一种特殊的薪酬制度，年薪制在实行过程中有较高的要求，比如实行年薪制的企业一般都是大中型企业，具备完善的现代企业管理制度；同时，企业还要具备科学完善的评估机制和考核体系等。

年薪制作为企业核心人才的薪酬激励模式，在世界范围内得到了广泛的运用，同时对于高级人才的激励也有不错的效果。不过，它主要是针对企业的高管层和关键技术人员，使用范围较小。并且年薪制与需要实现的目标挂钩，通常是和未来一年的经营业绩相关，如果员工本人不够努力或发生其他状况，那么企业也会受到影响，所以其存在着很大的风险性和不确定性。

更重要的是年薪制会促使企业高管和核心人才重视年度效益，而有可能忽视企业的长期价值，造成管理者的短视化。对于企业来说，高管和核心人才往往关乎企业未来的发展战略，是企业生死存亡的关键。他们一旦出现短视行为，很容易给企业带来巨大的危害。一些企业为了解决这个问题，还会对公司内的高级人才实行股权、分红等其他中长期激励，以此配合年薪制，强化对高级人才的激励效果。

七、薪点制，为"点数"付薪

薪点制是指以"点数"作为计量劳动尺度和支付报酬依据的薪酬模式。企业需要先根据自身的情况，按照员工的职务、职称、学历、工龄、管理幅度、管理半径、技能水平等因素，计算出员工的薪点数。然后再根据企业的经营情况，得出单个薪点数的价值，也就是薪点值，最后用薪点数乘以薪点值，就能得出员工的薪酬数额。

从某种意义上来说，薪点制是为"点数"付薪的薪酬模式。不过，这个"点数"需要根据员工所在的岗位因素和个人表现因素来确定。也就是说，薪点值结合了岗位薪酬和任职资格的部分特点，可以从"岗位"和"个人"两个维度来衡量员工的价值。从本质上来说，每个员工的薪点数代表着该员工所具有的实际价值，即反映出该员工所在岗位的价值和任职资格的层级。不过，与传统的岗位薪酬相比，它把标准的绝对额度变成了相对点数，根据当期的经营结果（如销售额、利润等指标）核定点值，使得员工薪酬与企业经营结果的联系更加紧密。

综合上述情况来看，在薪点制中，员工的薪酬水平与薪点数成正相关。也就是说，员工的薪点数越高，表明其岗位价值越大，任职资格层级越高，相应的，其薪酬水平也越高；反之则越低。

薪点值将薪酬和企业效益、岗位价值、员工个人因素结合起来，不仅体现效率优先原则，还能具体反映员工的劳动差别，能起到较好的激励效果。利用各要素不同薪点的占比情况，我们还可以针对岗位价值和任职资格等要素，主动调整，让员工的考核要素向有利于企业发展的方向调整，从而鼓励员工学习和进步，为企业做出更多贡献。

不过，薪点制也有不足之处。那就是，通过薪点制设计的薪酬，在相近岗位之间的差距往往很小，无法合理体现岗位之间真正的价值差别。薪点制还有可能引发员工之间的过度竞争，从而影响部门整体工作效率的提高。从实际使用的情况来看，在提升"薪点数"过程中，年轻员工的投入一般较少，老员工的投入相对较大，这种情况很可能引起部分老员工的心理不平衡。

第二节　构建四维薪酬体系

随着时代的发展，薪酬体系迎来了大发展，薪酬设计也变得越来越丰富和复杂。除了前面提到的七种常见的薪酬模式，很多企业也在尝试使用其他的薪酬模式，以完善自己的薪酬体系。不过在实践中，很多企业的薪酬设计往往是盲目的，大多数的薪酬设计者在设计薪酬的过程中缺乏薪酬设计的基本理念，搞不清楚企业为什么付薪，企业付薪的依据是什么，采用什么样的形式付薪。其实，只有搞清楚这几个问题，我们在薪酬设计时才算真正地抓住问题的关键。

在大多数的企业中，最常见的薪酬模式大多是为岗位付薪、为技能付薪、为资历付薪、为业绩成果付薪等。无论是哪种薪酬，其付薪依据是什么，它们都应该有一个最根本的出发点，那就是，大多数的企业都是为员工的价值创造和贡献付薪，为企业的战略发展付薪。脱离了这一根本出发点，薪酬本身也就偏离了轨道，失去了方向，失去价值。

但实际上，想要构建起一套既能充分衡量员工的价值创造与贡献，又能支撑企业战略发展的薪酬体系，对企业来说往往并非易事。大多数企业在薪酬设计时，都会遭遇到八个方面的核心问题。

第一，薪酬与战略失联，薪酬设计无法真正体现企业的发展战略。战略是企业的长远发展方向，是解决企业发展的问题，以实现企业快速、健康、持续的发展。而薪酬是实现企业发展战略很有力的工具。但对大多数企业来说，薪酬与战略的结合程度却很低，有时甚至是完全没有联系。这不仅影响了战略实现的能力，还致使企业的薪酬设计缺乏长期的目标，失去方向感，陷入迷茫，最终失去效力。

第二，薪酬策略不当，无法承接企业战略，也无法体现企业意图。薪酬策略是帮助企业在薪酬设计上达成目的并保持优势的一系列方法，是企业实现薪酬与战略衔接的抓手。如果说战略是企业对未来的规划，那么策略就是企业对当下机会的把握。企业在薪酬上需要关注的策略，往往包括薪酬水平的选择、薪酬结构的设计、薪酬组合的形式等一系列问题。在这些问题上的疏忽，经常会导致企业的薪酬失败。

第三，价值系统失效，企业内部薪酬不公平。公平是薪酬设计中最容易面临的人性问题。俗话说，"人不患寡，而患不均"。不公平的问题往往是压死很多企业的"最后一根稻草"。一旦出现不公平问题，内部员工会不断抱怨，员工之间会不断消耗，部门之间会相互指责，企业内部会面临土崩瓦解的风险。需要注意的是，薪酬不公平往往是企业薪酬问题的外显，说明企业的整体薪酬设计已经出现了很严重的问题。

第四，无法与市场接轨，薪酬的对外吸引力不足。其实，对外吸引力也是薪酬公平性的一方面。它表现的是企业的薪酬水平在市场中的情况。有一种很严重的误解就是认为只有高薪才会有吸引力，这种误解的出现是对薪酬知识的严重缺乏导致的。同时，如果企业在设计薪酬时，只考虑内部的公平，却忽视了对外部人才的吸引力，那么最终会导致企业的内部和外部出现断层。出现这种情况，企业不仅无法吸引外部人才的注意，还会导致内部人才流失。

第五，无视企业的发展变化，员工看不到未来。薪酬是变化的，这种变化一方面需要根据企业的战略和经营情况进行调整；另一方面也需要满足员工的发展需求。如果在企业的薪酬设计中，员工看不到未来发展的机会，看不到前途和希望，他就会果断地抛弃目前的企业，寻找更好的企业。在一家企业中，如果员工看不到未来的希望，或者对未来不信任，企业很难有长远的发展。

第六，无法满足员工的需求，缺乏激励性。根据马斯洛需求层级理论，员工工作的目的就是为了满足自身的生理需求、安全需求、爱与归属的需求、尊重需求、自我实现的需求。这是员工的很大动力，也是激活员工动力的不二法门。但是，很多企业的薪酬无法体现员工的这些需求及其不能在不同阶段满足员工不同层次的需求，致使企业薪酬缺乏激励性，变成一纸空谈。

第七，薪酬设计缺乏挑战性，员工缺乏驱动力。好的薪酬设计应该给予员工合适的挑战，让员工通过努力达成目标，实现价值，创造员工和企业双赢的局面。不过，大多数企业的薪酬设计往往缺乏挑战性，要么老板一言堂设置得过高或过低，要么通过谈判式的讨价还价后设置得平平淡淡，目标设置不当，在薪酬中没有体现相应的挑战性，导致薪酬本该拥有的作用却失去了效力。

第八，保障力度不足，员工缺乏安全感。薪酬保障性是薪酬的重要属性，是为了满足员工的最基本需求而设置的薪酬保障标准。有了这个基本保障，员工才能安心地工作，才能在企业中获得安全感。不过一些企业在薪酬设计中，把企业的经济风险和绩效压力过度转嫁给员工。或者是企业过分地追求挑战性，为了提高员工的干劲，不惜打破这种基本保障。这样带来的后果是，员工"朝不保夕"，不得不为自己的基本生活担心。在这样的环境下，员工无法获得安全感和归属感，稍有机会便会离开企业，甚至"背叛"企业。

面对以上八个方面的核心问题，传统的单一的薪酬模式往往独木难支，于是越来越多的薪酬体系逐渐走向了融合，形成了多维、立体、丰满的薪酬体系，以期达到"上联战略，下接策略，对内公平，对外吸引，远能发展，近能激励，动可挑战，静有保障"的效果，我把它归纳提炼为薪酬诊断或设计必须遵循的"八字"方针。我在几十年的薪酬顾问职业生涯中总结设计出来的四维薪酬体系，就是典型的例子。

所谓四维薪酬就是从岗位、能力、绩效和战略四个维度出发，对企业薪酬进行全面的设计，让薪酬方案达到上联战略，下接策略；对内公平，对外吸引；远能发展，近能激励；动可挑战，静有保障等"上、下、内、外、远、近、动、静"的"八字"效果，以满足企业对薪酬的全面需求。四维薪酬体系是我在大量薪酬设计的实践经验基础上总结和提炼出来的，也是现代薪酬趋势下的一种较为典型的薪酬体系，是满足大多数企业需求的一种薪酬设计方案。本书将主要从四维薪酬的四个维度和八字方针着手，对每个维度的价值、作用和设计的基本思路进行详细的讲解，图1-1为四维薪酬体系设计全景图。

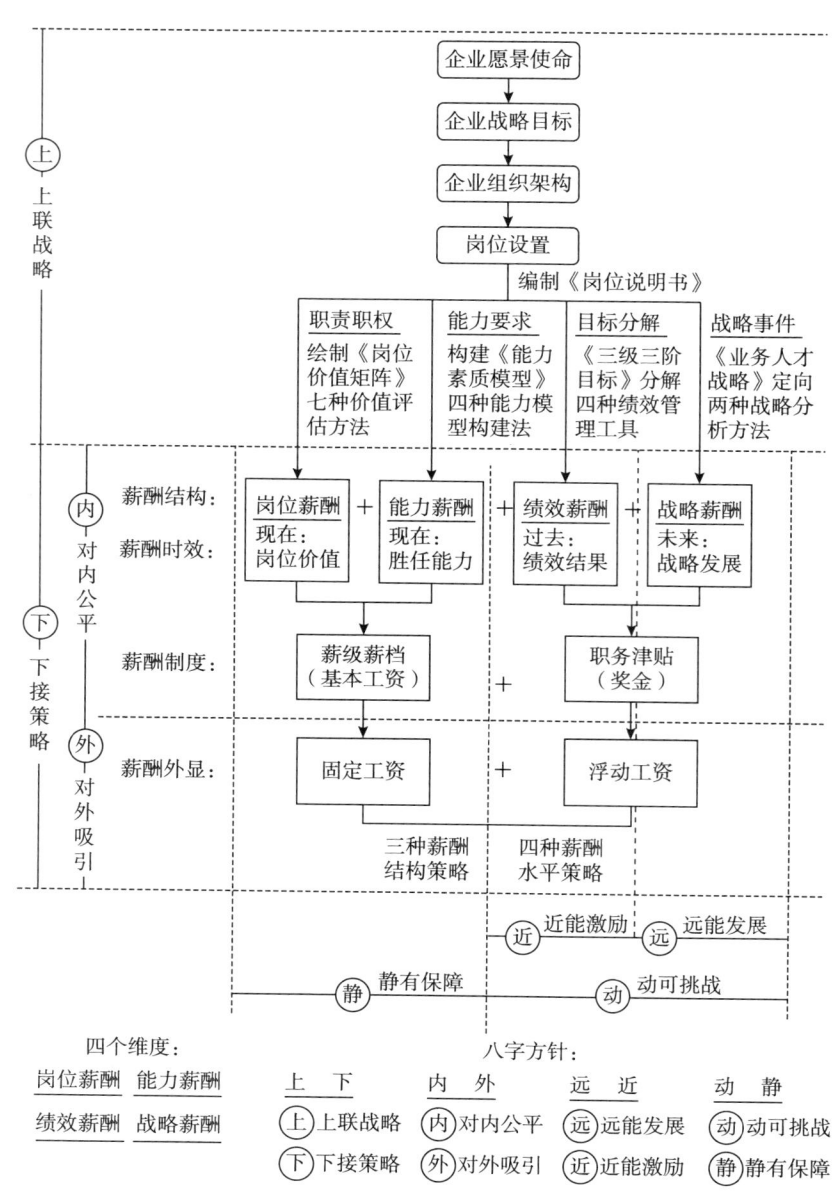

图1-1 四维薪酬体系设计全景图

一、岗位薪酬，四维薪酬设计的基石

岗位是根据企业的组织架构设置的，而组织架构又是以企业战略作为基础而设计的。因此，岗位往往被视为企业战略最基层的承载单元，是企业实现战略的重要基石。所以，在设计四维薪酬时，我们也需要从岗位出发，首先对岗位薪酬进行设计，然后在此基础上进行不断的丰富和完善，逐渐形成四维薪酬体系。

在第二章中，我们将首先了解到的是岗位薪酬的设计思路。在岗位薪酬设计中，首先需要考虑的就是岗位价值评估。岗位价值评估是指在工作分析的基础上，采取一定的方法对岗位的价值大小进行衡量和评估。

岗位价值评估是设计岗位薪酬的基础。岗位价值评估的方法有很多，本书主要介绍其中最为常见的七种：排序评估法、分类评估法、市值评估法、因素比较评估法、要素点值评估法以及国际通用的美世国际职位评估系统、海氏价值评价法等。这七种评估方法各有特点，适用的企业不尽相同，企业需要根据自身情况选择适合自己的方法。

有了岗位价值评估的方法，我们还需要了解岗位价值评估的基本流程。一般来说，一次完整的岗位价值评估流程往往需要经历五个主要环节：选择评估方法、选择标杆岗位、进行岗位分析、组建评估委员会、进行评估工作。通过这五个主要环节，企业基本完成了岗位价值的评估工作。

岗位价值评估最终汇总，形成一份评估结果。在这份评估结果中，我们将看到企业的职位等级体系、薪酬等级体系。将它们按照一定的逻辑综合排列形成矩阵，就形成了岗位价值矩阵，如表 1-1 所示。

岗位价值矩阵是岗位价值评估的输出结果，也是我们进行岗位薪酬设计的重要依据和参考材料。有了岗位价值矩阵，我们就可以知道企业中各个岗位到底处于什么职位等级（职级）以及设计相应的薪酬等级（薪级）了。

表1-1 某企业岗位价值矩阵

职级	薪级	销售部	生产部	HR行政部	财务部	市场部	技术部	物流部	电商部
助理级	1	实习生	操作员					仓管员	客服
专员级	2	销售专员	工序组长	专员	会计		质检员（QC）		美工
主管级	3	销售经理			出纳	文案		主管	运营
主管级	4		生产主管	主管		策划			
经理级	5	区域经理					技术经理	专项经理	
经理级	6		生产经理		部门经理	部门经理			
经理级	7			专项经理					
资深经理级	8					企划经理	项目经理		运营经理
资深经理级	9	大区经理		HR行政经理					
总监级	10		生产部总监					物流部总监	
总监级	11					市场部总监			电商部总监
总监级	12	销售部总监		HR行政部总监	财务部总监		技术部总监		
总经理级	13	总经理							

明确了各个岗位的职级和薪级，企业只需要结合相应的岗位薪酬基数，就能设计出岗位薪酬。一般来说，岗位薪酬基数可以根据企业的自身条件、过往付薪水平、行业情况和市场薪酬水平等因素进行综合考量。比如表1-2，就是某企业根据自身的薪级情况，结合市场的薪酬水平综合设计得到的岗位薪酬。

表1-2　某企业结合市场薪酬水平设计的岗位薪酬

薪级	1	2	3	4	5	6	7	8	9	10
行业50分位岗位薪酬基数（元/月）	3000	3500	4000	4800	5800	6900	9000	11600	15100	21100
企业岗位薪酬（元/月）	3000	3500	4000	5400	6400	7500	9800	11600	15200	21500

有时候，企业为了检验岗位薪酬的设计是否合理，还会在薪级之间设置相应的幅度系数，也就是级幅。利用级幅，企业可以找到各薪级中设计不合理的薪酬，从而进行调整和修改。

通过这一套完整的薪酬设计方法和流程，企业就能建立起自身的岗位薪酬。不过，对于四维薪酬体系来说，岗位薪酬只是起步。接下来，我们会在岗位薪酬的基础上对四维薪酬进行进一步的丰富和完善。

二、能力薪酬，四维薪酬设计的拓展

如果说岗位薪酬是四维薪酬体系设计的起点和基石，那么能力薪酬就是四维薪酬体系的进一步拓展和完善。

所谓能力薪酬就是以员工所掌握的知识、技能、胜任力和任职资格为付薪依据的薪酬模式。之所以将能力薪酬纳入四维薪酬体系中，是因为在实际工作中，员工能力的高低很大程度上会影响或决定工作的进程和结果。对于企业来说，即便是同一个岗位上的员工，由于其能力的不同，往往在价值创造上也会有很大的差别。所以，对于很多企业来说，能力薪酬往往是其薪酬体系中不可或缺的部分。

在第三章中，我们主要讲述关于能力薪酬的设计。在设计能力薪酬时，我们首先需要明白一个概念，那就是薪档。一提到薪档，我们就必须提到薪级。薪级是员工的薪酬等级，是根据岗位价值评估结果而得到的；薪档是指员工的薪酬档位，是在同一薪级下，按照员工能力不同而设置的不同薪酬档级。也就是说，薪档是在薪级的基础之上将原本单一的薪级划分成多个档位而得到的,具体可参考表1-3。

表1-3 某企业薪级薪档表

职级	薪级	薪档（单位：元/月）				
		第一档	第二档	第三档	第四档	第五档
助理级	1	3200	3600	4000	4600	5400
专员级	2	4600	5200	5800	6900	8300
主管级	3	5500	6200	6900	8300	10000
经理级	4	7200	8100	9000	11200	13900
	5	9300	10500	11600	14500	18000
总监级	6	12100	13600	15100	18900	23400
	7	16900	19000	21100	27500	34800

设计能力薪酬的关键,就是将处于同一薪级的员工,按照他们各自能力的不同,分别划入同一薪级的不同薪档中。所以,薪档的设置是设计能力薪酬的关键。因此,在第三章中我们首先介绍了薪档的设计思路。薪档的设计一共有三个流程:确定档数、设置档差、员工归档。

确定档数就是明确每一薪级中要设置多少个薪档。薪档数量的多少,一方面受到企业实际情况和切实需求的影响;另一方面也必须遵循一定的原则。设置档差就是明确各个薪档之间的数额差距是多少,档差的设置也需要遵循相应的原则。关于这些知识,我们会在本书的第三章第一节做深入的分析与介绍。

同一薪级的员工归档是根据我们设定好的档数和档差,按照对应的标准,将员工纳入同一薪级的不同的薪档中去。在员工归档时,企业需要对员工进行能力素质评估,以评估的结果作为主要依据,然后将其划入同一薪级的不同薪档中。

在进行能力素质评估时,最常用的方法就是建立"能力素质模型"。常用的"能力素质模型"有4类:技能型能力素质模型、知识型能力素质模型、胜任力型能力素质模型和任职资格型能力素质模型。不同的"能力素质模型"对员工能力评估的侧重点不同,其评估模型的构建、评估的方式和流程也大不相同。我们在第三章会对这部分内容进行详细介绍。

通过技能型和知识型能力素质模型，企业会得到相应的技能型能力薪酬或知识型能力薪酬，如表1-4所示。

表1-4　某企业技能型能力薪酬表（部分）

技能点值	20≤x<64	64≤x<108	108≤x<152	152≤x<196	196≤x≤240
对应等级	1	2	3	4	5
对应薪档	第一档	第二档	第三档	第四档	第五档
对应薪酬（元/月）	4600	5200	5800	6900	8300

通过胜任力能力素质模型，企业会得到相应的胜任力型能力薪酬，如表1-5所示。

表1-5　某企业销售经理岗位胜任力薪酬表（部分）

职类	薪级	薪档				
		第一档	第二档	第三档	第四档	第五档
销售	5	90≤x<132	132≤x<174	174≤x<216	216≤x<258	258≤x≤300
		8700元/月	9600元/月	10700元/月	12200元/月	14400元/月

通过任职资格型能力素质模型，企业会得到任职资格型能力薪酬，如下表1-6所示。

表1-6　某企业任职资格能力薪档表（部分）

薪酬体系	职级	薪级	薪档				
			第一档	第二档	第三档	第四档	第五档
	P5高级专员	5	4600元	5200元	5800元	6900元	8300元
	任职资格模型分值		30~43	44~57	58~71	72~85	86~100
	招聘岗位员工入档		赵丽景（42分）		李文斯（66分）		周才明（88分）

通过四种"能力素质模型"，企业可以得到对应的四种能力薪酬，这四种能力薪酬有各自不同的应用群体和使用场景，比如技能型和知识型能力薪酬主要用于技术工人和专业技术人员，而胜任力型能力薪

酬常常用于企业高管和核心人才，任职资格型能力薪酬则更多地被用在员工入职和岗位调换等情况中。所以，企业在具体设计时，需要根据具体情况和使用目的进行合理的选择。

一般来说，能力薪酬是建立在岗位薪酬基础上的，是对岗位薪酬的进一步拓宽和完善。在四维薪酬体系中，我们通过岗位价值评估，根据岗位差异，形成纵向的薪酬等级体系划分，形成岗位薪酬；能力薪酬则是在此基础上，进一步将每一薪级进行拓宽，形成不同的薪酬区间。也就是说，就是在传统的岗位薪酬中，每一薪级往往只有一个薪酬额度；而在四维薪酬中，通过岗位和能力的双重设计，我们为每个薪级设置了更多的薪酬额度，即便是在同一薪级，员工也能享受不同的薪酬待遇。这无疑扩大了传统意义上各薪级的区间，也就是增加了薪酬带宽，将传统意义上的薪点制变成了宽带薪酬。

薪点制是在同一岗位或薪级上，只有一个薪酬额度，相同岗位上的所有人都只能拿到一样的薪酬。宽带薪酬则为同一岗位或薪级，拓宽了薪酬区间，设置了大量的薪酬额度，根据能力不同，员工所获得的薪酬额度也会有所差异。相较于传统的薪点制，宽带薪酬具有明显的优点。首先，宽带薪酬不仅可以对同一薪级的人员实行差异化激励，强化薪酬的激励效果；其次，宽带薪酬可以有效地利用薪酬的激励性，引导员工朝着自己擅长的领域发展，明确员工的职业发展通道。如表1-7就是某企业利用岗位薪酬和能力薪酬形成的宽带薪酬体系。

三、绩效薪酬，四维薪酬激励的强化

通过由岗位薪酬和能力薪酬设置的薪级薪档，企业可以得到每名员工的具体薪酬数额。由于这个薪酬数额是和岗位价值及员工能力相关的，而岗位价值和员工能力在短期内往往又不易发生变化，所以这个薪酬数额通常是固定的，不易发生较大的浮动。因此，我们将岗位薪酬和能力薪酬得到的薪酬部分称为固定薪酬。

表1-7 某企业利用岗位薪酬和能力薪酬形成的宽带薪酬体系表

单位：元/月

职类职别职级			薪级	第一档	薪档系数	第二档	薪档系数	第三档	薪档系数	第四档	薪档系数	第五档	薪档系数
M7 总经理			13	49600	80%	55800	90%	62000	150%	83700	135%	108500	175%
M6 副总经理	S7 资深总监		12	33100	80%	37200	90%	41400	140%	53800	130%	68200	165%
M5 总监	S7 高级总监		11	23700	80%	26600	90%	29600	140%	38400	130%	48800	165%
M4 高级经理		P9 资深专家	10	16900	80%	19000	90%	21100	140%	27500	130%	34800	165%
M3 经理	S6	P8 高级专家	9	12100	80%	13600	90%	15100	130%	18900	125%	23400	155%
M2 高级主管	S5 资深经理	P7 专家	8	9300	80%	10500	90%	11600	130%	14500	125%	18000	155%
M1 主管	S4 高级经理	P6 资深专员	7	7200	80%	8100	90%	9000	130%	11200	125%	13900	155%
	S3 营销经理	P5 高级专员	6	5500	80%	6200	90%	6900	120%	8300	120%	10000	145%
	S2 营销主管	P4 专员	5	4600	80%	5200	90%	5800	120%	6900	120%	8300	145%
	S1 营销专员		4	3900	80%	4300	90%	4800	120%	5800	120%	7000	145%
		P3 资深助理	3	3200	80%	3600	90%	4000	115%	4600	115%	5400	135%
		P2 高级助理	2	2800	80%	3200	90%	3500	115%	4000	115%	4700	135%
		P1 助理	1	2400	80%	2700	90%	3000	100%	3500	115%	4100	135%

与固定薪酬相对应，薪酬中还有一部分为浮动薪酬。浮动薪酬是指薪酬中不断浮动和变化的部分。在大多数企业和企业的大多数岗位中，浮动薪酬往往都是指绩效薪酬。

在四维薪酬中，固定薪酬是通过岗位和能力来确定的。那么，浮动薪酬又是怎么确定的呢？那就是根据固浮比确定的。所谓固浮比，就是固定薪酬和浮动薪酬的比例，用计算公式表示就是固浮比＝固定薪酬∶浮动薪酬。

由于固浮比关系到浮动薪酬（以绩效薪酬为主）的设计，同时也是固定薪酬和绩效薪酬衔接的桥梁。所以，我们在第四章首先要了解固浮比的相关知识，并明白固浮比是如何确定的。确定了固浮比，我们就可以根据固定薪酬来确定绩效薪酬基数。所谓绩效薪酬基数就是指绩效薪酬的基本数额。表1-8所示为某企业利用薪级薪档和固浮比确定的绩效薪酬基数表。

绩效薪酬往往不是固定的，而是根据绩效考核结果浮动的。所以，通过固浮比得到的绩效薪酬基数，也仅仅是对员工绩效薪酬的一种预估。想要知道员工到底会得到多少绩效薪酬，是需要根据员工实际的绩效考核结果来确定的。

绩效考核结果是影响绩效薪酬的直接因素。在绩效考核中，考核结果的好坏不仅受到员工表现的影响，还受到绩效指标的影响。在第四章中，我们会着重介绍员工绩效指标的由来，首先，利用平衡计分卡对企业的战略目标进行分解，从而绘制出"战略地图"；然后，通过目标管理对企业目标进行层层分解，得到部门和员工的关键绩效指标和关键绩效事件，也就是我们熟悉的KPI和KPA。

确定了员工的各项指标，我们就可以利用这些指标对员工的业绩和行为进行考核，从而得到考核结果。通常来说，考核结果会以分值的形式出现。我们可以按照一定的方法，将考核分值转化成绩效系数，利用绩效系数就能计算出员工的绩效薪酬。

表1-8 某企业利用薪级薪档和固浮比确定的绩效薪酬基数表

职类职别职级		薪级	薪档（单位：元/月）					固浮比（浮动率）	绩效薪酬基数（单位：元/月）				
			第一档	第二档	第三档	第四档	第五档		第一档	第二档	第三档	第四档	第五档
S7	资深总监	11	21700	24400	27100	31100	36500	80%	17400	19600	21700	24900	29200
S7	高级总监	10	15500	17400	19300	22200	26100	70%	10900	12200	13600	15600	18300
S6	总监	9	11400	12500	13800	15900	18700	60%	6900	7500	8300	9600	11300
S5	资深经理	8	8700	9600	10700	12200	14400	50%	4400	4800	5400	6100	7200
S4	高级经理	7	6700	7400	8200	9400	11100	50%	3400	3700	4100	4700	5600
S3	营销经理	6	5200	5700	6300	7300	8500	50%	2600	2900	3200	3700	4300
S2	营销主管	5	4300	4800	5300	6100	7100	40%	1800	2000	2200	2500	2900
S1	营销专员	4	3600	4000	4400	5100	5900	30%	1100	1200	1400	1600	1800

常见的绩效薪酬形式有两种，分别是目标型绩效薪酬和量化型绩效薪酬。量化型绩效薪酬也可以分为两种，分别是个人量化型绩效薪酬和团队量化型绩效薪酬。针对这几种类型的绩效薪酬，我们在设计绩效薪酬时的思路会有所差别。在目标型绩效薪酬中，员工的薪酬总额可以运用计算公式：

员工薪酬总额 = 固定薪酬 + 目标型绩效薪酬（绩效薪酬基数 × 绩效系数）

而在团队量化型绩效薪酬中，员工的薪酬总额可以运用计算公式：

员工薪酬总额 = 固定薪酬 + 团队薪酬总额 $\dfrac{个人角色分配 \times 系数 \times 个人绩效系数}{\Sigma（角色分配系数 \times 相应人数 \times 绩效系数）}$

个人量化型绩效薪酬一般可以分为两大类型：业务提成和单价核算。在业务提成绩效薪酬模式中，员工的薪酬总额可以运用计算公式：

员工薪酬总额 = 固定薪酬 + 业务提成（提成基数 × 提成比例）

而在单价核算模式中，员工的薪酬总额可以运用计算公式：

员工薪酬总额 = 固定薪酬 + 计件/计时薪酬（单价 × 数量）

四、战略薪酬，四维薪酬激励的完善

通过岗位、能力和绩效，企业可以建立起一套应对大多数情况的薪酬体系。但是在面对一些特殊的战略事件时，比如企业转型、新品上市、拓展新区域、创建新品牌、建设新的商业模式、技术攻关、研发创新、管理创新等，在招募外部人才和激励内部人才方面，往往还是会力不从心。所以，我在第五章重点讲述了应对企业战略事件的薪酬类型，那就是战略薪酬。

在四维薪酬体系中，战略薪酬是不可或缺的一部分，是对岗位、能力和绩效构建的薪酬体系的进一步完善和升华，是企业应对战略事件、激励战略人才最直接、最高效的手段。

在战略薪酬的设计中，我们首先要用SWOT分析法，对企业的战略进行分析，得出企业的优势（S）、劣势（W）、机会（O）和威胁

（T）；然后，在此基础上进行两两配对，整合出企业的"优势—机会（SO）"战略、"劣势—机会（WO）"战略、"优势—威胁（ST）"战略、"劣势—威胁（WT）"战略；最后，将企业的战略进行汇总分析，得到企业最终的战略，并根据这些战略设置相应的战略事件。

确定好战略事件后，企业还需要思考战略事件的落地和执行，也就是该由谁去完成这些战略事件的问题。这些去完成战略事件的人，一般就是企业的战略人才。对于他们完成战略事件的薪酬激励，就属于战略薪酬。

对于企业来说，想要确定战略人才，往往需要对组织内的相关员工进行相应的梳理和选拔，这个过程就是战略人才盘点。在战略人才盘点中，我们将用到战略人才九宫格。战略人才九宫格通过能力、潜力、绩效三个核心指标，对企业内的员工进行划分，选拔出符合企业战略需求的高能力、高潜力、高绩效的"三高"人才。这些"三高"人才往往就是企业中执行和完成战略事件的最佳储备人才。

利用SWOT分析法和战略人才九宫格，企业就能明确自身的战略事件，以及完成战略事件的相关人才。在此基础上，我们只需要按照战略事件的重要程度，为每一个战略事件设置相应的薪酬数额，即可形成战略薪酬。只要战略人才完成（或阶段性完成）相应的战略事件，就能获得对应的战略薪酬。战略薪酬有很多设置方式，表1-9就是某企业战略薪酬表的一部分。

表1-9　某企业战略薪酬表（部分）

战略事件负责人	战略事件类别	事件完成度	战略奖金（万元）
王一景	线上新渠道开拓	开发5个目标渠道	3
		开发8个目标渠道	5
		开发15个目标渠道	12

续表

战略事件 负责人	战略事件类别	事件完成度	战略奖金 （万元）
赵丽琼	高度创意性 品牌活动策划	策划2个方案，并达成销额提升目标量	3
		策划4个方案，并达成销额提升目标量	6
		策划6个方案，并达成销额提升目标量	12
钱珊珊	自主数字化体系	完成体系构建的第一阶段	6
		完成体系构建的第二阶段	10
		完成体系构建的第三阶段	18

五、薪酬管理，四维薪酬体系的保障

对于企业来说，科学有效的薪酬体系设计固然重要。不过，想要将薪酬设计运用在企业的日常管理中，往往还需要相应的配套设施，那就是薪酬管理制度。在薪酬设计中，最重要的两个方面就是薪酬预算和薪酬管理制度。只有做好了这两个方面，我们的薪酬设计才能顺利地落地执行，也才能真正在企业的管理中发挥作用。所以在第六章中，我会重点介绍这两方面的内容，从而帮助你完善企业的薪酬制度建设。

所谓薪酬预算是指企业在薪酬管理过程中的一系列成本开支方面的计划、权衡、取舍的控制行为，是我们落实薪酬体系的前提保障。薪酬预算的流程非常简单，一般来说，企业薪酬预算会经历这四个步骤。

首先，对企业内外部环境进行分析，得到我们最基本的薪酬预算方案。

其次，对企业的总体薪酬进行预算，得到企业的薪酬总包。关于企业薪酬总包的预算方法有很多种，本书重点提到较为实用的四种方法：薪酬费用比率法、劳动分配率法、盈亏平衡点法、人员编制法。

再次，企业需要将薪酬总包进行分解，得到各个部门和团队的薪酬包，这一环节中最常用的方法往往是根据部门或团队对企业的贡献程度，进行薪酬分配的部门系数法，以及按照部门或团队的人员编制情况，进行薪酬分配的人员编制法。

最后，企业还需要将部门或团队的薪酬总包进一步分解，得到员工的个人薪酬预算。员工的个人薪酬预算的方式比较简单，往往是根据岗位价值评估和能力素质评估结果进行综合考量，计算出员工的固定薪酬预算，然后结合各岗位员工的绩效薪酬基数，得到绩效薪酬预算。对于承接战略事件，拥有战略薪酬的员工来说，企业也需要单独设置一定的战略薪酬预算。

薪酬管理制度是企业在执行和管理薪酬体系时的规范，是面向员工的通识性准则。一般来说，企业在制定薪酬管理制度时，需要有六个基本流程：第一步，成立制度起草小组；第二步，确定制度模式；第三步，分工编写；第四步，初稿评审；第五步，公司评审；第六步，审批发布。

其中，第二步是最为核心和关键的环节。大多数企业在确定制度模式时，往往会从以下两种模式中选择，一种是纲领式，一种是细则式。纲领式的优点是简洁灵活，细则式的优点是精细准确。企业可以根据自己的需求进行相应的选择。

不过，无论是哪种薪酬管理制度，设计都只是开端，重点是落地和执行。薪酬管理制度也是如此，一旦完成设计，就需要切实地体现在我们日常的薪酬管理中。从员工入职开始，就需要让员工对我们的薪酬体系和管理制度进行熟悉，并在组织内部进行高度的普及和宣传。有能力的企业，甚至需要将薪酬管理制度和企业文化关联起来，形成一脉相承的企业管理文化。

六、四维薪酬体系的整合

从岗位、能力、绩效和战略四个维度出发，并结合固浮比将四个维度进行整合，结合薪酬预算进行论证与调整，再将企业在执行和管理薪酬时的各项规范形成制度，就构建成了完整的四维薪酬体系。在四维薪酬体系中，每个维度构建的模块都有其独特的价值和作用，它们是不可替代的。其中，岗位薪酬是基石，能力薪酬是带宽，两者相辅相成，共同构成了四维薪酬体系中的固定薪酬部分。

绩效薪酬是四维薪酬体系激励的强化，也是大多数企业浮动薪酬的主要构成部分。通过设置固浮比，企业能很好地将固定薪酬和绩效薪酬有机地结合起来。从理论上来讲，战略薪酬也是浮动薪酬的一部分，不过它主要是针对战略事件而制定的，具有特殊性和非常规性，往往会进行单独的设置。因此，它是四维薪酬体系中最特殊的，是四维薪酬体系的补充和升华。通过这四个维度的薪酬设计，再结合薪酬预算进行可行性的论证与调整，企业就可以获得"上联战略，下接策略；对内公平，对外吸引；远能发展，近能激励；动可挑战，静有保障"的四维薪酬体系了，表1-10所示是某企业电商运营总监的四维薪酬设计模型。

表1-10 某企业运营总监的四维薪酬设计模型（部分）

姓名	郭江涛	所属部门	电子商务中心	职务名称	电子商务中心总监
直接上级	总经理		直接下级部门	运营部、推广部、商品部、企划部营销部、客服部、物流部、技术部	
第一部分　岗位薪酬					
岗位概要	参与制定公司的电子商务发展战略，建设公司的电子商务运营体系，策划与推进公司各项电子商务运营方案，计划、组织、协调公司电子商务相关各部门工作执行，监管、督导并确保实现公司的电子商务战略目标				
岗位价值	在公司总体战略的指导下，顺应互联网及电商平台的发展趋势，制定公司电子商务战略及运营方案，运用对电子商务深入的理解，不断进行创意，拿出各类有效的解决方案，领导并激励电子商务团队和成员实现公司的电子商务各个阶段性目标，对公司电子商务战略目标的实现直接并完全承担责任				
职位级别	总监	职务序列	M5	岗位薪酬级别	11

续表

第二部分　能力薪酬					
知识技能	拥有MBA（工商管理硕士研究生）学历，8年的电子商务运营经验，担任过运营经理、推广经理、营销经理和运营总监等职务，曾经为某企业从零起步建设电子商务部门，并在5年时间内达到1亿元的销售规模				
胜任能力	具有100人以上的团队领导能力，具有制定电子商务战略的能力，具有策划3000万元营销企划活动的能力，具有管理5个业务部门的能力，具有协调职能部门、业务部门和外联电商平台合作方的能力				
薪级薪档	11级五档	基本薪酬	15000元/月	固浮占比	50%

第三部分　绩效薪酬								
绩效考核	绩效指标	KPI	年度目标	销售额	8000万元			满分值	考评部门
^	^	^	^	利润率	20%				
^	^	^	季度目标	^	一季度	二季度	三季度	四季度	^	^
^	^	^	^	销售额	800万元	1200万元	2500万元	3500万元	35分	财务部
^	^	^	^	利润率	24%	18%	22.5%	18%	35分	财务部
^	^	KPA	战略与策略	1. 公司电子商务战略及调整提案在1周内通过 2. 目标分解及其执行方案在1周内通过				15分	总经办
^	^	^	组织与团队	1. 组织架构及岗位说明书时时完善 2. 各部门编制人员在岗率保持80%以上				15分	总经办
^	加分项		销售目标达成率	在保证正常利润的前提下，销售目标达成率≥130%				5分	财务部
^	^		私域流量增长率	私域流量季度环比增长率30%，年底达到6000万元				5分	财务部
^	^		人才培养	经理级别的领导与管理能力培训考核通过率≥85%				5分	公司HR
^	^		企业文化与价值观	价值观及行为标准考核				5分	公司HR
合计（分）									

续表

绩效薪酬核算标准	绩效考核总分	a≤80	80＜a≤100	100＜a≤120
	绩效系数（A）	A1＝（a－30)%	A2＝a%	A3＝a%＋2×（a－100)%
	年度绩效薪酬	A1×18万元	A2×18万元	A3×18万元

第四部分　战略薪酬

战略事件	以线上新营销为契机，获得销量增长与品牌曝光： 1. 建设直播团队，与流量KOL、KOC加强合作 2. 进驻短视频营销平台，搭建品牌矩阵 3. 建设内容营销与品牌推广团队，捕捉热点事件进行品牌推广与营销 4. 重视和加大"6·18""双11"两个活动的投入					
战略薪酬奖励	奖励	项目				
		直播带货	短视频营销	内容渠道营销	"6·18"活动	"双11"活动
	销售额	≥2000万元	≥1500万元	≥1000万元	≥500万元	≥2000万元
	利润率	≥15%	≥15%	≥10%	≥15%	≥15%
	奖金	2万元	1万元	1万元	1万元	5万元
	年终奖	实现新营销转型战略第一阶段目标（即以上指标均达标完成），在保障利润率的同时，年度销售规模突破1亿元，年终嘉奖10万元				

第五部分　薪酬预算

薪酬预算	薪酬维度				四维薪酬预算
	岗位薪酬	能力薪酬	绩效薪酬	战略薪酬	
	基本工资 （固定工资)		职务津贴与奖金 （浮动工资)		
年度薪酬预算	18万元	≈18万元	≈20万元		≈56万元

　　以上就是四维薪酬体系设计的基本思路，也是本书的大致概括。接下来，本书会通过第二章到第六章共五个章节的内容，带你从四维

薪酬的不同维度出发，掌握它们的基本理念，了解它们的具体设计，熟悉它们的操作流程，让你也能够熟练地运用四维薪酬设计方法，达到"上联战略，下接策略；对内公平，对外吸引；远能发展，近能激励；动可挑战，静有保障"的目的，最终实现"八字方针"的效果，构建起四维薪酬体系。

第二章
岗位价值评估，四维薪酬设计的基石

从第一章的内容中，我们知道企业付薪的根本出发点是以企业战略及其目标为纲领，为员工的价值创造和贡献而付薪的。以此为基础，我们的薪酬体系也需要与之匹配，形成一个足以衡量员工价值创造与贡献，并且适应企业战略需求的多维度、立体式的薪酬体系。其中，岗位薪酬正是这套薪酬体系的基础。

岗位是企业战略和目标的直接承载单元，也是员工实现价值创造的基础条件。没有具体的岗位，企业就无法实现战略目标，员工也无法达成价值创造。所以，对岗位薪酬的设计是薪酬体系设计的基础。

所谓岗位薪酬是以企业战略及其目标为纲领，对某岗位在本企业的权利、责任、劳动强度、劳动条件、劳动技能、重要性、安全系数等因素进行评价，来确定岗位的价值，再以这个岗位的价值为支付薪酬的根据，从而设计出来的薪酬模式。

想要构建科学合理的岗位薪酬，最重要的是准确地衡量企业内各岗位的价值。所谓岗位价值是指企业中每个岗位创造的价值，即岗位间的相对重要性，或每个岗位对公司业绩的相对贡献度。

衡量和确定岗位价值是构建岗位薪酬体系最重要的环节。目前来说，通过岗位价值评估衡量岗位价值是最为科学有效的方式。

所谓岗位价值评估就是站在组织的层面，站在岗位设计者的角度，以组织的战略及其目标为纲领，对组织内部所有岗位的相对价值大小进行理性的分析并给出判断的过程。价值评估的过程类似于使用一杆"秤（体系）"来测量组织中所有岗位的"重量"。

岗位价值评估是一个科学的、理性的过程，是为了比较岗位在组织内的相对价值，不是为了评估而评估，对企业的组织建设、战略规划有着重要的意义。

首先，它可以帮助我们在无序之中建立一套统一的岗位价值评价语言标准。在企业经营中，我们经常看到各岗位上的员工各司其职，忙碌地工作。但是，由于管理者和决策者有着不同的观点和思考角度，对于这些工作的价值和贡献，往往也有着不同的看法。对于哪种工作产生的价值更大，对企业更重要，通常标准不一，容易造成混乱。因此，必须要让我们的岗位价值评价语言更加有理有据。

岗位价值评估对企业的所有岗位采用同一标准进行评价，可以对不同部门、不同层级、不同岗位的价值进行统一的衡量与评价，并根据评价结果区分岗位的相对价值。可以说岗位价值评估法是在无序之中建立一套统一的评价语言标准。

其次，岗位价值评估是构建内部公平性与外部竞争性的薪酬体系的基础。通过在工作分析所提供的岗位信息的基础上，对岗位的价值进行评估，可以确保公司内部不同职能领域的岗位之间具有横向可比性。根据岗位价值评估的结果，可以将岗位划分成不同的等级，再根据这些等级就可以将薪酬级别体系设计出来。

由此可见，岗位价值评估可以为公司建立职位价值序列、职位层级体系、薪酬级别体系等提供支持。同时，也能与同地区、同行业的同岗位进行薪酬比较，了解本企业这个岗位在同地区、同行业的薪酬水平。因此，岗位价值评估是设计薪酬激励体系的基础，可以激发员工的潜能，有效地支撑业务发展和战略落地。

最后，通过岗位价值的分析和评价，促进人才管理体系的升级。

岗位价值评估可以通过对不同岗位相对价值的宏观比较，对员工群体进行有效的划分，延伸设计不同的职业发展通道，实现各岗位人才的百花齐放。同时，通过明确岗位价值，还可以建立起科学、客观、精准的职级体系，促进人才队伍的稳定发展，为企业发展提供多层次、多领域、全方位、立体式的人才体系支撑。

需要注意的是，我们在进行岗位价值评估的时候，评估一个岗位对企业的价值，是以企业战略及其目标为纲领，根据这个岗位在企业中的地位和它所承担的职责来确定的，与实际从事这个岗位的任职者曾经为企业所做出的贡献无关；评估一个岗位所需要的知识和技能水平的高低，也是从这个岗位的客观需要出发，而不是根据实际从事这个岗位的人所具备的知识和技能水平来确定的。只有以岗位为中心，才能得到更准确的、更具价值的岗位价值评估结果，也才能为人力资源管理系统的建设提供有效的参考。

第一节　岗位价值评估的方法

岗位价值评估是在工作分析的基础上，采取科学有效的方法，对岗位在组织内部的影响范围、责任大小、工作强度、工作难度、任职条件、岗位工作条件等一系列要素进行评估，从而确定岗位间的相对价值，建立起一定的价值排序。岗位价值评估的结果最终会形成岗位价值矩阵，基于岗位价值矩阵来设计企业的岗位级别体系，即职级，和企业的薪酬级别体系，即薪级。

在岗位价值评估过程中，评估的方法是我们首要考虑的问题。不同的评估方法，有着不同的流程和要求，同时也会产生不同的评估结果，会对我们最终设计的薪酬体系有很大的影响。所以，如何选择一套适合企业自身的岗位价值评估方法，是摆在所有薪酬设计者面前的第一个难题。

常见的岗位价值评估方法有七种：排序评估法、分类评估法、市值评估法、因素比较评估法、要素点值评估法，以及国际通用的美世国际职位评估系统、海氏价值评价法等。

一、排序评估法

排序评估法是选取某类特定的岗位评估因素，比如工作的复杂程度、对组织的贡献大小等，对各岗位的相对价值进行比较，进而排列出高低次序。常用的排序评估法有两种形式：直接排序法和两两比较法。

（一）直接排序法

直接排序法是最简单的岗位价值评估方法，只需要简单地根据岗位的价值大小，由高到低或由低到高，对岗位进行总体的排序即可，操作十分简单。

首先，由评价人员确定评价标准，一般是用组织整体性的目标和利益作为基础，或者以岗位对组织战略和目标的贡献度作为评价标准，来界定岗位的相对价值。

其次，根据评价标准对所有参评岗位的重要性做出评判，找到最重要的岗位作为序号1，然后按照重要性逐级往下排列。

再次，将所有评估人员评定的结果加以汇总，得到序号和。

从次，将序号和除以评价人数，得到每个岗位的平均排序数。

最后，根据各岗位平均排序数的大小，按照评定出的岗位相对价值，按照从大到小或从小到大的顺序排列。

案例：表2-1为某企业运用排序评估法对各经理岗位的评估。

首先，5名评估员分别按照岗位重要性的高低为5个经理岗位进行评分排序，从序号1开始逐级往下排列，序号值越大，岗位重要性越低，根据评定结果，5个经理岗位的重要性平均值从高到低排列为：产品经理＞生产经理＞财务经理＞销售经理＞技术经理。平均数值越大，重要性越低，那么各经理岗位的价值高低依次为：技术经理＞销售经理＞财务经理＞生产经理＞产品经理。也就是说，这些岗位中重要性最高的是技术经理。

表2-1　某企业经理岗位排序评估表

评估员	岗位				
	销售经理	技术经理	财务经理	生产经理	产品经理
评估员A	1	2	3	4	5
评估员B	3	2	1	5	4
评估员C	2	1	4	3	5
评估员D	4	1	2	3	5
评估员E	1	3	2	5	4
合计	11	9	12	20	23
平均值	2.2	1.8	2.4	4	4.6
岗位排序	2	1	3	4	5

在实际应用过程中，一些企业为了提高直接排序法的准确性和可靠性，还会采用多维度的排序方法，比如从岗位责任、知识经验、技能要求、劳动强度、劳动环境等多个维度进行评价，从而使直接排序法的结果在信度和效度上明显提高。

案例：表2-2为某企业运用岗位综合排序法对各经理岗位的评估。

表2-2　某企业经理岗位综合排序表

	评估指标	销售经理	技术经理	财务经理	生产经理	产品经理
岗位五项指标初评结果	岗位责任	1	2	4	3	5
	知识经验	2	1	3	5	4
	技能要求	3	2	1	4	5
	劳动强度	4	3	5	2	1
	劳动环境	2	5	2	1	3
合计		12	13	17	15	18
岗位排序		1	2	4	3	5

根据 5 个经理岗位的五项指标，即岗位责任、知识经验、技能要求、劳动强度、劳动环境进行岗位评估，按照岗位重要性的高低，从序号 1 逐级往下排列可得出，5 个经理岗位的价值高低按照岗位排序数从小到大依次为：销售经理＜技术经理＜生产经理＜财务经理＜产品经理。也就是说，运用岗位综合排序法可得出，在该企业的 5 个经理岗位中，岗位重要性最高的是销售经理。

（二）两两比较法

两两比较法也称为成对比较法，或配对比较法。它的特点是将所有参评岗位放在一起，按照一定的标准进行成对的两两比较。

两两比较法的操作流程是将所有要进行评价的岗位放在一起，按照一定的要素（比如岗位责任、劳动强度、环境条件、技能要求等）将岗位进行两两配对比较，这个过程就像一场"一对一的 PK 赛"，岗位价值较高者获胜，可得 1 分，岗位价值较低者得 0 分，最后将该岗位通过两两比较得到的分数相加，分数最高者即为岗位价值最高者，按照分数从高到低的顺序将岗位进行排列，即可得出岗位价值的大小。

在使用两两比较法时，企业要将所有评估岗位列入表格的首行和首列，逐行进行比较。在实际操作中，由岗位评估人根据主观判断进行两两比较，行中的岗位价值如果比列中的岗位价值高，则在相应的交叉格中标注"1"，反之标注"0"。最后对该行对应岗位的所有的"1"进行求和计算，数值越大，岗位价值越高，反之岗位价值越低。这样就得出了所有岗位的价值高低排序。

案例：表 2-3 为某企业运用两两比较法对各岗位的评估。

表 2-3 某企业两两比较法评估表

职位	销售总监	HR经理	财务经理	物流主管	企划主管	生产主管	行政助理	合计
销售总监		1	1	1	1	1	1	6

续表

职位	销售总监	HR经理	财务经理	物流主管	企划主管	生产主管	行政助理	合计
HR经理	0		0	1	1	1	1	4
财务经理	0	1		1	1	1	1	5
物流主管	0	0	0		0	1	1	2
企划主管	0	0	0	1		1	1	3
生产主管	0	0	0	0	0		1	1
行政助理	0	0	0	0	0	0		0

如表2-3，第二行中的HR经理与第一列中的销售总监、第三列中的财务经理相比，其岗位价值没有后两个岗位的岗位价值高，因此标注"0"；而相比其他列中的物流主管、企划主管、生产主管及行政助理，其岗位价值都比后者高，因此标注"1"，获得4分。以此类推，完成岗位两两比较后，进行求和计算出每个岗位的数值，数值越大，岗位价值越高。在该企业中，岗位价值从高到低的排序为：销售总监＞财务经理＞HR经理＞企划主管＞物流主管＞生产主管＞行政助理。

二、分类评估法

分类评估法是通过制定一套岗位级别标准，将企业的所有岗位根据工作内容、工作职责、任职资格等方面的不同要求，划分出不同的岗位类别，与岗位标准进行比较，并归到各个岗位级别中的方法。

在岗位分类时，一般可以将企业的各个岗位分为管理类、技术类、营销类、文职类、操作类等，通过给每类岗位确定岗位价值的范围及等级，并且对同类岗位进行排列，确定每个岗位不同的岗位价值等级，从而对各个岗位进行评估。

案例：表2-4为某企业运用分类评估法对企业全部岗位进行分类。

表2-4 某企业的岗位分类表

领导类	专业行政类	营销类	专业技术类		
			研究开发	生产及其支持	客户服务
总裁 副总裁 事业部总经理	财务会计 人力资源 合同管理 信息管理 政府关系 行政文职	销售 市场推广	产品设计 技术管理 基础研究	生产 生产管理 设备 调测 质量管理 物料	售前服务 售后服务 技术支援 客户培训 安装 现场维修

表2-5是对专业行政类的行政文职岗位进行的分类评估。

表2-5 某企业行政文职岗位分类评估表

岗位等级	定义描述
5	复杂工作 有监督职责 有公共联系
4	中等复杂工作 有监督职责 有公共联系
3	中等复杂工作 无监督职责 有公共联系
2	简单工作 无监督职责 有公共联系
1	简单工作 无监督职责 无公共联系

如表2-5所示，该企业对行政文职类岗位进行评估。其中，根据岗位工作的专业度需求、是否有监督职责及有无公共联系的要求，对所有岗位进行价值评估，最后构成了相应的行政文职岗位的5个等级。

三、市值评估法

市值评估法是指采用市场中岗位的薪酬数据作为评估公司内部岗位价值大小的依据。市值评估法表明，在市场上的岗位薪酬越高，则岗位的相对价值就越高。反之，岗位的相对价值越低。

使用市值评估法需要获得人才市场上同行业、同区域且与企业规模匹配的市场调研报告，把企业的岗位和进行市场调研的岗位进行匹配，并按市场调研报告中的薪酬范围从高到低进行岗位排序，排出的序列就是企业的岗位价值从高到低的序列。

案例：表2-6为某企业各岗位的市值评估表。

表2-6 某企业各岗位的市值评估表

岗位	市场价值（万元/年）	价值级别
销售总监	30~40	1
HR经理	18~25	3
财务经理	25~35	2
物流主管	12~18	5
企划主管	15~20	4
生产主管	8~15	6
行政助理	6~10	7

根据市场调研报告数据显示，该企业各岗位的市场价值由高到低分别为：销售总监＞财务经理＞HR经理＞企划主管＞物流主管＞生产主管＞行政助理。根据市值评估法得到的市值评估表中的数据显示，该企业各岗位的价值级别由高到低的排序是：销售总监＞财务经理＞HR经理＞企划主管＞物流主管＞生产主管＞行政助理。

显然，与其他的评估方法相比，市值评估法最大的特点在于：其他的岗位价值评估方法是从企业内部进行评估，从而衡量各岗位的价值；而市值评估法则是利用外部的市场数据作为企业的薪酬水平参考。

所以，要想根据市值评估法得出一个准确的岗位价值评估结果，最重要的是要获得可靠的外部市场薪酬数据。这就要求我们必须寻找到合适的薪酬数据对标对象。如果对标对象的选择有问题，市值评估法就难以发挥作用。

那么，外部市场薪酬数据的对标对象怎么选择呢？一般来说，需要基于以下四个方面进行考量，在多方对比之后，才能选出最佳的薪酬数据对标对象。

（一）高度重合的行业

众所周知，不同的行业有不同的商业模式、业务模式和盈利模式。因此，其在企业战略、发展目标、组织架构和部门岗位的设置上也存在很大的差别，典型的就是传统行业和新兴互联网行业，二者的发展战略、业务方向和组织架构完全不一样，所需的人才和岗位重合度也非常低，这样的市场数据就缺乏可比性。

因此，在进行岗位对比分析的时候，一定要精准对标，尽量选择企业所在行业，或者选择有相近的商业模式、业务模式和盈利模式的企业作为薪酬数据的对标对象。如果行业比较独特，或者是全新行业的话，难以获取准确的薪酬数据，那么可以选择岗位重合度较高的行业，或者参考我们的目标员工所在的行业，只有在岗位重合度较高的行业范围及模式内，形成的对标结果才具备参考价值。

（二）高度重合的地区

除了需要选择岗位重合度较高的行业，还需要注意地区属性。不同的地区，经济发展水平不同，物价水平和员工的生活成本也不同。比如拿三四线小城市的薪酬水平和北上广深这种一线城市的薪酬水平对比，结果自然是毫无意义的。

所以在选择薪酬对标数据时，一定要注意薪酬数据的来源地区，除部分特殊行业，大部分企业的目标员工一般都是来自企业所在的地区。也就是说，选择企业所在地区的周边区域或经济发展水平、消费水平、物价水平等与企业所在的地区薪酬水平较为类似的地区，其数据才具有可比性和参考价值。

（三）组织规模大致相同

为了让薪酬对标结果更加贴合自己企业的薪酬水平，薪酬数据不仅要选择岗位重合度较高的行业和地区，还要进一步精准定位，即在岗位重合度较高的行业和地区基础上，选择与本企业组织规模大致相当的企业。

一般来说，如果某类企业有相似的规模，就意味着这类企业在经营管理方面的差距不会太大，譬如销售规模、生产规模等。在条件允许的情况下，尽量选择组织规模大致相同的企业作为薪酬水平对标数据的目标企业，这样可以更好地保证对标数据的准确性。

（四）岗位职责基本一致

当前薪酬市场上存在这种情况：同一岗位名称在不同的行业、企业中实际负责的工作内容不同；而不同的岗位名称，其工作内容很可能是一致的。这就导致了一个问题：对标企业所在行业的岗位和本企业里的岗位名称虽然一样，但是实际上很可能不是一回事儿。

面对这种情况，我们最好选择用相同性质的岗位做对比。也就是说，岗位职责和能力要求要基本一致，这样得到的薪酬数据才能足够精准。

如果满足以上四个方面的条件，就可以保证企业所获得的市场薪酬数据是准确的。如果无法满足以上四个方面的条件，或者不能确认市场薪酬数据的准确性和真实性，我们就需要采取另一种方法：直接寻找特定的对标企业进行薪酬数据对比。

在寻找特定的对标企业时，我们需要注意对标企业必须要符合以下特征。第一，对标企业应该是本企业在行业中最大的竞争对手或主要的竞争对手，比如京东选择的对标对象是行业内最大的竞争对手阿里巴巴；第二，对标企业应该是本企业最佳的人才来源处或人才流动去处，比如比亚迪和宁德时代，双方在动力电池业务中的人才是高度重合的，二者的薪酬水平相互之间有一定的参考价值；第三，对标企业的战略目标、商业模式、组织架构、核心能力、发展阶段等方面具有一定的参考价值。

知道了需要何种薪酬对标数据，接下来就要了解如何获得这些数据。一般来说，获得这些数据的常规方法有两种。

第一，通过行业交流获取相应的薪酬数据。在一个相对封闭的地区或行业，这种方法尤其适用，因为这些地区或行业的人员流动性往往比较低，薪酬数据大多数不是什么秘密，比较容易获取。

第二，获取现成的薪酬调研报告。这个方式又可以分为两种：一种是付费的，另一种是免费的。付费的薪酬调研报告主要是通过薪酬调研公司，或者相关的咨询公司通过定点定向调研得到；免费的薪酬调研报告则主要来源于地方政府、行业协会等官方或半官方的数据，需要注意的是，这些薪酬数据往往存在滞后性问题。

当然，还有些其他非常规的形式，比如招聘时的交流、人才平台的数据报告等。不过，无论是通过哪种方式获取的数据，在使用时都要注意，外部的数据大多数经过处理，难免存在失真的情况。所以，企业在对标分析时应注意甄别，结合企业的实际情况，不能生搬硬套。

一般来说，一份比较完整的薪酬报告，应该包括以下内容。

1. **基本概况**

基本概况包括薪酬数据收集的行业、地区，参与薪酬调研的企业名称、岗位名称、组织规模，薪酬数据来源的时间段等具体信息，以便岗位价值评估的工作人员选用。

2. **薪酬调研岗位的简要描述**

薪酬调研岗位的简要描述包括岗位的基本要求、承担的职责、所带来的贡献和岗位的上下级等。岗位价值评估的工作人员应依据岗位描述对照企业内部岗位的职责与能力要求进行对标,而非依据岗位名称进行对标,以确保数据对标的准确性。

3. 被调研岗位薪酬数据的付薪水平和薪酬结构

任何一个企业的任何一个岗位都有特有的薪酬结构,岗位的薪酬数据应包括所有参与调研的企业对该岗位的薪酬结构及对应的薪酬水平数据。这样岗位价值评估的工作人员才能客观地对标企业的内部岗位,并参考相关的薪酬数据。比如有一个核心岗位,在 A 企业中由于同级别人才较多,所以付薪水平只达到了中等;但是在 B 企业中,人才相对比较稀缺,所以给出了高薪,用于吸引相关的人才。

案例:表 2-7 为某企业的薪酬调研报告。

表 2-7 薪酬调研报告

调研目的	通过对行业的薪酬调查,了解同行企业的薪酬状况,为公司建立合理的、有效的薪酬体系提供参考依据		
报告编写人员		报告编写日期	
报告目的			
目标读者			
调查对象及其理由	(提示:对行业、地区、规模等做对标分析)		
调查方式			
薪酬调研结果			

岗位名称	简要描述	最高工资	最低工资	平均工资

续表

其他待遇分析			
名称	调研对象 A	调研对象 B	调研对象 C	备注
社保				
公积金				
餐补				
交通补贴				
住房补贴				
……				
分析与建议	调研分析如下： (1) (2) (3) 提出建议如下： (1) (2) (3)			

四、因素比较评估法

因素比较评估法是一种量化的工作评价技术，是选择多种因素，并按所选定的多种因素分别对工作岗位进行排序的一种岗位价值评估法。从某种意义上来说，它是排序估值法的一种改进和升级。

排序估值法只需要从岗位的整体性上进行排序。而因素比较评估法是以企业战略为纲领和基础，选择多种岗位价值的核心内容因素，并将每种因素分别进行比较和排列，为其设置一个具体的价值分值，最后把每个岗位在各个要素上的价值分值通过加权来得出价值分值总数并进行排序。

相比前面的几种评估方法，因素比较评估法较为复杂，它的实施步骤如下。

（1）选定适当的岗位价值因素。比如智力、技能、责任、健康、工作环境和劳动条件等因素，一般选定五项作为基准因素。

（2）选择基准岗位。在每类岗位中选择一些比较关键的岗位作为基准岗位。这些基准岗位是组织中普遍存在的、工作内容相对稳定的、具有代表性的，能够充分显示每一个因素重要程度的不同等级，同时在确定的范围内能够给予准确定义的。

（3）确定基准岗位的总分值。一般来说，基准岗位总分值的确定有两种方式，一种是直接利用基准岗位的薪酬数额作为分值；另一种是通过抽样分析和调查评估，得到从"分值"到"薪酬"的转化系数，利用这个系数将基准岗位的薪酬数额转化成一定的分值。

（4）将基准岗位的总分值分解到选定的五种因素中，得到基准岗位在各因素中的得分。

（5）利用基准岗位分解得到的结果，按照选定的五种因素，对其他岗位进行排列。在这个过程中，需要按照"某岗位的某项因素与基准岗位相近，就依照其岗位分值进行调整和确定"的原则进行比较和调整，最后得出该岗位的某项因素得分，然后将该岗位所有因素的分值加起来形成该岗位总的价值分值。

（6）最后对所有的岗位进行岗位价值分值排序，并将岗位价值分值以及排序的结果作为岗位薪酬设计的参考。

案例：表2-8为某企业运用"因素比较评估法"对A、B、C、D四个岗位进行评估。

表2-8　某企业因素比较评估表

价值	维度				
	技能维度	脑力维度	体力维度	责任维度	环境维度
10分	A				A
20分			A	B	
30分		A		A	D

续表

价值	维度				
	技能维度	脑力维度	体力维度	责任维度	环境维度
40 分	B				B
50 分	D	B	B		
60 分		D	D	C	
70 分				D	
80 分	C	C			
90 分			C		C

在某公司的一次岗位评估中，岗位 A、岗位 B、岗位 C 是基准岗位，岗位 D 是待评估岗位。该企业利用基准岗位的岗位薪酬作为数据参考，通过取样分析和数据对标，得出从"分值"到"薪酬"的转化系数为 0.05。

已知岗位 A、岗位 B、岗位 C 三个基准岗位的岗位薪酬，通过取整处理，得到薪酬数额分别为 2000 元、4000 元和 8000 元，岗位 A、岗位 B、岗位 C 的总分值分别为 $2000 \times 0.05 = 100$、$4000 \times 0.05 = 200$、$8000 \times 0.05 = 400$。

在评估岗位 D 时，首先将 A、B、C 岗位的薪酬价值按照五个维度进行分解，得出岗位 A、岗位 B、岗位 C、岗位 D 在每个维度的具体分值，然后将岗位 D 与岗位 A、岗位 B、岗位 C 三个基准岗位进行比较，得出岗位 D 在各个维度上的具体分值。

在这个过程中，通过对维度的分解，得到岗位 A 在技能维度、脑力维度、体力维度、责任维度和环境维度五个维度的分值，它们分别是 10 分、30 分、20 分、30 分和 10 分。

同理，岗位 B 和岗位 C 的总分数也按照技能维度、脑力维度、体力维度、责任维度和环境维度五个维度进行分解，分别得到如表 2-8 所示的分值。

然后，将岗位 D 放入各个维度中，与这 3 个基准岗位进行对比，把各个因素放入合适的分值区间，最后得到岗位 D 的五大维度分值，把这五大维度分值加起来就形成岗位 D 的总分值。

根据表 2-8 中，将待评估岗位 D 的各个维度的分值相加，即如表 2-9 所示。

表2-9　采用因素比较评估法得出岗位 D 的分值表

岗位 D	技能维度	脑力维度	体力维度	责任维度	环境维度	合计
价值（分）	50	60	60	70	30	270

岗位 D 的评估总分数为 270，按照岗位 A、岗位 B、岗位 C、岗位 D 四个岗位的评估分数高低，该企业岗位价值由高到低的排列是岗位 C（400 分）、岗位 D（270 分）、岗位 B（200 分）、岗位 A（100 分）。

五、要素点值评估法

要素点值评估法也称因素点值评估法，是目前最科学、应用最广泛、最精确的，但也是最复杂的岗位价值评估方法之一。它是以企业战略及其目标为纲领和基础，从多个维度、多个要素对岗位价值进行量化评估，得到各岗位的分值，并以此为依据设置岗位薪酬的岗位评估方法。它强调以要素来给岗位打分，从而确定岗位相对价值的高低。要素点值评估法的实施步骤如下。

步骤一：确定评估维度。

要素点值评估法中提到，评估一个岗位，首先要清楚从哪些维度进行评估，明确哪些要素是影响岗位价值的要素，这与企业的战略、目标以及企业的实际情况和价值导向相关。

一般来说，要素点值评估法最常用的维度主要有五个方面：知识、责任、技能、工作强度和工作环境。这五大维度能够比较全面地衡量岗位的价值。同时，各个维度还需要确定不同的评价因素。

案例：表2-10为某企业运用要素点值评估法制订的要素点值评估法维度表。

表2-10 要素点值评估法维度表

常用的评价维度	常用的评价因素
知识	专业要求、学历要求、专业知识广度、管理与运用知识的能力
责任	经济效益、风险管控、成本费用管控、指导监督、内外协调、组织管理
技能	技能等级、熟练程度、工作经验、工作灵活性、技能复杂程度
工作强度	体力劳动强度、脑力消耗程度、疲劳程度、复杂程度、加班频率、紧张程度
工作环境	地点的稳定性、环境的潜在危险性、职业病风险、工作时长

当然，企业在实际中评估岗位价值时，不可能把表2-10中所有的因素都评估一遍，一般从中筛选出5~10个合适的因素进行评估即可。少于5个因素，对岗位的评估效果可能不够全面；多于10个因素，评估又会过于分散，难以抓住核心因素评出岗位价值的高低。

在评估因素的选择上，需要根据企业岗位的实际情况与不同岗位所承担的不同职责，选用合适的岗位价值评估因素。比如，在企业的产品开发岗位中有产品经理、产品总监两个岗位。这两个岗位虽然在"知识"和"技能"要素上存在一定的区别，但是区分岗位价值的核心要素应该是"责任""工作强度"等。所以，在区分这两个岗位的岗位价值时，应该更多地从"责任"和"工作强度"的维度进行评价。

由于每个企业所属行业的特点不同，评估要素也应当有所区别。但就总体来说，对岗位价值影响较大的主要因素如表2-11所示。

表 2-11　要素点值评估法常用要素/因素

维度	知识	责任	技能	工作强度	工作环境
因素	专业要求	经济效益	技能等级	体力劳动强度	地点的稳定性
	学历要求	指导监督	工作经验	脑力消耗程度	环境的潜在危险性

步骤二：对岗位价值评估的因素进行定义。

确定了岗位价值评估因素后，需要对所选择的因素进行定义。定义的作用是在一定程度上保证评估人对评估因素理解的一致性。比如对"工作强度"的理解，既可以包括体力劳动强度和脑力消耗程度，又可以涵盖工作节奏的快慢，甚至是注意力集中程度的高低和对细节的重视程度等不同的评估标准。因此，只有把每个因素都定义和解释清楚，才能避免在评估时出现误差，甚至出现错误。对岗位价值评估各因素的评估定义案例，如表 2-12 所示。

表 2-12　要素点值评估法常用因素定义案例表

维度	因素	定义
知识	专业要求	指从事本岗位工作需要的专业知识水平
	学历要求	指从事本岗位工作需要的学历等级
责任	经济效益	指本岗位对公司最终财务业绩的影响程度
	指导监督	指本岗位指导监督对象涉及的职能范围或领域
技能	技能等级	指从事本岗位工作应具备的专业技能水平
	工作经验	指从事本岗位工作应具备的工作经验程度
工作强度	体力劳动强度	指完成本岗位工作的体力消耗程度
	脑力消耗程度	指本岗位工作事项的复杂程度
工作环境	地点的稳定性	指本岗位工作地点的稳定程度
	环境的潜在危险性	指本岗位工作环境潜在的风险程度

步骤三：确定各个因素的权重，进行描述和评分。

选定评估因素后，还需要对每个因素进行权重设置，所有因素的权重合计应为100%。之所以设置权重，是因为不同的因素对岗位价值的影响程度往往存在差别。通常来说，岗位价值产出越大的因素，其权重也应设置得越大。

我们在前面讲到，评估因素的数量最好控制为5～10个。从权重设置上来看，建议单个因素的评估权重最高不超过45%，最低不小于5%。一旦超过45%，说明该因素的评估结果对岗位价值的影响过高，就失去了多因素评估岗位价值的意义；如果小于5%，说明该因素对岗位价值的影响过小，那么就需要考虑该因素是否有纳入岗位价值评估要素的必要。

案例：某企业采用要素点值评估法进行岗位价值评估，步骤如下。

（1）该企业在知识维度、责任维度、技能维度、工作强度维度和工作环境维度五个维度设置的权重分别为20%、35%、15%、15%与15%，并将相应的权重分解到不同的因素上。由于不同维度的权重不同，该企业决定对技能、工作强度和工作环境这三个维度不再进行因素分解。

（2）该企业为每项因素设置了五个等级，并根据每个因素的权重和等级差别，将总分值1000分纳入不同的要素和等级中，具体如表2-13所示。

（3）运用这些评估因素来分析、评估每个岗位。

（4）根据要素点值评估法的计算结果，就可以得出该企业各个岗位价值的点值并进行排序，比如表2-14中的职位A的点值合计是720，职位B的点值合计是550，职位C的点值合计是620，职位D的点值合计是840，它们的岗位价值排序从高到低依次是：职位D＞职位A＞职位C＞职位B。

表2-13 某企业要素点值评估法案例表

评估维度	评估因素名称	评价权重	评估因素定义	等级	评估因素评价标准	点数分值
知识维度	专业要求	10%	指从事本岗位工作所需要的专业知识水平	1	接受过专业知识训练，并掌握相关的专业知识及其运用的能力	10
				2	系统地学习过相关专业知识，并有运用相关专业知识的能力	30
				3	专业地学习过本专业及其相关学科知识，并有熟练地运用相关专业知识的能力	60
				4	深度专业地学习过本专业及其相关学科知识，并有精通运用相关专业知识的能力	80
				5	系统地专研过本专业及其相关学科知识，并有将研究成果或方法运用到工作中的能力	100
	学历要求	10%	指从事本岗位工作所需要的学历等级	1	达到高职或相当于高职的专业水平	10
				2	达到专科或相当于专科的专业水平	30
				3	达到本科或相当于本科的专业水平	60
				4	达到硕士研究生或相当于硕士研究生的专业水平	80
				5	达到博士研究生或相当于博士研究生的专业水平	100
责任维度	经济效益	20%	指本岗位对公司最终财务业绩的影响程度	1	有限的贡献和影响，总体占比小于20%	50
				2	间接的贡献和影响，总体占比为20%~50%	100
				3	部分直接的贡献和影响，总体占比为50%~80%	150
				4	主要直接的贡献和影响，总体占比为80%~100%	180
				5	全部直接的贡献和影响，总体占比100%	200

续表

评估维度	评估因素名称	评价权重	评估因素定义	等级	评估因素评价标准	点数分值
责任维度	指导监督	15%	指本岗位指导监督对象涉及的职能范围或领域	1	不指导监督任何人，只对自己的工作结果负责	50
				2	直接指导监督同一种工作岗位的所有人员，并对他们的工作结果负责	80
				3	直接指导监督某个职能团队里多种工作岗位的所有人员，并对他们的工作结果负责	100
				4	直接指导监督某个独立部门里多种工作岗位的所有人员，并对他们的工作结果负责	130
				5	直接指导监督多个独立部门的所有团队的所有人员，并对公司的整体工作结果负责	150
技能维度	技能等级和工作经验	15%	指从事本岗位工作应具备的专业技能水平和从事本岗位应具备的工作经验	1	具备从事简单的、常规的或重复性的工作任务或操作的专业技能。基本不需要相关的培训或内训工作经验	30
				2	掌握基本的或常用的规则、程序，并运用这些规则和程序从事常规、标准的事务性工作。获得这些专业技能需要1年以内的经验	60
				3	掌握某一专业领域内的标准化规则、程序，并熟练运用这些规则和程序完成某一专业领域内典型性的工作。获得这些专业技能需要1~3年的经验	90
				4	系统地掌握某一专业领域内广泛的、多样的、复杂的工作原理、概念与方法，运用这些原理、概念和方法完成开展不断完善复杂的工作。获得这些专业技能需要3~5年的经验	120
				5	系统地掌握某一专业领域内广泛的、深入的原理、概念和方法，并创新性地运用这些原理、概念和方法解决设定工作领域中程序与各种疑难杂症和各种问题。获得这些专业技能需要5年以上的经验	150

续表

评估维度	评估因素名称	评价权重	评估因素定义	等级	评估因素评价标准	点数分值
工作强度维度	体力劳动强度和脑力消耗程度	15%	指完成本岗位工作的体力消耗程度和本岗位工作事项的复杂程度	1	工作基本没有紧迫感，简单的、重复性的体力和脑力劳动	30
				2	工作偶尔比较紧张，体力和脑力消耗偶尔比较大	60
				3	工作比较紧张，需要精力集中，体力和脑力消耗比较大	80
				4	工作紧张，精力集中，重视细节，体力和脑力消耗很大	100
				5	工作非常紧张，精力高度集中，极度重视细节，体力和脑力消耗很大	150
工作环境维度	地点的稳定性、环境的潜在危险性	15%	指本岗位工作地点的稳定程度和工作环境潜在的风险危险程度	1	工作地点稳定，工作环境安全而舒适	30
				2	工作地点稳定、工作环境安全，但不一定舒适	60
				3	工作地点不稳定，偶尔会有不舒适，但安全	80
				4	工作地点不稳定，工作环境有潜在的安全风险	100
				5	工作地点极不稳定，工作环境存在潜在的风险，比如，职业病风险或安全风险	150

表 2-14 某企业采用要素点值评估法计算的岗位分值表

因素或维度	等级/点值	职位 A	职位 B	职位 C	职位 D
专业要求因素	等级	4	3	3	4
	点值	80	60	60	80
学历要求因素	等级	1	2	3	3
	点值	10	30	60	60
经济效益因素	等级	5	3	2	5
	点值	200	150	100	200
指导监督因素	等级	4	3	2	5
	点值	130	100	80	150
技能维度	等级	4	3	3	5
	点值	120	90	90	150
工作强度维度	等级	4	2	3	4
	点值	100	60	80	100
工作环境维度	等级	3	2	5	4
	点值	80	60	150	100
点值合计		720	550	620	840

六、海氏价值评价法

实际上，很多国际有名的人力资源管理咨询公司都研发出了自己的岗位价值评估方法。其中，比较为人所熟知且运用较为广泛的主要有两套：一套叫海氏价值评价法，一套叫美世国际职位评估系统。

海氏价值评价法也叫海氏三要素评估法。这个系统中所有的岗位包含的最主要的评价因素有三种：知识水平和技能技巧、解决问题的能力和承担的职务责任。其中每一种评价因素又分别由数量不等的子因素构成，通过评价量表进行评估，最后将评估所得的分值加以综合，算出各个工作岗位的相对价值。

（一）知识水平和技能技巧

知识水平和技能技巧是知识和技能的总称。它由三个子因素构成：专业知识技能、管理技巧和人际关系技巧。

1. 专业知识技能

专业知识技能是要使工作绩效达到可接受的水平所需要的专业知识及其相应的实际运作技能的总和。

专业知识技能可以分为：A. 基本业务水平；B. 初等业务水平；C. 中等业务水平；D. 高等业务水平；E. 基本专门技术；F. 熟悉专门技术；G. 精通专门技术；H. 权威专门技术。表 2-15 为专业知识技能的各级水平的说明与各级水平对应的岗位案例。

表 2-15 专业知识技能

等级	说明	举例
A. 基本业务水平	熟悉简单的工作程序，达到基本的工作规则要求与工作训练	复印机操作员
B. 初等业务水平	能同时操作多种简单的设备以完成一个工作流程	接待员、打字员、订单收订员
C. 中等业务水平	对一些基本的方法和工艺熟练，需要具有使用专业设备的能力	人力资源助理、秘书、客户服务员、电气技师
D. 高等业务水平	能够应用较为复杂的流程和系统，此系统需要应用一些技术知识（非理论性的）	调度员、行政助理、拟稿人、维修领班、资深贸易员
E. 基本专门技术	对涉及不同活动的实践所涉及的相关技术有相当的理解，或者对科学理论和原则基本理解	会计、劳资关系专员、工程师、人力资源顾问、中层经理
F. 熟悉专门技术	通过对某一领域的深入实践而具有相关知识，或者/并且掌握了科学理论	人力资源经理、总监、综合部门经理、专业人士（工程、法律等方面）
G. 精通专门技术	精通理论、原则和综合技术	专家（工程、法律方面）、CEO、副总、高级副总裁
H. 权威专门技术	在综合技术领域成为公认的专家	公认的专家

注：技术岗位由 E 等级起评。

2. 管理技巧

管理技巧是指在经营、辅助和直接管理领域中，协调涉及各种管理情景的各种职能并使之一体化的技巧。

评价的关键一是所需要的管理能力与技巧的范围（广度）；二是所需要的管理能力与技巧的水平（深度）。

因此，管理技巧的水平可以分为 A. 起码的；B. 相关的；C. 多样的；D. 广博的；E. 全面的。表 2-16 为各级管理技巧的水平说明与各级水平对应的岗位案例。

表 2-16　管理技巧

等级	说明	举例
A. 起码的	仅关注活动的内容和目的，而不关心对其他活动的影响	会计、分析员、一线督导、一线经理、业务员
B. 相关的	决定部门各种活动的方向、活动涉及几个部门的协调等	部门主管、执行经理
C. 多样的	决定一个大部门的方向或对组织的表现有决定性的影响	助理副总、副总、事业部经理、总监
D. 广博的	决定一个主要部门的方向，或对组织的规划、运作有战略性的影响	中型组织的 CEO、大型组织的副总
E. 全面的	对组织进行全面的管理	大型组织的 CEO

3. 人际关系技巧

人际关系技巧是指该职位所需要的激励、沟通、协调、培养和关系处理等方面的活动技巧。

评价的关键是根据所管辖人员的多少，以及上级、下级的素质、要求，交往接触的时间和频率等方面来综合评判。

表 2-17 为人际关系技巧的各级水平说明与各级水平对应的岗位案例。

表 2-17　人际关系的技巧

等级	说明	举例
A. 基本的	在组织内与其他员工进行有礼貌、有效地沟通，以获取信息和澄清疑问	会计、调度员、打字员
B. 重要的	既要理解他人的观点，也要有说服力以影响他人的行为、改变他人的观点或处境	订货员、维修协调员、人力资源助理
C. 关键的	对于需要理解和激励人的岗位，需要最高级的沟通能力。需要谈判的岗位的沟通技巧也属于此等级	人力资源经理、小组督导、大部分经理、大部分一线督导、CEO

4. 知识水平和技能技巧评价量表

由专业知识技能、管理技巧和人际关系技巧三个子因素及其各子因素的不同等级构成了知识水平和技能技巧，通过表 2-18 知识水平和技能技巧评价量表来转换成评价分值。

表 2-18　知识水平和技能技巧评价量表

人际关系技巧	A. 起码的 A.基本的	A. 起码的 B.重要的	A. 起码的 C.关键的	B. 相关的 A.基本的	B. 相关的 B.重要的	B. 相关的 C.关键的	C. 多样的 A.基本的	C. 多样的 B.重要的	C. 多样的 C.关键的	D. 广博的 A.基本的	D. 广博的 B.重要的	D. 广博的 C.关键的	E. 全面的 A.基本的	E. 全面的 B.重要的	E. 全面的 C.关键的
A. 基本业务水平	50	57	66	66	76	87	87	100	115	115	132	152	152	175	200
B. 初等业务水平	66	76	87	87	100	115	115	132	152	152	175	200	200	230	264
C. 中等业务水平	87	100	115	115	132	152	152	175	200	200	230	264	264	304	350
D. 高等业务水平	115	132	152	152	175	200	200	230	264	264	304	350	350	400	460
E. 基本专门技术	152	175	200	200	230	264	264	304	350	350	400	460	460	528	608

注：管理技巧列分为 A.起码的、B.相关的、C.多样的、D.广博的、E.全面的 五类，每类下又分 A.基本的、B.重要的、C.关键的 三个子项。

续表

人际关系技巧	管理技巧														
	A. 起码的			B. 相关的			C. 多样的			D. 广博的			E. 全面的		
	A.基本的	B.重要的	C.关键的	A.基本的	B.重要的	C.关键的	A.基本的	B.重要的	C.关键的	A.基本的	B.重要的	C.关键的	A.基本的	B.重要的	C.关键的
F. 熟练专门技术	200	230	264	264	304	350	350	400	460	460	528	608	608	700	800
	230	264	304	304	350	400	400	460	528	528	608	700	700	800	920
	264	304	350	350	400	460	460	528	608	608	700	800	800	920	1056
G. 精通专门技术	264	304	350	350	400	460	460	528	608	608	700	800	800	920	1056
	304	350	400	400	460	528	528	608	700	700	800	920	920	1056	1216
	350	400	460	460	528	608	608	700	800	800	920	1056	1056	1216	1400
H. 权威专门技术	350	400	460	460	528	608	608	700	800	800	920	1056	1056	1216	1400
	400	460	528	528	608	700	700	800	920	920	1056	1216	1216	1400	1600
	460	528	608	608	700	800	800	920	1056	1056	1216	1400	1400	1600	1840

案例：对某企业营销总监岗位的价值评估。

根据表2-15得出，营销总监的专业知识技能水平必须达到"F.熟悉专门技术"，因此选择"F"。

根据表2-16得出，作为企业的营销总监，需要掌握的管理技巧必须要达到"C.多样的"，因此选择"C"。

根据表2-17得出，营销总监需要掌握的人际关系技巧必须要达到"C.关键的"，因此选择"C"。

营销总监的知识水平和技能技巧岗位价值汇总为1.知识水平（纵向）必须达到"F.熟练专门技术"；2.管理技能（横向）要达到"C.多样的"；3.人际关系方面必须掌握"C.关键的技巧等"。所以，在表2-18中，按照"就高不就低"的原则，该营销总监的知识水平和技能技巧分值A为608分。

（二）解决问题的能力

"解决问题的能力"这一项由两个子因素构成：思维环境和思维难度。

1. 思维环境

思维环境是指在遇到问题时，任职者是否可向他人请教，或从过去的案例中获得指导。一般解决问题的思维环境可以划分为A～H八个等级如表2-19所示。

表2-19 思维环境等级

等级	说明
A. 高度常规性的	有非常详细和精确的法规和规定作指导并获得不断的协助
B. 常规性的	有非常详细的标准规定并可立即获得协助
C. 半常规性的	有较明确定义的复杂流程，有很多的先例可参考，并可获得适当的协助
D. 标准化的	有清晰但较为复杂的流程，有较多的先例可参考，可获得协助
E. 明确规定的	有明确规定的框架

续表

等级	说明
F. 广泛规定的	有广泛规定的框架，在某些方面有些模糊、抽象
G. 一般规定的	为达成组织目标，在概念、原则和一般规定的原则下思考，有很多模糊、抽象的概念
H. 抽象规定的	仅依据商业原则、自然法则和政府法规进行思考

2. 思维难度

思维难度是指工作中遇到问题的频率和难度所造成的思维的复杂程度。思维难度的等级可以划分为 A~E 五个等级如表 2-20 所示。

表 2-20 思维难度等级

等级	说明
A. 重复性的	特定的情形仅需对熟悉的事情作简单的选择
B. 模式化的	相似的情形仅需对熟悉的事情作鉴别性选择
C. 中间型的	不同的情形，需要在熟悉的领域内寻找方案
D. 适应性的	变化的情形要求分析、理解、评估和构建方案
E. 无先例的	新奇的或不重复的情形，要求创造新理念和富有创意的解决方案

3. 解决问题的能力量表

思维环境和思维难度两个子因素及不同等级构成解决问题的能力，通过表 2-21 解决问题的能力量表来转换成评价分值。

表 2-21 解决问题的能力量表

思维环境	思维难度				
	A. 重复性的	B. 模式化的	C. 中间型的	D. 适应性的	E. 无先例的
A. 高度常规性的	10% 12%	14% 16%	19% 22%	25% 29%	33% 38%
B. 常规性的	12% 14%	16% 19%	22% 25%	29% 33%	38% 43%
C. 半常规性的	14% 16%	19% 22%	25% 29%	33% 38%	43% 50%

续表

思维环境	思维难度					
	A. 重复性的	B. 模式化的	C. 中间型的	D. 适应性的	E. 无先例的
D. 标准化的	16% 19%	22% 25%	29% 33%	38% 43%	50% 57%
E. 明确规定的	19% 22%	25% 29%	33% 38%	43% 50%	57% 66%
F. 广泛规定的	22% 25%	29% 33%	38% 43%	50% 57%	66% 76%
G. 一般规定的	25% 29%	33% 38%	43% 50%	57% 66%	76% 87%
H. 抽象规定的	29% 38%	38% 43%	50% 57%	66% 76%	87% 100%

紧接上面的案例，对营销总监进行岗位价值评估。

根据表2-19得出，营销总监的思维环境等级应该是"有广泛规定的框架，在某些方面有些模糊、抽象"或"为达成组织目标和目的，在概念、原则和一般规定的原则下思考，有很模糊、抽象的概念"，所以应该在"F. 广泛规定的"或"G. 一般规定的"中选择，但是更倾向于"F. 广泛规定的"，因此我们可以记下，思维环境选择"F"或"G"，更倾向于"F"。

根据表2-20得出，营销总监的思维难度不仅限于C. 中间型的，即在不同的情形下，需要在熟悉的领域内寻找方案，其思维难度应该更大，因此是"D. 适应性的"，故选择"D"。

根据表2-21中的选择思维环境F、思维环境G和思维难度D，重叠点值为57%，因此该营销总监岗位解决问题的能力的对应点值B为57%。

（三）承担的职务责任

"承担的职务责任"是海氏价值评估法的第三个评价因素。它由三个子因素构成,分别是行动的自由度、职务职责和职务对后果产生的影响。

1. 行动的自由度

行动的自由度是指该职位能够在多大程度上对其工作进行个人的指导与控制。

评价的关键是该职位受到流程制度和上级领导管理的程度。职位越高,自由度越大。表2-22为行动自由度等级的划分及各等级对应的说明和岗位案例。

表2-22 行动自由度等级

等级	说明	举例
A. 有规定的	有明确工作流程或者有固定的人督导	体力劳动者
B. 受控制的	有直接和详细的工作指示或者有严密的督导	普通维修工、生产线工人
C. 标准化的	有工作规定并已建立了工作的秩序,并受严密的督导	一般文员
D. 一般性规范的	全部或者部分有标准的规程、一般工作指示和督导	秘书、会计
E. 有指导的	全部或部分有先例可依或有明确规定的政策,也可获督导	大多数的专业职位、部分经理、主管
F. 方向性指导的	有相关的政策,但没有具体的描述,需要决定其活动范围和管理方向	某些部门经理、总监、高级顾问
G. 广泛性指导的	有粗放的政策和目标,多为抽象的、概念性的描述	某些执行经理、副总裁助理、副总裁
H. 战略性指引的	有组织政策的指导,法律和社会的限制,组织的委托	关键的执行经理、大型组织的副总裁
I. 仅有一般性指引的	仅有商业原则、自然法则和政策法规作指引	大型组织的CEO

2. 职务职责

职务职责是指该职位任职人员所承担的责任大小,考虑任职人员一旦出现工作失误,可能会给企业造成什么样的损失。侧重于岗位层级的纵向比较，等级越高，责任越大。

评价的关键是在该岗位的任职人员出现失误或者犯错误后，对公司带来的损失有多大。一般来说，职务职责的等级可以分为 A~D 四个等级，表 2-23 为职务职责等级的划分及各等级对应的说明。

表 2-23　职务职责等级

等级	说明
A. 微小	为其他部门的工作提供服务。一旦工作失误，会给其他部门的工作带来不便
B. 略有	对现实企业的发展战略提供支持性服务。一旦工作出现失误，会造成其他部门工作效率的损失
C. 中等	对实现企业的发展战略起到重要作用。一旦工作出现失误，会造成战略执行的偏差，或管理成本的陡增，或业务骤减，或重要客户资源的丢失，或造成其他重大风险
D. 巨大	制定企业的发展战略，属于企业决策层的职责。一旦工作出现失误，会给整个企业的发展造成重大的经济损失

3. 职务对后果产生的影响

职务对后果的影响是指该职位对工作结果的影响是直接的还是间接的，侧重于职务类型的横向比较。

评价的关键是公司出现问题后，该岗位是起到了直接作用还是间接作用。表 2-24 为职务对后果产生的影响的等级划分及各等级的说明和案例。

表 2-24　职务对后果产生的影响

	等级	说明	举例
间接	A. 后勤	这些岗位因为向其他岗位提供服务或信息对职务后果产生作用	某些文员、数据录入员、内部审计、门卫
	B. 辅助	这些岗位因为向其他岗位提供重要的支持服务而对结果有影响	工序操作员、秘书、工程师、会计、人力资源经理
直接	C. 分摊	此岗位对结果有明显的作用	介于辅助和主要之间的岗位
	D. 主要	此岗位直接影响和控制结果	经理、总监、副总裁

4. 承担的职务责任评价量表

由行动的自由度、职务职责和职务对后果产生的影响等三个子因素及其各子因素的不同等级构成了承担的职务责任,通过表 2-25 承担的职务责任评价量表来转换成评价分值。

紧接上面的案例,对营销总监进行岗位价值评估。

根据表 2-22 得出,由于营销总监的工作是有相关政策的,但没有具体的描述,需要决定其活动范围和管理方向,因此岗位的行动自由度为"F. 方向性指导的"。

根据表 2-23 得出,营销总监对实现企业的发展战略起重要的作用。一旦工作出现失误,就会造成战略执行的偏差,或管理成本的陡增,或业务的骤减,或重要客户资源的丢失,或造成其他重大风险,因此选择"C. 中等"。

表 2-24 主要是考量当企业出现问题时,该岗位是起到直接作用还是间接作用。作为企业的营销总监,是起到直接作用,产生"D. 主要"影响,因此在这个维度上,应选择"D"。

因此,根据表 2-25 得出,该企业营销总监的职务职责应该是"C. 中等",岗位的行动自由度为"F. 方向性指导的",职务对后期形成的作用是"直接"的,但由于营销总监岗位的工作既对结果有明显的作用,又直接影响和控制结果,兼具后期形成的"分摊"和"主要"作用,因此取两者的重叠数,即承担的职务责任的对应分值 C 为 460。

(四) 岗位评价因素权重分配

在现实工作中,不同的岗位对三个维度的要求程度不同,即知识水平和技能技巧、解决问题的能力、承担的职务责任对同一个岗位的影响程度不同。因此,需要对岗位评价因素进行权重分配,依次来完善评价结果。

表 2-25 承担的职务责任评价量表

职务职责	行动的自由度	A.微小 间接 A.后勤	A.微小 间接 B.辅助	A.微小 直接 C.分摊	A.微小 直接 D.主要	B.略有 间接 A.后勤	B.略有 间接 B.辅助	B.略有 直接 C.分摊	B.略有 直接 D.主要	C.中等 间接 A.后勤	C.中等 间接 B.辅助	C.中等 直接 C.分摊	C.中等 直接 D.主要	D.巨大 间接 A.后勤	D.巨大 间接 B.辅助	D.巨大 直接 C.分摊	D.巨大 直接 D.主要
职务对后期形成的作用	A.有规定的	10	14	19	25	14	19	25	33	19	25	33	43	25	33	43	57
		12	16	22	29	16	22	29	38	22	29	38	50	29	38	50	66
		14	19	25	33	19	25	33	43	25	33	43	57	33	43	57	76
	B.受控制的	16	22	29	38	22	29	38	50	29	38	50	66	38	50	66	87
		19	25	33	43	25	33	43	57	33	43	57	76	43	57	76	100
		22	29	38	50	29	38	50	66	38	50	66	87	50	66	87	115
	C.标准化的	25	33	43	57	33	43	57	76	43	57	76	100	57	76	100	132
		29	38	50	66	38	50	66	87	50	66	87	115	66	87	115	152
		33	43	57	76	43	57	76	100	57	76	100	132	76	100	132	175
	D.一般规范性的	38	50	66	87	50	66	87	115	66	87	115	152	87	115	152	200
		43	57	76	100	57	76	100	132	76	100	132	175	100	132	175	230
		50	66	87	115	66	87	115	152	87	115	152	200	115	152	200	264
	E.有指导的	57	76	100	132	76	100	132	175	100	132	175	230	132	175	230	304
		66	87	115	152	87	115	152	200	115	152	200	264	152	200	264	350
		76	100	132	175	100	132	175	230	132	175	230	304	175	230	304	400

续表

职务职责		A. 微小							B. 略有							C. 中等							D. 巨大					
		间接			直接				间接			直接				间接			直接				间接			直接		
职务对后期形成的作用		A.后勤	B.辅助	C.分摊	D.主要				A.后勤	B.辅助	C.分摊	D.主要				A.后勤	B.辅助	C.分摊	D.主要				A.后勤	B.辅助	C.分摊	D.主要		
行动的自由度	F. 方向性指导的	87 100 115	115 132 152	152 175 200	200 230 264				115 132 152	152 175 200	200 230 264	264 304 350				152 175 200	200 230 264	264 304 350	350 400 460				200 230 264	264 304 350	350 400 460	460 528 608		
	G. 广泛性指导的	132 152 175	175 200 230	230 264 304	304 350 400				175 200 230	230 264 304	304 350 400	400 460 528				230 264 304	304 350 400	400 460 528	528 608 700				304 350 400	400 460 528	528 608 700	700 800 920		
	H. 战略性引导的	200 230 264	264 304 350	350 400 460	460 528 608				264 304 350	350 400 460	460 528 608	608 700 800				350 400 460	460 528 608	608 700 800	800 920 1056				460 528 608	608 700 800	800 920 1056	1056 1216 1400		
	I. 仅有一般性指引的	304 350 400	400 460 528	528 608 700	700 800 920				400 460 528	528 608 700	700 800 920	920 1056 1216				528 608 700	700 800 920	920 1056 1216	1216 1400 1600				700 800 920	920 1056 1216	1216 1400 1600	1600 1840 2112		

一般评价因素的权重可以分为三种类型。

（1）承担的职务责任比知识水平和技能技巧与解决问题的能力重要，如企业的副总裁、销售经理、负责生产的厂长等；

（2）承担的职务责任与知识水平和技能技巧、解决问题的能力并重，如会计等职能岗位；

（3）承担的职务责任不及知识水平和技能技巧、解决问题的能力重要，如科研开发、市场分析等岗位。

评价的关键：表2-26中1～5为公司岗位级别的递减，a表示知识水平和技能技巧、解决问题的能力的占比；b表示是承担的职务责任的占比。

表2-26　岗位评价因素权重分配表

岗位级别	a		b	总计
	知识水平和技能技巧	解决问题的能力	承担的职务责任	
1	30%		70%	100%
2	40%		60%	100%
3	50%		50%	100%
4	60%		40%	100%
5	70%		30%	100%

如表2-26所示，岗位级别第1～2级承担的职务责任比知识水平和技能技巧以及解决问题的能力重要，一般为企业的高管人员，如副总裁、销售经理、负责生产的厂长等；岗位级别第3级承担的职务责任与知识水平和技能技巧、解决问题的能力并重，会计岗位就是这类岗位的典型代表。岗位级别第4～5级承担的职务责任不及知识水平和技能技巧、解决问题的能力重要，这种岗位一般为企业的普通职工或技术员工，如研发岗位和市场分析类岗位。

继续上面的案例，对营销总监进行岗位价值评估。

从表2-26可以看出，营销总监承担的职务责任比知识水平和技能技巧、解决问题的能力重要，确定该职位的岗位级别为2，得出a＝40%，b＝60%。

（五）根据计算公式计算出被评估岗位的价值大小

计算公式：职位评价分数 = aA×（1+B）+bC

继续上面的案例，已知营销总监的知识水平和技能技巧的分数 A 为 608，解决问题的能力的分数 B 为 57%，承担的职务责任的分数 C 为 460，占比 a、b 分别为 40%、60%，因此营销总监岗位价值的总分值为 40%×608×（1+57%）+60%×460 = 657.8。

七、美世国际职位评估系统

美世国际职位评估系统也称为 IPE 系统（International Position Evaluation System）。这套职位评估系统共有 4+1 个因素。4+1 个因素是指影响（Impact）、沟通（Communication）、创新（Innovation）、知识（Knowledge）和危险性（Risk）。其中，危险性（Risk）因素是可选项。相对应地，上述因素可以进一步划分出（10+2）个纬度，（63+7）个刻度；形成总分值（1210+35）分的评分结果，并将最终的职位等级结果划分为 48 个级别。

美世国际职位评估系统的评估过程较为简单，只需要为每一个因素选择适当的程度，决定该程度相应的分数，然后把所有分数加起来，转换成对应的职级即可作为岗位薪酬的设计基础。

（一）因素一：影响

影响因素考虑的是职位人在其职责范围内、操作中所具有的影响性质和范围，并以贡献作为修正。因此，影响因素主要考虑以下两个维度：组织规模、影响层次与贡献。

1. 组织规模

组织规模是指岗位所处的组织的规模大小。此规模数应在准备阶段确定，组织内所有的岗位均按照确定的相同大小的组织规模进行评估。

为了确定组织规模的级别，具体步骤为：

（1）在表 2-27 中，确定组织属于哪一类型。

（2）在表 2-27 中，用组织类型对应的倍数乘以组织的实际销售额、资产或成本/预算。

表 2-27　组织类型与倍数对照表

组织类型	倍数
基于销售额或收入	
制造和销售	20
商业服务	20
投资银行	20
组装和销售	8
保险	8
销售	5
零售	5
贸易	4
根据成本/预算	
制造业	20
研究和开发	20
政府服务	20
根据资产	
零售或商业银行	1
地产/物业	1

（3）在表 2-28 中，经济栏列出了每个收入/预算/资产的数据对应的程度范围，根据已经调整的收入/预算/资产等数据，选择对应的级别。

（4）在表 2-28 中，用人员栏列出的人员数量范围，根据组织中实际的员工人数，选择对应的级别。

表 2-28　组织规模表

级别	经济栏（收入/预算/资产）单位：百万美元		人员栏（员工数目表）单位：名	
	低	高	低	高
1		46		10
2	46	93	10	25

续表

级别	经济栏（收入/预算/资产）单位：百万美元		人员栏（员工数目表）单位：名	
	低	高	低	高
3	93	185	25	50
4	185	371	50	100
5	371	742	100	200
6	742	1483	200	400
7	1483	2967	400	800
8	2967	5192	800	1400
9	5192	9086	1400	2500
10	9086	15901	2500	4000
11	15901	27827	4000	7000
12	27827	48697	7000	12000
13	48697	73045	12000	18000
14	73045	109568	18000	27000
15	109568	164352	27000	40000
16	164352	246528	40000	60000
17	246528	369792	60000	100000
18	369792	554688	100000	150000
19	554688	832032	150000	225000
20	832032		225000	

（5）将基于经济栏和人员栏两个对应的级别数相加，再除以2来上下调整组织规模。如果结果与基于经济栏和人员栏的级别相差都比较大或者出现非整数的情况，应向经济栏中对应的级别数倾斜。

注意：如组织运作少于3年，请用第3年预算的营业额。

2. 影响层次与贡献

影响层次是指所评估的职位对组织的影响程度，主要是基于该职位工作所影响的区域和如何影响。贡献是指所评估的职位对组织的贡献度，主要是基于该职位的工作所贡献的程度。

在表2-29中，首先确定影响层次的级别，即交付性、操作性、战术性、战略性、远见性，然后确定贡献水平的级别，即有限、部分、直接、重要、主要，最后找到两者的交叉处，核对内容后，得到影响层次与贡献的程度。

表 2-29 影响层次与贡献水平表

影响层次		贡献水平				
		1	2	3	4	5
		有限：难以辨别对完成结果的贡献	部分：容易辨别或衡量的贡献，通常对结果的取得有间接的影响	直接：清楚地影响行动路线，导致结果的取得	重要：第一线或根本的、权威性的显著贡献	主要：对于主要结果的取得起着决定性的权威作用
1	交付性：根据明确的操作标准或说明交付工作成果	在严密的监督指引下，根据既定的步骤/标准履行职责	根据宽泛的标准工作，在职责范围内产生一些影响	根据特定的操作目标，在职责范围内产生直接影响	对于操作目标和职责范围有重要的影响	在职责范围内，对于宏观的操作目标有主要影响
		1	2	3	4	5
2	操作性：独立工作以达到操作性目标或服务标准	达到目标，产出结果，战术性为主	设定每天的目标，在职责范围内有长期的影响	在一职责范围内，对设定的结果和产出的结果有直接较长期的影响	在一较宽的操作范围内，对设定的目标和产出的结果有重要的影响	在一较宽的操作范围内，对设定的目标和产出的结果有主要的影响
		4	5	6	7	8
3	战略性：基于组织整体经营策略制定和实施某业务/职能的战术规划，或者确定组织的新产品、流程的规划	达到长期的目标，以战术性为主	实施事务策略时，对于事务单位/部门结果有部分影响	实施事务策略时，对于事务单位/部门结果有直接的影响	建立和实施业务策略时，对于业务单位/部门结果有重要影响	建立和实施业务策略时，对于业务单位/部门结果有主要影响
		7	8	9	10	11

续表

影响层次	贡献水平				
	1	2	3	4	5
	有限：难以辨别对完成结果的贡献	部分：容易辨别或衡量的贡献，通常对结果的取得有间接的影响	直接：清楚地影响行动路线，导致结果的取得	重要：第一线或根本的、权威的、显著贡献	主要：对于主要结果的取得起着决定性的权威作用
4 战略性：建立和实施着眼于长远（典型的为3~5年）的公司级的中长期战略	设计与建议对机构有限影响的事务策略 10	设计与建议的业务策略 11	设计与建议对机构有直接影响的业务策略 12	建立和实施业务策略时，对于机构业务单位结果有重要影响 13	建立和实施业务策略时，对于机构业务单位结果有主要影响 14
5 远见性：带领一个组织发展和实现其使命、愿景和价值观	带领一机构在团体事务单位内工作；在战术问题上（例如人、力、财、政等），获得其他单位或总部的完全支援/指示 13	带领机构在团体单位内工作；在业务的大部分方面，获得策略/政策上的指示 14	带领机构单位在团体业务单位内工作；在业务单位内工作，获得其他单位或总部的完全支援或指引 15	带领团队业务里各独立单位工作；能够自己做决定，而这些决定可能会影响长期的策略 16	带领一个多元化机构、业务团体，创造、交流和实施使命、远景和价值。典型的例子如董事局主席 17

根据影响层次与贡献分值，在表2-31中确定影响因素的分值。

案例：对某商业服务企业市场部经理岗位的价值评估。

第一步，根据表2-27，确定该组织为商业服务业，因此，倍数为"20"。

第二步，根据表2-28得出，该组织年营业额为3000万美元，因此，经济栏的规模应为3000万美元×倍数20＝600百万美元，对应级别为"5"；该组织员工总人数为67，因此人员栏对应级别为"4"，两个级别数相加除以2，结果为4.5，按照侧重经济栏的原则，最终组织规模的级别为"5"。

第三步，作为企业的市场部经理，其影响层次应为"战术性"，层级分值为3。

第四步，企业的市场部经理的贡献水平为"直接：清楚地影响行动路线，导致结果的取得"，因此贡献水平应为"直接"级别，层级分值为3。

第五步，企业的市场部经理影响层次为"战术性"，层级分值为3，贡献水平为"直接"，层次分值为3，根据表2-30，确定其影响级别程度为"9"。

表2-30 影响层次与贡献水平分值表

影响层次		贡献水平				
		1	2	3	4	5
		有限	部分	直接	重要	主要
1	交付性	1	2	3	4	5
2	操作性	4	5	6	7	8
3	战术性	7	8	9	10	11
4	战略性	10	11	12	13	14
5	远见性	13	14	15	16	17

第六步，基于其影响级别"9"和组织规模级别"5"，根据表2-31得出，该市场部经理的影响因素分值为123。

表 2-31 影响因素分值表

影响		组织规模																				
		1	2	3	4	5	6	7	8	9	10	11	12	13	14	15	16	17	18	19	20
交付性	1	5	5	5	5	5	5	5	5	5	5	5	5	5	5	5	5	5	5	5	5
	2	15	15	15	15	15	15	15	15	15	15	15	15	15	15	15	15	15	15	15	15
	3	25	25	25	25	25	25	25	25	25	25	25	25	25	25	25	25	25	25	25	25
操作性	4	36	38	40	42	44	46	48	50	52	54	56	58	60	62	64	66	68	70	77	79
	5	42	47	52	57	62	67	72	77	82	87	92	97	102	107	112	117	122	132	137	142
	6	53	60	67	74	81	88	95	102	109	116	123	130	137	144	151	158	175	182	189	196
战术性	7	59	67	75	83	91	99	107	115	123	131	139	147	155	163	171	189	197	205	213	221
	8	76	85	94	103	112	121	130	139	148	157	166	175	184	193	217	226	235	244	253	262
	9	83	93	103	113	123	133	143	153	163	173	183	193	203	228	238	248	258	268	278	288
	10	100	112	124	136	148	160	172	184	196	208	220	232	264	276	288	300	312	324	336	348
战略性	11	107	121	135	149	163	177	191	205	219	233	247	261	295	309	323	337	351	365	379	393
	12	124	140	156	172	188	204	220	236	252	268	309	325	341	357	373	389	405	421	437	453
	13	131	149	167	185	203	221	239	257	275	318	336	354	372	390	408	426	444	462	480	498
	14	143	163	183	203	223	243	263	283	303	353	373	393	413	433	453	473	493	513	533	553
远见性	15	151	173	195	217	239	261	283	335	357	379	401	423	445	467	489	511	533	555	577	599
	16	164	188	212	236	260	284	308	367	391	415	439	463	487	511	535	559	583	607	631	655
	17	172	198	224	250	276	302	328	389	415	441	467	493	519	545	571	597	623	649	675	701

（二）因素二：沟通

沟通因素着眼于职位所需要的沟通技巧。在评估沟通因素时，首先要选定任职者所需要的沟通类型，然后选定对职位来说比较困难和具有挑战性的沟通类型，并进行描述和确定。沟通因素判断的维度主要有两个方面：沟通性质和沟通情景。

沟通性质主要是看职位沟通对组织的影响力和对组织的价值。在确定此维度时，需要注意：第一，评价岗位时需要考虑该岗位履行职责时所必须进行的难度较高的沟通类型；第二，这一难度较高的沟通类型是经常发生还是偶尔发生；第三，判断此维度时需要参考岗位说明书中工作职责部分所体现的对沟通的要求。

沟通情景是指确立岗位的沟通范围是组织内部还是组织外部，沟通各方的立足点、意愿是一致的还是有分歧的。在确定这个维度时，首先要确定沟通的范围，然后确定沟通各方的立足点、意愿是一致的还是有分歧的。在确定此维度时，需要注意：内部是指一个组织的内部；外部是指一个组织的外部；共享是指沟通各方的立足点、意愿是一致的，并希望通过沟通达成共识；分歧是指符合以下两个情景：一方没有沟通的意愿，或者持有强烈的否定或怀疑态度（沟通各方的利益出发点是否一致）。

在表2-32中，首先要确定沟通性质的级别，即传达、交流、影响、商议、策略性商议；然后确定沟通情景的级别，即内部共享的利益、外部共享的利益、内部分歧的利益、外部分歧的利益；最后找到两者的交叉处，核对内容后，得到沟通性质与沟通情景的程度。

紧接着上面的案例，对某企业市场部经理进行岗位价值评估。

第一步，根据表2-32得出，市场部经理的沟通需要说服他人接受完整的方案或计划，因此沟通性质为"商议"。

第二步，根据表2-32得出，市场部经理的沟通更多需要与组织外部目标或角色有根本性冲突的人或团体进行沟通，因此沟通情景应为"外部分歧的利益"。

表2-32 沟通性质与沟通情景表

沟通性质	沟通情景			
	1	2	3	4
1 传递：通过陈述、建议、手势或表情等进行信息传递	内部共享的利益：在组织内部，有对某问题达成一致的共同意愿	外部共享的利益：在组织外部，有对某问题达成一致的共同意愿	内部分歧的利益：在组织内部，目标或意愿难以达成一致使双方难免冲突	外部分歧的利益：在组织外部，目标或意愿难以达成一致使双方难免冲突
	在同一机构内获取或提供资料信息	向外部机构获取或提供资料	在机构内，从他人获取和向他人提供资料	向外部机构获取或提供资料；主要方针是避免冲突
	10	15	30	45
2 交流：通过灵活的解释、表述，使对方理解	在机构内，向他人解释事实、惯例、政策等	向外部机构解释机构的事实、惯例、政策等	在机构内，向他人解释事实、惯例、政策等；由于惯例或不同的观点，限制了方针达成共识	向外部机构解释机构的事实、惯例、政策等；由于惯例或不同的观点，限制了方针达成共识
	25	40	45	60
3 影响：通过沟通而非命令或外力使对方接受或改变	在机构内，并说服他人接受新的概念、惯例和方法	说服外部机构，双方有共同的理想，使达成共识，接受新的概念、惯例和方法	在机构内，说服不愿意接受新概念、惯例和方法的人	说服一些不愿意接受新概念、惯例和方法的外部机构
	40	55	60	75

续表

沟通性质	沟通情景			
	1	2	3	4
	内部共享的利益：在组织内部，有对某问题达成一致的共同意愿	外部共享的利益：在组织外部，有对某问题达成的共同意愿	内部分歧的利益：在组织内部，目标或意愿的冲突使双方难以达成一致	外部分歧的利益：在组织外部，目标或意愿的冲突使双方难以达成一致
4	商议：通过磋商和有技巧地相互把握沟通过程，向而达成一致协调	在机构内，说服他人接受整个建议和项目	说服外部机构，双方有共同的理想，使达成共识，接受整个建议和项目	在机构内，大感兴趣参与他人的人，说服可能不接受整个建议和项目	说服一些不太感兴趣参与的外部机构，使接受一个建议和项目
		55	75	80	100
5	策略性商议：控制对组织具有意义和长期战略影响的沟通	在机构内，与持不同观点、但有共同目标的人达成一致意见	与外部机构持不同观点，但有共同利益的人达成一致意见	在机构内，与一些有不同洞察力和目标的人达成一致意见	与一些相当不同洞察力和目标的机构以外的人达成一致意见
		70	90	95	115

第三步，基于沟通性质"商议"和沟通情景"外部分歧的利益"，并根据表2-33得出，该企业市场部经理的沟通因素分值为100。

表2-33 沟通因素分值表

	沟通性质	沟通情景			
		1	2	3	4
		内部共享的利益	外部共享的利益	内部分歧的利益	外部分歧的利益
1	传达	10	15	30	45
2	交流	25	40	45	60
3	影响	40	55	60	75
4	商议	55	75	80	100
5	策略性商议	70	90	95	115

（三）因素三：创新

创新因素着眼于职位所需的创新水平。在对创新因素进行评估时，首先要确定对职位期望的创新水平，然后决定该创新水平的复杂程度。同时，需要明确职位的要求：识别并改进程序、服务和产品，或者发展新的思想、方法、技术、服务或产品。"创新"因素主要考虑以下两个维度：职位的创新能力和职位的复杂性。

创新能力是指岗位要履行职责所需要的对流程、方法、技术的调整、修改和创造的能力。在确定此维度时，需要注意：创新是对岗位长期稳定的要求，判断此维度时需要注意参考岗位说明书中的工作职责部分所体现的对创新能力的要求。

创新的复杂性是指在岗位任职者创新的时候，需要自己解决的问题的复杂程度。问题可能是简单的，也可能涉及多个不同的方面。在确定此维度时，需要注意：本维度是指创新过程中的复杂程度，多维度问题的含义是指问题的解决需要涉及和调整三种资源：运营、财务和人力资源。其中，运营包含流程和技术两个方面。

表 2-34 职位的创新能力与复杂性表

创新能力	复杂性				
	1	2	3	4	
	明确的：清楚地指出问题和事件	困难的：只是含糊地指出问题和事件	复杂的：任何三方面（如操作、财务和人员中的两个方面）	多维的：全部三个方面，包括操作、财务和人员	
1	跟从：和既定的原则、流程或技术对比，不要求变化	根据程序，重复地从事同一工作或活动	根据已建立和熟悉的活动或程序，得出结果	根据程序，面对难以管理或克服的事情与问题	根据程序，面对以管理或克服以管理的事情与问题
		10	15	20	25
2	检查：基于既定的原则、流程、技术来解决个别问题	检查现有系统或过程的问题	检查和修改系统或程序，存在但是不明显的问题	针对系统或程序中存在但是不明显的问题和事情，指出问题并发掘解决方案	针对系统或程序中存在但是不明显的问题和事情，指出问题并发掘解决方案
		25	30	35	40
3	改进：加强或改进某一技术，流程中环节的性能或效率	根据既定的程序，改善工作方法	指出问题，更新或修改工作方法	分析复杂的事情并改善工作方法	广泛地分析复杂的多方面的事情，并改善工作方法
		40	45	50	55
4	提升：提升整个现有的流程、体系或方法，做出重大改变	根据个人经验，适应或改善方法和技术	反馈问题，适应或改善方法和技术	分析复杂方法和技术或改善方法和技术	广泛分析复杂的多方面的事情，适应或改善方法和技术
		65	70	75	80

续表

创新能力	复杂性				
		1	2	3	4
		明确的：清楚地指出问题和事件	困难的：只是含糊地指出问题和事件	复杂的：任何三方面（如操作、财务和人员）中的两个方面	多维的：全部三个方面，包括操作、财务和人员
5	创造概念化：创造新的概念或方法	在单一工作范围/部门内，创造/概念化新的方法或过程	创造/概念化新的方法、技术或程序	分析复杂的问题，然后创造/概念化新的方法、技术或程序	广泛分析复杂问题的事情，创造/概念化新的方法、技术或程序
		90	95	100	105
6	科学的/技术的突破：在知识和技术方面形成并带来新的革命性的变革	在一特定的产品/服务范围内，把多重概念放在一起，为产品或服务确定一个新方向或一个巨大的进步	在工作范围内，把多重概念放在一起，为产品或服务确定一个新方向或一个巨大的进步	横跨各部门，把多重概念放在一起，为产品或服务确定一个新方向或一个巨大的进步	横跨各部门，广泛分析复杂的多方面的事情，把多重概念放在一起，为产品或服务确定一个新方向或一个巨大的进步
		115	120	125	130

在表 2-34 中，首先确定创新能力的级别，即跟从、检查、改进、提升、创造/概念化、科学的/技术的突破；然后确定复杂性的级别，即明确的、困难的、复杂的、多维的；最后找到两者的交叉处，核对内容后得到创新能力与复杂性程度。

紧接着上面的案例，对某企业市场部经理进行岗位价值评估。

第一步，根据表 2-34 得出，该企业市场部经理的创新需要"提升整个现有的流程、体系或方法，做出重大改变"，因此创新能力应为"提升"。

第二步，根据表 2-34 得出，市场部经理的创新需要在许多方面做广泛的分析，因此创新复杂性应为"复杂的"。

第三步，基于创新能力"提升"和创新复杂性"复杂的"，并根据表 2-35 得出，该企业市场部经理的"创新"因素分值为 75。

表 2-35 创新因素分值表

创新能力		复杂性			
		1	2	3	4
		明确的	困难的	复杂的	多维的
1	跟从	10	15	20	25
2	检查	25	30	35	40
3	改进	40	45	50	55
4	提升	65	70	75	80
5	创造/概念化	90	95	100	105
6	科学的/技术的突破	115	120	125	130

（四）因素四：知识

知识要素是指在工作中为达到目标和创造价值所需要的知识水平，知识获取的途径可以是正规教育，也可以是工作经验。在评估知识要素时，首先要指定应用知识的深度，然后指出该职位是属于团队成员、团队领导还是属于多个团队经理，最后确定应用知识的区域。"知识"

要素主要从三个维度进行评估：职位所需的知识水平、职位所处的团队角色、职位知识的应用宽度。

在确定知识要素的维度时，需要注意：1. 知识维度可同时兼顾不同的岗位，其知识要求的侧重点可能是深度或宽度；2. 此处知识的概念包括技术性、专业性的知识，也包括管理性的知识；3. 岗位知识要求的是岗位的必备任职要求，不是最高要求；4. 在解释中使用的学历或经验，只是说明这个岗位通常需要任职者拥有何种学习实践经历才可能达到的胜任水平；5. 判断此维度时可以参考本企业岗位说明书中对知识水平的要求。

团队角色是指岗位要求以何种方式应用知识：将知识运用到工作中，通过领导一个团队来运用知识，还是通过领导多个团队来运用知识。

应用宽度是指岗位要求运用知识的宽度或环境，反映了岗位知识运用所覆盖的地理范围。

在表2-36中，首先是确定知识水平的级别，即有限的工作知识、基本的工作知识、宽泛的工作知识、专业知识、专业水平、功能性部门专才/机构通才、功能性方面杰出/宽广的实际工作经验、宽广而深入的实际经验；其次是确定团队角色的级别，即团队成员、团队领导、多团队领导；然后找到两者的交叉处，核对内容；最后确定知识的应用宽度，即本地、洲际、全球，并选择相对应的知识因素的程度。

紧接着上面的案例，对某企业市场部经理进行岗位价值评估。

第一步，该企业市场部经理的知识水平需要拥有宽广的技术知识，需要与一个专业领域技术性或职业道德水平一致，根据表2-36所示，知识水平应为"专业水平"。

第二步，该企业市场部经理属于市场部负责人，属于领导一个团队，团队内至少有3个人以上，根据表2-36所示，团队角色应为"团队领导"。

第三步，该企业仅面向国内，根据表2-36所示，该企业市场部经理的应用宽度应为"本地"。

表 2-36 知识因素表

知识水平	团队角色 1: 团队成员：独立工作，没有领导他人的直接责任				团队角色 2: 团队领导：领导团队成员（至少3名）工作，分配、协调、监督团队成员的工作				团队角色 3: 多团队领导：指导 2 个以上团队，决定团队的结构和团队成员的角色			
	描述	本地	洲际	全球	描述	本地	洲际	全球	描述	本地	洲际	全球
1 有限的工作知识：掌握基本工作惯例和标准的基础知识，以履行接小范围内的工作任务	根据基本规律和标准工作	15	25	35	领导团队通过执行基本工作程序及标准，确保产出	50	60	70	领导多团队通过执行基本工作程序及标准，确保产出	75	85	95
2 基本的工作知识：掌握岗位特定的业务知识和技能或者精通某种特定技术操作	为自己的职位，应用系统和步骤方面的基本知识	30	40	50	带领团队应用系统和步骤方面的基本知识	65	75	85	带领多团队应用系统和步骤方面的基本知识	90	100	110
3 宽泛的工作知识：需要在一个专业领域内，具有多个不同方面的、广泛的知识和理论	在一工作范围内或几个相关的工作范围内应用足够的基本知识	60	70	80	领导团队应用足够的知识在一工作范围内，或应用基本知识在几个相关的工作范围内	95	105	115	领导多团队应用足够的知识在一工作范围内，或应用基本知识在几个相关的工作范围内	120	130	140

续表

	知识水平	团队角色 1 团队成员：独立工作，没有领导他人的直接责任			团队角色 2 团队领导：领导团队成员（至少3名）工作，分配、协调，监督团队成员的工作			团队角色 3 多团队领导：指导2个以上团队，决定团队间的结构和团队成员的角色		
			本地	洲际	全球	本地	洲际	全球	本地	洲际	全球
4	专业知识：在某个特定领域内，具备精通的专业技能和知识，并能够基于理论整合公司的实际	在一工作范围内应用深入的知识，或在几个相关的工作范围内应用足够的知识	90	100	110	领导团队应用足够的知识在一工作范围内，或应用基本知识在几个相关的工作范围内	125	135	145	指导多团队应用足够的知识在一工作范围内，或应用基本知识在几个相关的工作范围内	150	160	170
5	专业水平：宽广的职能领域知识/资深深入知识，一个职能内各方面具备既深且广的知识和应用能力	在部门内的大部分或全部地方应用深入的知识，以履行责任	113	123	133	领导团队在部门内大部分或全部地方应用宽广的知识	148	158	168	领导多团队在部门内大部分或全部地方应用宽广的知识	173	183	193
6	功能性部门专才/机构通才：在机构或部门层面，领导或应用集中的专业知识	在一部门内的所有工作范围内，应用宽广而深入的实际经验，或在多个功能部门应用实际经验，以履行责任	135	145	155	领导团队在部门内的所有工作范围内，应用宽广而深入的知识，或在多个功能部门应用实际经验	170	180	190	领导多团队在部门内的所有工作范围内，应用宽广而深入的知识，或在多个功能部门应用实际经验	195	205	215

续表

知识水平	团队角色 1 团队成员：独立工作，没有领导他人的直接责任			团队角色 2 团队领导：领导团队成员（至少3名）工作，分配、协调、监督团队成员的工作			团队角色 3 多团队领导：指导2个以上团队决定团队的结构和团队成员的角色		
	本地	洲际	全球	本地	洲际	全球	本地	洲际	全球
7 功能性方面杰出/宽广的实际工作经验：在一职位内被育定有最大的能力，在机构管理层面有丰富的经验	在一机构的主要部门的专业知识与实际经验，应用宽广的部门内应用超卓的专业知识，以履行职责			领导团队在一机构的主要部门，应用宽广而实际的经验，或在单一的部门内应用超卓的专业知识			领导多团队在多重机构的主要部门，应用宽广而实际的经验，或在多部门内应用超卓的专业知识		
	158	168	178	193	203	213	218	228	238
8 宽广而深入的实际经验，在机构管理层面有丰富而深入的经验	在多重机构的主要部门深入的实际经验，应用广阔而深入的实际经验，以履行责任			领导团队在多重机构的主要部门，应用广阔而深入的实际经验			领导多团队在多重机构的主要部门，应用广阔而深入的实际经验		
	180	190	200	215	225	235	240	250	260

第四步，基于以上知识水平为"专业水平"、团队角色为"团队领导"和应用宽度为"本地"，根据表2-37得出，该企业市场部经理的知识因素分值为148。

表2-37 知识因素分值表

	知识水平	团队成员			团队领导			多团队领导		
		1/1	1/2	1/3	2/1	2/2	2/3	3/1	3/2	3/3
		本地	洲际	全球	本地	洲际	全球	本地	洲际	全球
1	有限的工作知识	15	25	35	50	60	70	75	85	95
2	基本的工作知识	30	40	50	65	75	85	90	100	110
3	宽泛的工作知识	60	70	80	95	105	115	120	130	140
4	专业知识	90	100	110	125	135	145	150	160	170
5	专业水平	113	123	133	148	158	168	173	183	193
6	功能性部门专才/机构通才	135	145	155	170	180	190	195	205	215
7	功能性方面杰出/宽广的实际工作经验	158	168	178	193	203	213	218	228	238
8	宽广而深入的实际经验	180	190	200	215	225	235	240	250	260

（五）计算总分值，划入档位

1. 计算总分值

基于前面的计算，我们可以得出美世国际职位评估系统中的四大因素——影响、沟通、创新和知识的分值。由此，我们可以计算出所评估职位的总分值，如表2-38所示。

表2-38 总分值计算表

	影响	沟通	创新	知识	合计
职位总分值	a	b	c	d	a+b+c+d

2. 划入档位

在得到所评估职位的总分值之后，根据表2-39所示，我们可以把职位放入对应的职级中。

表 2-39 分值与职级转化表

总分幅度	职级	总分幅度	职级
26~50	40	626~650	64
51~75	41	651~675	65
76~100	42	676~700	66
101~125	43	701~725	67
126~150	44	726~750	68
151~175	45	751~775	69
176~200	46	776~800	70
201~225	47	801~825	71
226~250	48	826~850	72
251~275	49	851~875	73
276~300	50	876~900	74
301~325	51	901~925	75
326~350	52	926~950	76
351~375	53	951~975	77
376~400	54	976~1000	78
401~425	55	1001~1025	79
426~450	56	1026~1050	80
451~475	57	1051~1075	81
476~500	58	1076~1100	82
501~525	59	1101~1125	83
526~550	60	1126~1150	84
551~575	61	1151~1175	85
576~600	62	1176~1200	86
601~625	63	1201~1225	87

继续上面的案例，已知该企业市场部经理的影响因素分值为123、沟通因素分值为100、创新因素分值为75、知识因素分值为148。因此，根据表2-38得出，该市场部经理的岗位价值总分值为123 + 100 + 75 + 148 = 446。在得出总分值之后，根据表2-39可以得出，该市场部经理的职级为56。

当然，由于不同企业的巨大差异，海氏价值评价法和美世国际职位评估系统在实际运用的过程中，往往需要进行细致的适应性培训及操作指引，读者可以扫描本书"结束语"后面的微信二维码，获取更详细的操作资料和指导方法。

第二节　岗位价值评估的操作流程

想要做好岗位价值评估，除了需要选择对企业有效的岗位价值评估方法，还需要建立一套科学合理的评估操作流程。

通常来说，由于企业的自身情况和所选的评估方法不同，在具体的评估操作环节往往也会有所差别。不过就整个评估过程而言，其操作流程大致都是相同的。企业在进行岗位价值评估时，一般可以分为五个环节：选择评估方法、选择标杆岗位、进行岗位分析、组建评估委员会、进行评估工作。

一、选择评估方法

我们在第一节对市面上最为流行的七种岗位价值评估方法做了详实的介绍，一般来说，这七种评估法足以满足绝大多数企业的需求。企业在选择评估法时，需要根据自身的发展阶段和状况、企业的特点和需求，以及人力、物力、财力等条件，进行适当地挑选。

需要注意的是，对于同一个组织来说，最终选择的岗位价值评估方法应当是唯一的。换而言之，就是在一个组织内部，如果用海氏价值评价法，那么所有岗位都用海氏价值评价法；如果用美世国际职位评估系统，那么所有岗位都用美世国际职位评估系统。绝不能出现一部分岗位用海氏价值评价法，另一部分岗位用美世国际职位评估系统的情况。

不过，为了找到最适合企业的评估方法，以及提高评估的准确性，很多企业在评估过程中也会选择多项评估方法并举，然后用评估结果与企业的实际状况匹配，最终选择最适合企业的评估方法。采用这种方式减少了企业的选择成本和试错风险，对于一些企业来说不失为一个好方式。但是，这样的做法往往会给企业带来较大的时间和成本压力，需要慎重选择。

还有一些企业会邀请专业机构和外部专家根据企业的情况，针对性地设计和改进岗位价值评估方法，以确保所选择的方法万无一失。

二、选择标杆岗位

一般来说，随着企业的发展，企业里岗位的数量会越来越多。特别是在大型企业中，由于工作种类多，想要同时对所有的岗位进行详细的分析和评估，工作量非常大，容易导致效率低下。因此，在进行岗位价值评估时，可以先选择一部分岗位作为企业的标杆岗位进行分析和评估，然后参照标杆岗位的评估结果，将其他岗位按照职类、职别、职级和性质归入岗位价值矩阵中去。

在选择标杆岗位时，首先要将企业内部的岗位进行分类，然后从不同的职类、职别和职级层次中选择一定数量的、具有代表性的岗位作为标杆岗位。标杆岗位的选择通常有三个原则。

第一，数量恰当原则。标杆岗位的数量应结合企业的实际情况进行选择，一般来说，标杆岗位的数量占比应当维持在15%~30%之间。如果企业员工数量在100人以下，且组织架构较为简单，标杆岗位选取的数量比例也可以更高一些。

第二，利于比较原则。企业之所以选择标杆岗位，不仅是为了减轻工作的负担和成本压力，更是为了给整个组织的岗位价值树立一个标杆，制定一个标准。作为标杆和标准，标杆岗位必须具备横向可比性，也就是便于和其他岗位进行比较，以确定其他岗位的价值，建立起清晰的岗位价值体系。所以，是否有利于与其他岗位进行价值比较，也是选择标杆岗位的重要原则之一。

第三，具有代表性原则。在选择标杆岗位时，必须从企业的全局着眼，从岗位的职能特性和要求出发，考虑其是否具备代表该岗位所包含的职能特征和总体要求。同时，我们还需要注意标杆岗位在组织中的分布情况，尽量避免标杆岗位在某些职别、职级中大量"拥挤"，而在某些职别、职级中数量稀少的情况。一般来说，为了评估的准确性，同一部门内价值最高和价值最低的岗位都应当被列为标杆岗位。

三、进行岗位分析（编制岗位说明书）

岗位价值评估是评估人对被评估岗位的分析、判断和评价的过程。在这个过程中，评估人对被评估岗位的认知是否准确、观点是否中立、是否持有主观偏见，这些因素对于岗位价值评估的结果都有着很大的影响。为了避免评估人的主观判断出现差错，就需要让评估人对各个岗位有一个基本的、清晰的、准确的认知。编制岗位说明书的目的就在于此。

编制岗位说明书的过程也就是对岗位进行分析的过程。岗位分析是人力资源管理程序的基础，也是进行岗位价值评估的基础。缺乏准确的岗位分析，往往会导致岗位价值评估的结果出现偏差。岗位分析的流程主要有三步：收集资料、分析资料和编制岗位说明书。

（一）收集资料

收集资料是岗位分析工作中重要的一个环节。通常来说，一个岗位需要收集的资料主要包括岗位名称、工作内容、工作职责、工作环境、任职资格等。

由于来源渠道和收集方法的不同，我们收集到的岗位信息可能存在较大的差别。这就要求我们在收集资料的过程中，需要注重角度和方法的多样性。一份完善的岗位信息应当包括对以下问题的准确回答。

➢ 该岗位的名称、职类、职别、职级分别是什么？

➢ 该岗位的上下级岗位分别是什么？与上下级的沟通汇报途径分别是怎样的？

➢ 该岗位存在的基本目的是什么？存在的意义和价值是什么？

➢ 为了达到这一目的，该岗位的主要职责是什么？为什么？

➢ 该岗位最关键的职责和负责的核心领域分别是什么？

➢ 该岗位任职者需要负责并被考核的具体工作是什么？

➢ 该岗位的工作如何与组织的其他工作进行协调？

➢ 该岗位在组织的内部和外部分别需要有哪些接触？何时接触？怎样接触？为什么？

➢ 组织如何将工作分配到该岗位的任职者？如何检查和审批工作？

➢ 该岗位有怎样的决策权？

➢ 该岗位在工作中是否具备某些特点？如频繁出差、特殊的工作环境、特殊的工作时长等。

➢ 想要获得期望的工作成果，该岗位任职者需要有何种技能、知识、经验和行为表现？

岗位资料收集的方法有很多，主要有以下四种方法。

第一，记录法。根据岗位任职者按时间顺序的日记、记录、周报、月报等工作内容和过程，经过归纳提炼，获得所需的工作信息。

第二，面谈法。调查人员直接与从事该岗位工作的员工面谈，调查了解其所在岗位的有关情况。通过面谈不仅可以掌握现场或书面调查所不能获得的情报和资料，而且还能进一步证明现有资料的真实性和可靠性。在面谈前，调查人员需拟定调查提纲，列出所有需要调查的事项。在面谈时，需要做详细的记录。

第三，现场观察法。由调查人员直接到工作现场观察员工的工作过程，了解该岗位的工作内容、工作时间和工作负荷等问题，记录并分析有关数据。

第四，书面调查法。利用调查表进行岗位调查，通过结构化的调查表或问卷来收集并整理信息，调查表或问卷需要由专业人员在调查之前进行设计和编制。被调查人接到调查表后，应按照调查项目逐一认真地填写。

（二）分析资料

通过多种途径获取岗位资料后，就需要对这些资料进行汇总、整理、分类和总结，并在此基础上进行必要的分析和判断，从而对岗位有全面、准确和有条理的认识。分析资料主要包括以下内容。

第一，工作职责分析，包括对工作职责、工作内容、工作流程等的分析。

第二，工作环境分析，包括对物理环境、安全环境、健康环境、社会环境等的分析。

第三，任职资格分析，包括对人员素质、知识、技能、经验、体能等的分析。

当然，除了上述三项内容，还可以包括工作权限分析、工作目的分析、替代岗位分析等一系列内容。在分析资料时，对于因记录不清或记忆模糊而产生的疑问，岗位分析人员不可做主观判断，需要随时与该岗位的工作人员或该岗位的直接上级沟通，以保证岗位分析工作的准确性和可靠性。表2-40为某企业出纳岗位工作分析表。

表2-40 某企业出纳岗位工作分析表

岗位基本信息	岗位名称	出纳	有无兼职	无	所属部门	财务部
	直接上级	总监	监督者	总监	主管范围	公司
	直接下级	无	工作地点	公司总部	相关特长	工作认真，原则性强
工作目的	执行公司财务管理制度，做好货币资金的日常收付、印鉴保管工作					

工作职责分析

编号	岗位关键工作描述	具体工作内容	工作流程	工作频率	工作手段	工作模式
1	沟通协调	良好的人际沟通能力，能将合规性和遵从性融合到业务中，将财税专业融入到业务中，为业务单元赋能	常规事项审核→发现问题→沟通解决	日常		单人完成
2	资金管理	1. 及时登记现金、银行存款日记账，做到日清月结；及时处理系统收、付款单	原始凭证→记账→结账	日常		单人完成
		2. 及时与银行对账，每天进行现金盘点，保证账实相符	结账→对账→盘点	日常		单人完成
		3. 根据审核无误的原始凭证及申请支付现金	支付申请→付款	日常		单人完成
3	印鉴及有价证券管理	1. 按规定使用、保管印鉴及U盾	使用申请→使用→保险柜保管	日常		单人完成
		2. 按规定使用、保管支票、本票、汇票及其他有价证券	使用申请→使用→保险柜保管	日常		单人完成

续表

	具体工作内容分类				备注
		具体工作内容	时间花费比例（%）	应达到的工作结果	
工作目的与工作职责分析	每日必做的工作	登记现金、银行存款日记账	30	预算分析报表	
		资金收、支及盘点	40	应收账款异常表	
		处理银行其他事务	15	库存（现金）盘点表	
		工作日记录表	5	工作日记录表	
	一定时间内必做的工作	一人一书	5	按时完成工作计划	
		月末结账、对账	5	按时完成工作计划	
	临时工作	按时完成总监交办的其他工作	根据工作内容适时调整	按时完成工作计划	
工作权限分析	建议权	向总监提出合理利用资金安排的意见和建议			
	审核权	按规定审核原始凭证的真实性、合法性			
	复核权	发现账簿记录与实物、款项不符的时候，按照有关规定进行处理，或报告财务总监			
	否决权	对不真实、不合法的原始凭证，不予受理			
	监督权	对记载不准确、不完整的原始凭证，予以退回，并要求更正或补充			
	执行权	执行公司货币资金计划定额管理			
	组织权	参与公司货币资金计划定额管理			
	其他权限	及时提供货币资金使用与周转信息			
职业规划	职位升迁途径	出纳→资金主管→资金经理→财务总监			
	专业发展途径	费用会计→资产会计→会计师→高级会计师			

续表

任职资格分析

基础要求

项目	内容	项目	内容	项目	内容
性别要求	不限	年龄要求	30岁以下	户籍要求	不限
职称要求	初级或以上职称	体能要求	健康		
经验资历	2年以上相关岗位工作经验	教育要求	大专以上学历		
专业要求	会计学、财务管理、金融专业				
特殊要求	为人正直，责任心强，作风严谨，乐观豁达，清正廉洁，积极进取，责任心强，认真仔细；适应加班及出差				

任职者理想的性格类型

类型	描述	选择
常规型	严谨、认真，喜欢按常规和既定的程序办事	
社会型	活泼，人际关系较好，协调沟通能力强，喜欢与人打交道并帮助他人	
研究型	独立，喜欢思考，对事情总持怀疑态度	
艺术型	创造力强，想象丰富，富有激情，做事没常性	
现实型	喜欢做看得见、摸得着的事情，喜欢把握事情发展的方向，做事坚韧不拔	
管理型	自信，果断，善于把握事情发展的方向；自我型；较高；E. 非常高	√
其他型	如团队型，擅长团队协作；A. 无；B. 较低；C. 一般；D. 较高；E. 非常高	

岗位能力要求及等级

能力等级划分	等级	能力	等级	能力	等级	备注
组织领导能力	D	冲突管理能力	D	授权指挥能力	D	列举能力仅作为参考，根据实际情况进行调整
创新开拓能力	D	沟通谈判能力	D	团队协作能力	D	
计划协调能力	D	公关交际能力	D	语言表达能力	D	
决策判断能力	D	公文写作能力	D	执行运作能力	D	
理解指令能力	E	信息采集能力	E	其他补充能力		

担负的管理职责

管理职责划分	工作指导	布置工作	检查工作	制定计划	目标管理	协调活动	评价下属	其他职责
花费时间比例	0	0	0	10	70	10	0	10

(三) 编制岗位说明书

岗位说明书是岗位分析的输出结果，也是岗位分析最核心的内容，是经过对岗位工作详细、客观和科学的分析后，提炼出来的一份叙述简明扼要的描述文档。岗位说明书的内容主要包括工作关系、工作责任和目标、任职资格等。岗位说明书对企业的管理和薪酬设计有着重要的意义，不仅是岗位价值评估的基础资料，还为企业的招聘、培训、绩效考核等工作提供了重要的支撑作用。

同时，岗位说明书也比较灵活，可以根据企业的实际情况和切实需要，相应地增加一系列内容，比如在基本信息模块可以增加薪酬区间、薪酬类型、岗位级别和岗位类型等内容；在岗位工作职责模块可以针对每一项关键工作，增加负责程度、工作标准、工作频率等内容；任职资格也可以划分为四大模块，即基础资格、能力匹配、成长匹配和价值观匹配等；除此之外，还可以新增职业发展规划、职业行为禁区、工作代理人等模块。

案例如表2-41至表2-45所示。

表2-41 某企业岗位说明书的工作关系

工作关系	部门内部	
	部门之间	
	外部单位	

表2-42 某企业岗位说明书的任职资格

任职资格	基础资格	教育背景	准入学历		专业	
			技术职称		证书	
		培训经历				
		职业素养	岗位素养			
			个人素质			
		其他要求	年龄		性别	
			其他			

续表

任职资格	能力匹配	行业/岗位工作经验			
		专业知识与行业资源	专业知识		
			行业资源		
		岗位工具与岗位技能	岗位工具		
			岗位技能		
		沟通表达能力		团队领导能力	
		决策能力		执行能力	
		目标感		其他能力	
	成长匹配				
	价值观匹配				

表2-43 某企业岗位说明书的基本信息和岗位设置目的

基本信息	岗位名称		所属部门		岗位编号	
	岗位级别		薪酬区间		薪级薪档		直属上级	
	直属下级		下属人数		编写日期		编制人	
岗位设置目的						

表2-44 某企业岗位说明书的岗位关键工作描述与绩效考核指标

编号	岗位关键工作描述	具体工作职责	负责程度	工作标准	工作权限	工作频率	关键绩效考核指标
1							
2							
3							
4							
5							

表 2-45　某企业岗位说明书的其他信息

职业发展规划	晋升路径	
	岗位调整	入职条件
		转正标准
		晋升标准
工作特征及工作条件		工作时间
		工作设备
		工作环境
		工作文件
职业行为禁区	绝对禁区	泄漏或出卖公司机密
		因个人违反公司规定，给公司造成损失
		利用职务之便，谋取个人私利
		后果严重的将根据《中华人民共和国劳动合同法》之规定解除劳动合同，并追究法律责任
	严重后果	岗位可能会造成的其他严重不良后果
工作代理人		当该岗位离职/请假/调休等不在岗情况时，哪个岗位可以替代他（她）执行工作

某公司促销员岗位说明书如表 2-46 所示。

表 2-46　某公司促销员岗位说明书

一、岗位的基本信息			
岗位名称	促销员	岗位编号	10078
所属部门	销售部	岗位编制	8人
直接上级	经理	直接下级	无
工作知会	督导	薪酬等级	3
二、工作目标			
根据售点促销的执行标准，做好售点的生动化维护、促销活动执行、客情关系维护等，并根据促销活动标准执行促销，提升销售额			

续表

三、工作职责			绩效指标与数据来源	
序号	工作职责概述	工作内容描述	绩效指标	数据来源
1	生动化维护	负责生动化维护，包括陈列变动上报、产品陈列及维护，争取更多的陈列空间	销售额	财务部
		负责日常的销售执行，开展产品销售工作，包括试用、宣传和推荐购买等		
2	促销执行及促销物料的管理	负责促销执行，按照公司统一的销售形象和话术，开展促销活动	市场检查表	市场部
		根据促销执行标准，负责促销物料的管理，包括申请、发放和信息汇总，保障销售的顺利进行	物料管理满意度	
3	产品订单管理	负责售点的产品订单管理，做好门店的销量查询、库存管理、下单、收货、验货等工作	订单管理满意度	销售部
4	客情关系维护	与售点相关人员、其他促销员、消费者建立良好的客情关系并积极维护	关系维护满意度	销售部
5	日常销售执行及信息收集	主动了解顾客对产品的需求和建议、相关竞品信息、门店库存、货龄信息等，及时反馈给销售经理	信息反馈满意度	销售部
6	其他	销售经理交办的其他任务	满意度	销售部
四、岗位在组织架构中的位置				

```
销售
 │
本岗
```

续表

五、工作权限		
权限一	建议权	1. 提升售点的销售指标
^	^	2. 强化售点的生动化陈列
^	^	3. 调整售点的单品规划
^	^	4. 执行售点的促销活动
权限二	监督权	售点的生动化陈列

六、工作关系
市场部督导 → 本岗位 ← 销售经理（上方）／售点：所属经销商、所在商超、物流仓储（右方）

七、任职资格		
任职条件	40岁以下，身体健康，普通话标准，男女不限	
所需学历	高中以上学历	
工作经验	有2年以上商超促销经验	
专业知识	接受过专业的促销及其技能培训，对快消品有一定的了解	
能力指标	业务能力指标80%	①岗位专业知识技能；②沟通能力
^	行为态度指标20%	①服务意识；②责任心
素质要求	面带笑容，富有亲和力，具备一定的销售能力	
其他要求	能够适应节假日上班	

八、工作特征	
时间要求	6天8小时工作制
工作环境	区域门店卖场

九、文件版本
1.0（试行版）

十、编写记录		
编制人		人力资源部审核

四、组建评估委员会

岗位价值评估是评估人对被评估岗位的分析、判断和评价的过程。在这个过程中，评估人会直接影响岗位价值评估的结果。所以，评估人的选择也是岗位价值评估的重要一环。如何选择合适的人员参与到岗位价值评估当中呢？

一般来说，在选择岗位价值评估人员时需要遵守三条基本原则，第一，有资格对组织内的各个岗位进行评估的人，如总经理、总裁等高级管理人员或公司股东；第二，根据公司运营和发展的需要，能对各岗位价值进行评估的人员，如人力资源部门、企业战略部门的负责人或骨干人员；第三，有足够专业知识和资格的人，如人力资源评估工作组成员、外部专家或顾问等。

所以，在选择评估人员时，我们需要优先从公司高管或股东、人力资源部门负责人、评估工作负责人、中层管理代表、被评岗位代表、外部专家顾问等人员中进行选择，并组成评估委员会。一般来说，评估委员会的人数应控制在 10 人以下，一些大企业会根据自身的情况适当地增加人数，不过也不宜超过 20 人。评估委员会的人数控制十分重要，人数过多不仅会增加评估任务的工作量，还很容易造成意见分歧、难以统一，影响工作进度。

权威可靠的评估委员会不仅可以提升组织内部的公平性，让岗位价值评估工作公平，同时还能有效地减少后期的解释说明工作。

五、进行评估工作

在岗位评估工作正式开始之前，还需要召集评估委员会的成员，对评估方法、流程和参评岗位进行学习、培训和说明，让评估人员清晰地了解评估工具的使用方法、操作技巧，以及评估工作的具体流程。

完成了以上的工作，才能进入到正式的评估阶段。在正式评估时，有以下几点需要注意。

（1）评估工作应当自上而下地进行。在评估时，应当从职级最高的岗位开始，一级一级地往下评估。比如，可以按照先评估总监的岗位，再评估部门经理的岗位，最后评估部门其他岗位的顺序进行评估。

（2）评估工作对岗不对人。在对每个岗位进行评估时，评估人应力求做到对岗不对人，对事不对人。我们要明确，岗位价值评估的是岗位而不是当前岗位上的任职者。

比如，某企业的行政主管离职后，发生岗位空缺，于是让人事主管暂时兼行政主管。该企业在进行岗位价值评估时，采用美世国际职位评估系统对岗位进行评估，在"知识"因素中，就该人事主管的"团队角色"发生了分歧。评估人认为，该人事主管负责两个部门的领导工作，所以应该选择"多团队领导"。显然，这样评估是错误的。正确的做法应该是对人事主管和行政主管的岗位分别进行岗位价值评估，而不是把"人事主管任职者"这个人代入他的职位中进行评估。切记，评估的是岗位而不是岗位上的任职者。

（3）对岗位需要进行阐述。在岗位价值评估时，还需要对每一个岗位的岗位说明书进行针对性的分析，避免不同的评估人对岗位的认识和理解存在误区或偏差，从而导致评估结果出现问题。

（4）当评估到评估人所在岗位时，该评估人需要回避。

（5）评估内容需要在企业内部暂时保密。这是因为评估工作是一种主观分析和判断的过程，没有绝对正确的答案，每个评估人都可以根据自己的判断给岗位打分。所以，最终评估出来的结果可能会有分歧，为了组织的和谐和团结，企业需要对评估内容保密。

除此之外，企业在进行岗位价值评估时，还需要注意以下几个核心点。

（1）岗位是企业战略的承接单元，在进行岗位价值评估时，需要考虑企业的战略和目标，比如企业的战略方向是互联网领域，那么对于与互联网相关的技术岗位的评估可以适当地偏重。

（2）岗位价值评估是基于企业战略及目标的组织架构中的岗位现在和近期（一般是一年之内）的状态，而不是过去和将来的状态。

（3）在评估过程中，并非所有上级的岗位都比下级的岗位价值高。在某些特定情况下，下级岗位的评估结果有可能超过上级岗位的评估结果。比如，在工作环境、创新能力等方面，下级岗位的评估分数很可能会比上级岗位的评估分数高，这样就有可能造成下级岗位的评分最终超过上级岗位的评分。

（4）如果组织内部的岗位发生调整和变化，那么岗位的价值评估也要相应的改变。同时，如果岗位定位、岗位使命和岗位背负的业绩情况等发生改变，岗位的价值评估也需要重新进行。

通过岗位价值评估我们可以得到企业内部各岗位的相对价值，这是我们进行岗位薪酬设计的基础性参考材料。有了这份材料，我们就可以展开企业的岗位薪酬设计工作了。

第三节　从岗位价值评估到岗位薪酬设计

岗位价值评估的结果是岗位薪酬设计的"基石"。有了岗位价值评估，我们就能构建相应的岗位价值矩阵，从而形成岗位薪酬体系。在这个过程中，岗位价值矩阵既是岗位薪酬设计的重点，也是岗位薪酬设计的难点。

在构建岗位价值矩阵时，我们需要根据岗位价值评估方式的不同来进行有针对性的调整和设计。回顾本章第一节的内容，我们介绍了七种最常用的岗位价值评估方法。按照具体评估方式的不同，这七种评估方法可以分为两种基本类型：一种是直接排序型，另一种是间接排序型。

其中，排序评估法、分类评估法、市值评估法都属于直接排序型。

这种类型的评估法，其特点是简单明了，通常适用于员工人数在100人以内的中小微企业；而因素比较评估法、要素点值评估法、海氏价值评价法和美世国际职位评估系统都是先评估出各个岗位的分值，再根据分值的高低进行排序，属于间接排序型。后者相对耗时耗力，但更为系统，多用于员工人数在100人以上的企业和大中型企业。

在这里，我们之所以要对岗位价值评估的方法进行划分，是因为不同类型的评估方法，在岗位薪酬设计时的思路和流程是不同的。

使用直接排序型评估法，其得到的结果是岗位之间的排列顺序。在设计岗位薪酬时，需要充分考虑岗位承担的责任大小、价值创造的结果多少等经验类因素，进而确定职级，并结合企业的实际薪酬水平形成薪级。

间接排序型评估法通常会在评估过程中对职位进行分类，划分出职位序列，形成职级，且各岗位可以得到一个明确量化的分值。在进行岗位薪酬设计时，只需要对分值进行定量或不定量的划分，形成一个个分值区间，就能形成薪级。

最终，不管使用哪种类型的岗位价值评估方法，都需要将岗位价值评估的结果转化为岗位价值矩阵。只有形成了岗位价值矩阵，我们才能进一步设计所需的岗位薪酬。

一、形成岗位价值矩阵

（一）梳理职位等级体系

一份完善的岗位价值矩阵，应当由职位等级体系和薪酬等级体系两个核心部分构成。其中，梳理职位等级体系是构建岗位价值矩阵的重要前提。在梳理职位等级体系时，首先要对组织内的各个职位进行分类，也就是将性质相同的岗位归纳到同一职位族，然后再划分职位等级（也称职级）。这个过程就是所谓的"先分类，再分级"的过程。

所谓的职位族其实就是对企业中工作性质、激励方式、任职素质要求相似的一类岗位的汇总，通常也称职位序列、职位系列等。它和职类的定义基本一致，是对职位类别的一种划分。目前，最为人熟知的职位族莫过于一些互联网企业所使用的职位序列，比如，阿里巴巴代表技术岗位和管理岗位的 P 序列和 M 序列；腾讯划分产品/项目、技术、市场和职能区别的 P 族、T 族、M 族、S 族；华为的六大类岗位：管理类、通用类、营销类、技术类、生产类、研发类等。

对于一般企业来说，通常可以将组织内的岗位划分成三大类型：专业技术类（简称 P）、营销类（简称 S）、管理类（简称 M）。这三大类型的职位族，基本可以涵盖企业大多数的常规岗位。

利用职位族的划分和岗位价值评估的结果，企业可以让不同的职位族之间形成一个相对独立的职级划分；同时，结合企业的实际岗位情况，也可以让不同的职位族之间实现职级的对应。以阿里巴巴为例，其将岗位划分成 P 序列、M 序列两个序列，并在两个序列（职位族）内分别制定了不同的职位等级。再根据企业的实际岗位情况，让 P 序列和 M 序列的岗位形成有机的对应关系，具体如表 2-47 所示。

表 2-47　阿里巴巴的 P/M 序列职级对应表

P 序列职级		M 序列职级	
P1	实习生		
P2	新人		
P3	助理		
P4	初级专员		
P5	高级工程师		
P6	资深工程师	M1	主管
P7	技术专家	M2	经理
P8	高级专家	M3	资深经理
P9	资深专家	M4	总监
P10	研究员	M5	资深总监

续表

P 序列职级		M 序列职级	
P11	高级研究员	M6	副总裁
P12	资深研究员	M7	资深副总裁
P13	科学家	M8	执行副总裁
P14	资深科学家	M9	副董事长
		M10	董事长

我们从表 2-47 可以看出，M 序列和 P 序列的岗位存在对应关系，其中 M1 主管 = P6 资深工程师，M2 经理 = P7 技术专家，M3 资深经理 = P8 高级专家，M4 总监 = P9 资深专家，M5 资深总监 = P10 研究员……

如此一来，职位等级体系不仅确定了本职位族内各岗位的相对序列高低，形成了职别的纵向对应关系，而且还确定了不同职位族之间各岗位的相对层级的高低，让不同序列的岗位有明确的横向对应关系，可以让员工清晰地了解其在组织内所在层级的相对高低。当然，对于员工人数在 100 人以内的小微企业来说，由于岗位数量较少，也可以不划分职位序列，直接进行职位等级划分即可。

职位等级划分较为简单，只需要根据岗位价值评估的排序结果，结合各岗位所承担的责任大小、价值创造的成果大小等特征，对职位进行归类，然后把不同部门级别相似的岗位划入同一职级，形成企业的职级体系即可。

案例如表 2-48 所示。

表 2-48 某企业的职级岗位矩阵表

职级	销售部	生产部	HR 行政部	财务部	市场部	技术部	物流部	电商部
助理级	实习生	操作员					仓管员	客服
专员级	销售专员	工序组长	专员	会计		质检员（QC）		美工
主管级	销售经理	生产主管	主管	出纳	文案策划		主管	运营

续表

职级	销售部	生产部	HR行政部	财务部	市场部	技术部	物流部	电商部
经理级	区域经理	生产经理	专项经理	部门经理	部门经理	技术经理	专项经理	
资深经理级	大区经理		HR行政经理		企划经理	项目经理		运营经理
总监级	销售部总监	生产部总监	HR行政部总监	财务部总监	市场部总监	技术部总监	物流部总监	电商部总监
总经理级	总经理							

一般情况下，企业会形成助理级、专员级、主管级、经理级、资深经理级、总监级、总经理级等不同的职级。一些企业还会出现副总裁级、总裁级等职级，企业需要根据自身的实际情况和需求进行职级的设置。

对于企业来说，梳理和建立职位等级体系是构建岗位价值矩阵的必要流程，同时也对企业内部的人力资源管理有很大的支撑作用。

（1）规划职业发展通道。通过建立职位等级体系，企业可以帮助员工梳理自己的职业发展规划，明确员工的晋升路径，让员工对自己的未来有一个较为明确的规划。

（2）建立任职资格基础。企业可以根据职位的等级体系，针对不同的职位序列和等级，制定职位所需的能力、经验等相关要求，作为指导员工的要求和员工能力提升的依据。

（3）作为员工福利待遇标准制定的依据。职位等级体系的建立是企业制定员工福利待遇标准的重要依据。一般而言，企业在发放各项补贴、福利时，往往都会根据职位等级将福利待遇划分为不同的标准，尤其是一些较为丰厚的年节福利、退休福利等。

（二）建立薪酬等级体系

通过"先分类，再分级"的方法，我们可以划分出企业的职位序列和职位等级，从而建立起企业的职位等级体系。一般来说，职位等级不同，其所对应的薪酬水平往往也存在着差别。利用岗位价值评估法不仅能梳理企业的职位等级体系，还能建立起相应的薪酬等级体系。

所谓薪酬等级也叫薪级，是在岗位价值评估的基础上，把价值相近的岗位划入同一个薪酬层级，是方便管理的薪酬等级体系。和职级体系一样，在构建薪级体系时，一般也要将岗位价值评估结果划分为直接排序型和间接排序型，并针对两种类型采取不同的薪级划分方法。

1. 直接排序型薪级划分

对于通过直接排序型评估法得到的结果来说，要基于职级体系建立薪酬体系，往往需要结合企业本身的薪酬水平和行业的薪酬情况进行综合考量，具体操作如下。

首先，基于已经完成的职级体系矩阵表，明确不同职级所覆盖的岗位，找出同一职级中各岗位的薪酬最大值和最小值，作为该职级的薪酬区间。

其次，根据市场调查的岗位薪酬数据，对比企业的职级薪酬区间。在对比过程中，我们要找出企业薪酬区间和市场薪酬情况严重不符的职级（一般情况是企业薪酬区间跨度过大，超过市场薪酬的状况）。这时候，就需要对该职级的薪酬区间进行再次细分，比如将一个职级的薪酬区间划分为两个区间、三个区间，甚至更多个区间。

再次，根据市场薪酬数据和企业职级薪酬区间的对比和划分，我们就能得到职级对应的薪酬区间，也就是薪级，比如某企业根据职级薪酬区间和市场薪酬数据的对比结果，将五个职级划分为 9 个薪级。

最后，逐一将岗位和薪级进行对应，就形成了职级薪级岗位矩阵。

不过需要注意的是，基于职级划分薪级，绝不是一一对应的关系。也就是说，一个职级不一定对应一个薪级，很可能出现一个职级对应多个薪级的情况。事实上，薪级的划分并没有明确的规则与详细的要求，主要是根据组织规模、员工人数及企业薪酬水平的现状等进行划分。

案例如下。

某企业通过盘点各职级人员的薪酬,并结合市场上的薪酬调研结果发现,有些职级的薪酬跨度太大,存在不合理的地方。于是,该企业在职级内进行二次划分,得到表2-49这张带有薪酬区间的职级岗位矩阵表。

表2-49 某企业薪酬区间的职级岗位矩阵表

职级	薪酬区间	销售部	生产部	HR行政部	财务部	市场部	技术部	物流部	电商部
助理级	4~6	实习生	操作员					仓管员	客服
专员级	6~9	销售专员	工序组长	专员	会计		质检员(QC)		美工
主管级	9~14	销售经理			出纳	文案		主管	运营
	14~18		生产主管	主管		策划			
经理级	18~23	区域经理					技术经理	专项经理	
	23~28		生产经理		部门经理	部门经理			
	28~33			专项经理					
资深经理级	33~39				企划经理	项目经理			运营经理
	39~45	大区经理		HR行政经理					
总监级	45~52		生产部总监					物流部总监	
	52~59					市场部总监			电商部总监
	59~70	销售部总监		HR行政部总监	财务部总监		技术部总监		
总经理级	70~100	总经理							

2. 间接排序型薪级划分

对于通过间接排序型评估法得到的评估结果来说，由于得到了具体的分值，因此薪级的划分更简单，只需要基于分值进行系统性的划分即可，其具体操作如下。

首先，对岗位价值评估得到的岗位分值进行确认，并形成"岗位－分值"图表。

其次，根据"岗位－分值"图表，对分值区间进行划分，划分的方式有两种，分别是等额分值划分和不等额分值划分。

等额分值划分是在确定等额分值后，直接基于最低分值进行等额划分，比如某企业确定的等额分值为20分，最低的岗位分值为200分，那么，该企业划分出来的薪级是第一级为200~219分、第二级为220~239分、第三级为240~259分，依次类推。等额分值的划分方法和操作都十分简单，但是等额分值的确认难度较大。企业在实际的薪级划分中，很容易出现等额分值划分过大或过小的状况。等额分值划分过小会导致企业薪级数量过多。并且由于企业内高层的分值差距往往很大，很可能出现"空薪级"（某一薪级上没有任何岗位）或"少岗薪级"（某一薪级上只有极少岗位）的情况；而如果分值划分过大，很可能就会出现"多岗薪级"（某一薪级上有大量岗位）的情况，难以体现薪酬的差异性和激励性。

不等额分值划分通常采用"基层较小，高层较大，整体不断增加"的分值差额原则划分，比如某企业规定其区间分值的划分是由基层岗位向高层岗位从20分到100分不断递增。这样设置的优点是能够避免很多空薪级的出现，同时逐渐增加的差额设计符合薪酬体系设计的客观规律。因为随着岗位的逐级提升，其承担的责任越来越大，通过能力增长带来的业绩变化的周期越来越长，职位晋升的难度越来越大，所以划分的差额也应该越来越大，以体现这种变化规律。

最后，根据划分的分值区间，按照岗位价值评估中各岗位的得分，将岗位分别纳入不同的分值区间，就形成了薪级。

无论是利用直接排序型评估法，还是利用间接排序型评估法设计薪级体系，在进行薪级划分时，都要考虑以下几个问题。

（1）是否能够有效地区分出岗位的薪级？

我们设计的薪级对于价值差别较为明显的岗位是否能进行有效的区分？例如从感知上，行政专员与审计师的薪级应有所区别，在实际薪级划分中是否体现出这种区别？

（2）是否出现较多"空薪级"的情况？

空薪级是指在某一薪级上没有任何岗位。适量的空薪级可以为组织发展中的某些岗位上人员的晋升、发展预留通道，起到积极的作用。但是，过多的空薪级说明薪级设计脱离了实际，会造成资源的浪费和无法有效管控的情况，从而影响企业效能。

（3）是否适应企业规模？

一般情况下，初创企业或员工人数不超过100人的企业，薪级不宜超过9级；员工人数为100～300人的企业，薪级为9～13级；员工人数为300～1000人的企业，薪级为13～15级；员工人数超过1000人的企业，薪级可设置为15～18级；集团型企业，包括事业部制、项目制等企业，薪级可设置为20级左右；若包括多个事业部、项目公司，或业务范围为洲际的国际性集团公司，薪级可设置为24级左右。

（4）是否存在跨度过大或跨度过小的情况？

通常来说，每一个薪级的划分都要考虑两点：一是对组织内现有人员的容纳性；二是对员工的激励性。前者是服务当下，后者是面对未来。对于薪级设计来说，如果不满足企业当下的需求，就失去了薪级设计的意义；如果不能够面向未来，薪酬就需要频繁调整，造成资源的极大浪费。因此，薪级的薪酬跨度尽量保持适中，要符合当下和未来两方面的需求。

（三）构建岗位价值矩阵和职类职别职级薪级体系

通过岗位价值评估建立的职级体系和薪级体系，能帮助我们形成最终的岗位价值矩阵。通过矩阵表的形式将组织中所有岗位进行罗列，并与职级、薪级实现对应，具体可参考下面的案例。

表 2-50 所示为某企业岗位价值矩阵和职类职别职级薪级体系。

表 2-50　某企业岗位价值矩阵和职类职别职级薪级体系

职级	薪级	销售部	生产部	HR行政部	财务部	市场部	技术部	物流部	电商部
助理级	1	实习生	操作员					仓管员	客服
专员级	2	销售专员	工序组长	专员	会计		质检员（QC）		美工
主管级	3	销售经理			出纳	文案		主管	运营
	4		生产主管	主管		策划			
经理级	5	区域经理					技术经理	专项经理	
	6		生产经理		部门经理	部门经理			
	7			专项经理					
资深经理级	8					企划经理	项目经理		运营经理
	9	大区经理		HR行政经理					
总监级	10		生产部总监					物流部总监	
	11					市场部总监			电商部总监
	12	销售部总监		HR行政部总监	财务部总监		技术部总监		
总经理级	13	总经理							

在表 2-49 中，该企业根据岗位价值评估的结果对职级进行分类，

划分出助理级、专员级、主管级、经理级、资深经理级、总监级、总经理级七个层级;然后再设计出各个职级对应的薪级,并按照部门分类,将岗位归入部门,形成了该企业的岗位价值矩阵。这样罗列的好处有以下两个方面。

第一,可以较好地从部门、薪级两个维度对所有岗位的薪级进行比较,再次衡量组织内岗位价值的相对合理性。

第二,在岗位价值评估的过程中,企业往往很难对所有岗位进行一一评估,对于未评估的岗位可以通过对比各部门、各薪级上的其他岗位的薪级情况来确定其薪级。

岗位价值矩阵的结果在一定意义上代表了不同岗位的薪酬水平。所以,岗位价值矩阵通常只在企业经营者与薪酬管理者范围内知晓,不建议对外公开。

案例:某企业通过直接排序建立岗位价值矩阵和岗位薪酬体系。

首先,该企业对组织架构进行梳理,确定企业的部门和岗位,如图 2-1 所示。

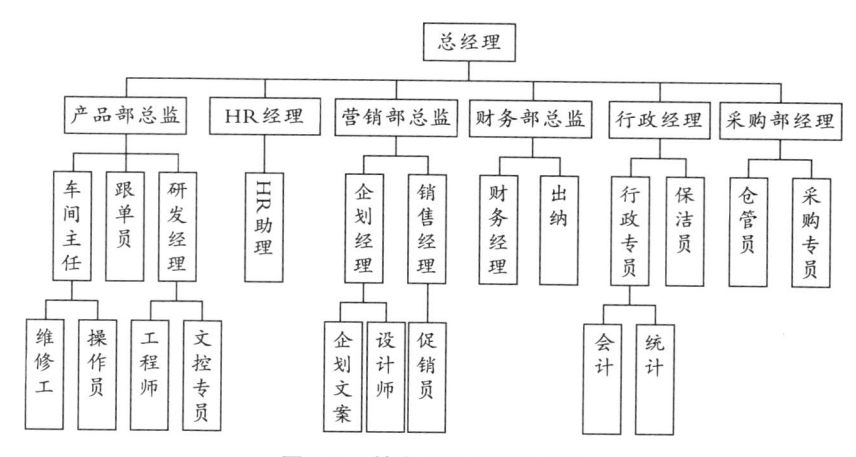

图 2-1 某企业的组织架构图

然后,该企业通过直接排序法得到了岗位价值评估结果,具体为总经理 > 营销部总监 > 财务部总监 > HR 经理 > 产品部总监 > 销售经理>采购部经理>财务经理>企划经理>研发经理>车间主任>行政经理>出纳>企划文案>工程师>会计>跟单员>HR助理>统计>采购专员>设计师>仓管员>行政专员>文控专员>促销员>维修工>保洁员>操作员。

基于岗位价值评估结果,形成了部门岗位价值排序矩阵,如图2-2所示。

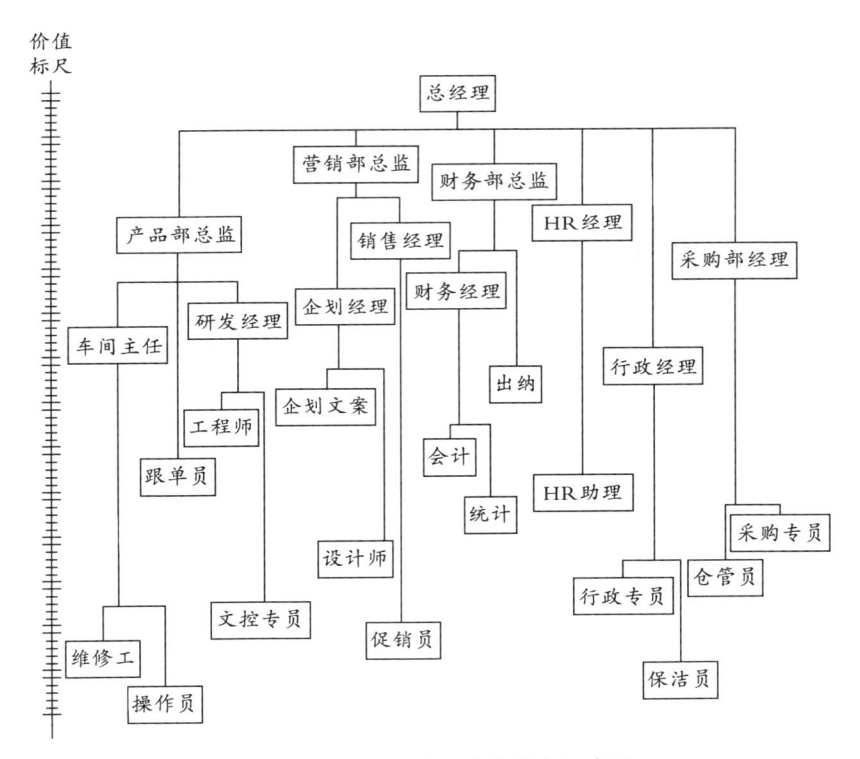

图2-2 某企业的岗位价值排序矩阵图

最后,企业结合岗位承担的责任大小、创造价值的成果多少,并考虑未来的成长路径和激励性要求,对所有岗位进行了全面的职级归类,设置了操作员级、专员级、经理级、总监级、总经理级五个职级,形成了企业职级岗位矩阵图和企业职级岗位矩阵表,如图2-3和表2-51所示。

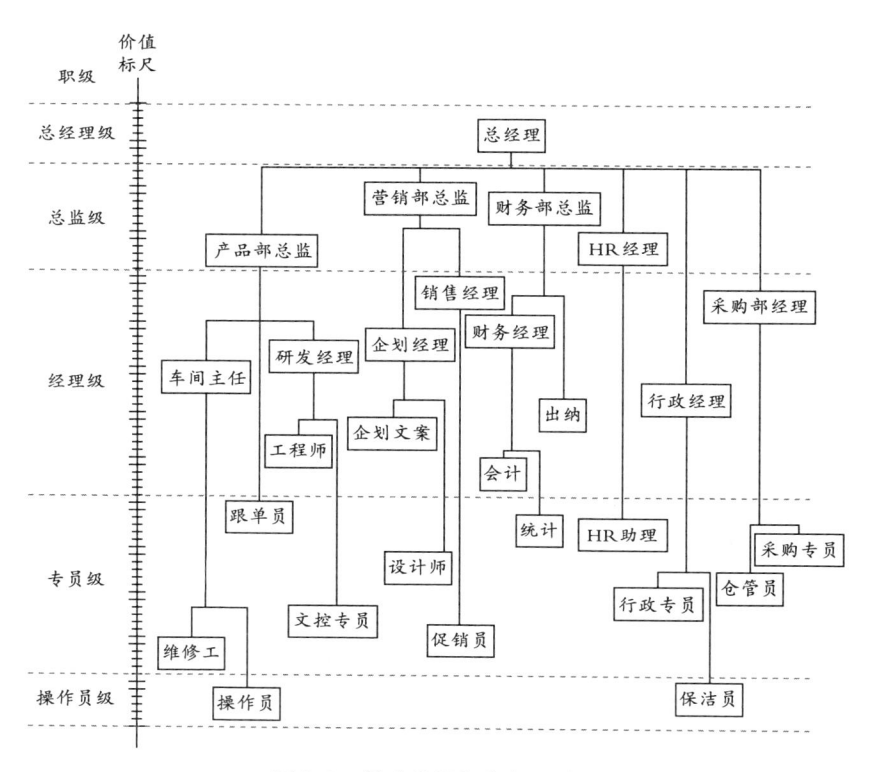

图 2-3 某企业职级岗位矩阵图

表 2-51 某企业职级岗位矩阵表

职级	产品部	营销部	财务部	人力资源部	采购部	行政部
操作员级	操作员					保洁员
专员级	维修工 文控专员 跟单员	促销员 设计师	统计	HR 助理	仓管员 采购专员	行政专员
经理级	研发经理 车间主任 工程师	销售经理 企划经理 企划文案	财务经理 会计 出纳		采购部经理	行政经理
总监级	产品部总监	营销部总监	财务部总监	HR 经理		
总经理级	总经理					

通过图2-3和表2-51可以发现，该企业有些部门的部门经理与专业人员在同等职级，比如研发经理与工程师，财务经理与会计、出纳，企划经理与企划文案。这种情况就体现了管理人员与专业人员的价值对比。从行政和工作关系上对比，有上下级之别，但对于岗位价值来说，是同等重要的。同时，HR经理与其他三位总监都在总监级，这就说明职务称谓并不能精准地代表岗位价值。出现这种看似有违常理的情况，正说明了岗位价值评估的重要性。

之后，该企业对现有人员的实际薪酬情况进行盘点，得出了职级薪酬区间表，如表2-52所示。

表2-52　某企业职级薪酬区间表

职级	薪酬区间（单位：元）	
	最小值	最大值
操作员级	2500	4000
专员级	3500	6000
经理级	5000	15000
总监级	12000	30000
总经理级	25000	50000

从表2-52中可以看出，不少职级的薪酬区间跨度特别大，比如经理级的薪酬区间跨度达到了10000元，总监级薪酬区间跨度超过了10000元。为调整同一职级薪酬跨度过大的问题，该企业结合市场调查的岗位薪酬数据，对部分职级的薪酬进行了分解，把经理级和总监级均细分为两个薪级，由此形成某企业职级薪级对应表，如表2-53所示。

表2-53　某企业职级薪级对应表

职级	薪酬区间（单位：元）		薪级
	最小值	最大值	
操作员级	2500	4000	1
专员级	3500	6000	2

续表

职级	薪酬区间（单位：元）		薪级
	最小值	最大值	
经理级	5000	9000	3
	9000	15000	4
总监级	12000	20000	5
	20000	30000	6
总经理级	25000	50000	7

根据表 2-53 所示，该企业共形成 5 个职级、7 个薪级的职级薪级体系（相邻两个职级之间，有一定的薪酬重合度，比如操作员级的薪酬最大值是 4000 元，而专员级的薪酬最小值是 3500 元，彼此重叠部分为 500 元）。最后，结合具体的岗位形成该企业职级薪级岗位价值矩阵图和职级薪级岗位价值矩阵表，如图 2-4 和表 2-54 所示。

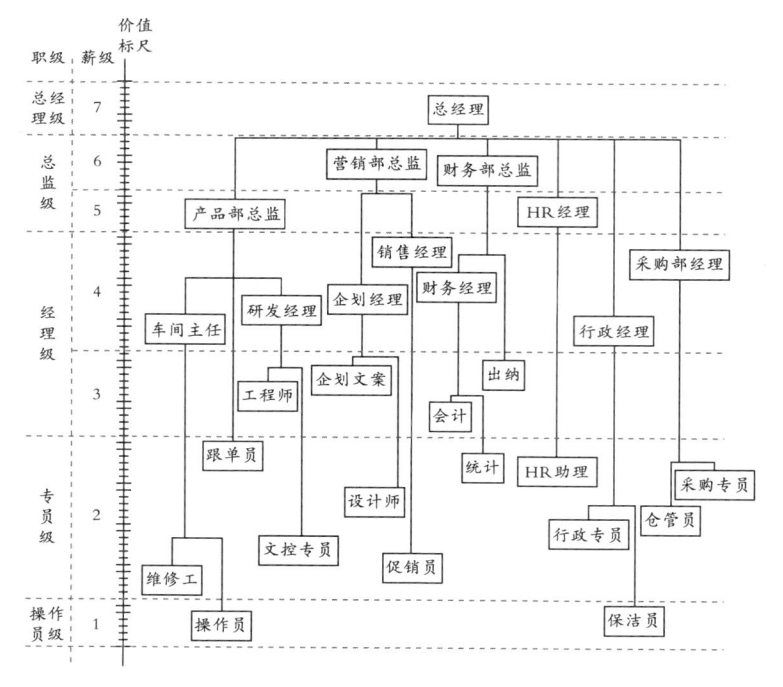

图 2-4　某企业职级薪级岗位价值矩阵图

表 2-54　某企业职级薪级岗位价值矩阵表

职级	薪级	产品部	营销部	财务部	人力资源部	采购部	行政部
操作员级	1	操作员					保洁员
专员级	2	维修工 文控专员 跟单员	促销员 设计师	统计	HR助理	仓管员 采购专员	行政专员
经理级	3	工程师	企划文案	会计出纳			
经理级	4	车间主任 研发经理	企划经理 销售经理	财务经理		采购部 经理	行政经理
总监级	5	产品部总监			HR经理		
总监级	6		营销部总监	财务部总监			
总经理级	7	总经理					

案例：某企业通过海氏价值评价法建立的岗位价值矩阵和岗位薪酬体系。

该企业通过海氏价值评价法得到了岗位价值评估分数，进而绘制了清晰的岗位价值评估分数折线图，体现出每个岗位价值的高低序列，如图 2-5 所示。

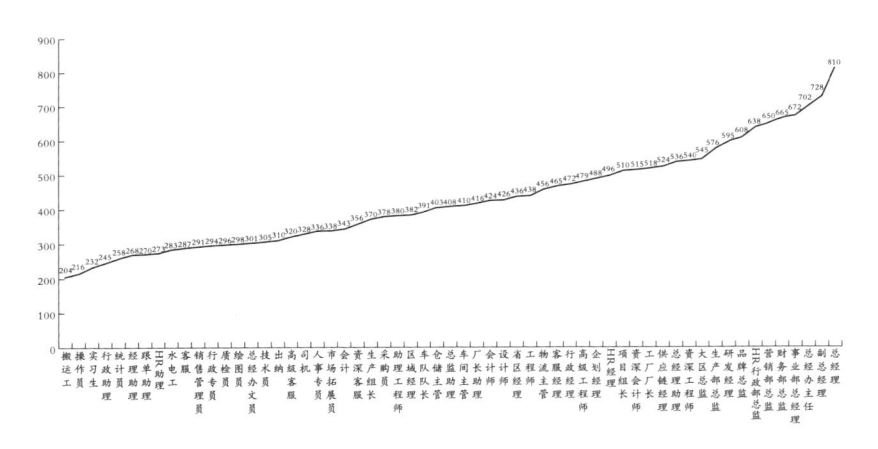

图 2-5　某企业岗位价值评估分数折线图

但这个评估分数无法在设计薪酬体系时直接使用，需要做一些转化处理，变成我们能够直接使用的职级和薪级。由于该企业规模较大，岗位较多，因此企业决定采取"先分职类，再分职级"的方法划定职级。

该企业分析自身的实际情况，决定使用常规的职位类别划分方法，把所有岗位划分为三大序列，分别为管理序列（M）、销售序列（S）、技术序列（P），并基于本企业岗位的具体分布情况，实现了三大序列的岗位区分与对应，如表2-55所示。

表2-55　某企业职类职别职级表

M7	总经理				
M6	副总经理	S8	资深总监		
M5	总监				
M4	高级经理	S7	高级总监	P9	资深专家
M3	经理	S6	总监		
M2	高级主管	S5	资深经理	P8	高级专家
M1	主管	S4	高级经理	P7	专家
		S3	营销经理	P6	资深专员
		S2	营销主管	P5	高级专员
		S1	营销专员	P4	专员
				P3	资深助理
				P2	高级助理
				P1	助理

确定职类职级后，接下来该企业开始设计薪级。在之前的岗位价值评估中，该企业得到了岗位价值评估的分值。从得分上来看，基层岗位之间的差别非常小，为了较好地区分岗位薪级的差别，该企业按照均等的得分差距划分，以25分为等额分值，划分出23个薪级，具体如表2-56所示。

表2-56　某企业等差薪级划分表

最小值（单位：分）	最大值（单位：分）	差额（单位：分）	薪级
201	225	25	1
226	250	25	2

续表

最小值（单位：分）	最大值（单位：分）	差额（单位：分）	薪级
251	275	25	3
276	300	25	4
301	325	25	5
326	350	25	6
351	375	25	7
376	400	25	8
401	425	25	9
426	450	25	10
451	475	25	11
476	500	25	12
501	525	25	13
526	550	25	14
551	575	25	15
576	600	25	16
601	625	25	17
626	650	25	18
651	675	25	19
676	700	25	20
701	725	25	21
726	750	25	22
750 以上			23

结合岗位评估分值和薪级划分表，该企业发现薪级中出现了不少的"空薪级"和"少岗薪级"。因此，该企业决定采取不等额薪级划分，遵循"基层较小，高层较大，整体不断增加"的分值差额原则，把分值差额设为从25分到70分不等，将薪级划分为13级，如表2-57所示。

表 2-57 某企业递增差额薪级划分表

最小值（单位：分）	最大值（单位：分）	差额（单位：分）	薪级
201	225	25	1
226	250	25	2
251	280	30	3
281	310	30	4
311	350	40	5
351	390	40	6
391	440	50	7
441	490	50	8
491	550	60	9
551	610	60	10
611	680	70	11
681	750	70	12
750 以上			13

通过递增差额薪级划分的方式，该企业解决了"空薪级"和"少岗薪级"过多的问题。由此，该企业将薪级和职级对应形成了职类职别职级薪级对应表，如表2-58所示。

表 2-58 某企业职类职别职级薪级对应表

职类职别职级						薪级
M7	总经理					13
M6	副总经理	S7	资深总监			12
M5	总监					11
M4	高级经理	S7	高级总监	P9	资深专家	10
M3	经理	S6	总监			9
M2	高级主管	S5	资深经理	P8	高级专家	8
M1	主管	S4	高级经理	P7	专家	7
		S3	经理	P6	资深专员	6
		S2	主管	P5	高级专员	5
		S1	专员	P4	专员	4
				P3	资深助理	3
				P2	高级助理	2
				P1	助理	1

最后该企业将各岗位纳入表格，形成了岗位价值矩阵与职类职别职级薪级表，如表2-59所示。

表 2-59　某企业岗位价值矩阵与职类职别职级薪级表

职类职别职级			薪级	总经办	营销部	研发部	生产部	供应链部	财务部	HR行政部
M7	总经理		13	总经理						
M6	副总经理		12	副总经理 总经办主任						
M5	总监	S7	资深总监	11	事业部 总经理	营销部总监				财务部总监	HR行政部 总监
M4	高级经理	S7	高级总监	10	总经理 助理	品牌总监					
M3	经理	S6	总监	9		大区总监	研发经理	生产部总监	供应链 经理	资深会计师	HR经理
M2	高级主管	S5	资深经理	P9 资深专家	8		客服经理 企划经理	项目组长 资深工程师	工厂厂长	物流主管		
M1	主管	S4	高级经理	P8 高级专家	7		省区经理 总监助理	高级工程师 设计师	车间主管 厂长助理	仓储主管 车队队长	会计师	行政经理
		S3	营销经理	P7 专家	6		资深客服 区域经理	工程师 设计师	生产组长	采购员		
		S2	营销主管	P6 资深专员	5		高级客服 市场拓展员	助理工程师		司机	会计	人事专员
				P5 高级专员								

续表

职类职别职级			总经办	营销部	研发部	生产部	供应链部	财务部	HR行政部
S1 营销专员	P4	专员 4	总经办文员	客服销售管理员	技术员 绘图员	水电工 技术员	质检员	出纳	行政专员
	P3	资深助理 3		经理助理		统计员	跟单助理	统计员	HR助理
	P2	高级助理 2		实习生	实习生				行政助理
	P1	助理 1				操作员	搬运工		保洁员 绿化工人

二、建立岗位薪酬体系

岗位价值评估的最终目的是帮助我们建立起岗位薪酬体系。在前面的内容中，基于岗位价值评估的结果，我们梳理出企业的职级体系，建立起薪级体系，最终形成一套涵盖职级和薪级的岗位价值矩阵。

岗位价值矩阵是我们设计岗位薪酬的重要参考资料。构建起岗位价值矩阵之后，企业只需要配合各薪级的岗位薪酬基数，就能设计出岗位薪酬。所谓岗位薪酬基数是指岗位价值的薪酬量化。确定岗位薪酬基数，其实就是搞清楚每一薪级的薪酬是多少，也就是确定要给每一薪级支付多少钱。

（一）设置岗位薪酬基数

岗位价值矩阵决定员工会获得哪一薪级的薪酬，而岗位薪酬基数将决定员工到底能得到多少薪酬。所以，岗位薪酬基数的设置也是岗位薪酬设计中的重要一环。一般来说，企业的岗位薪酬基数有着很强的自主性，需要企业根据自身的经营状况、付薪水平，以及企业所处的地区、行业的情况而定。不过在实际的薪酬设计中，企业往往会参考以下两种不同的设计来源。

第一，参考官方或半官方组织的薪酬报告。一般情况下，政府、行业协会和各大人力资源网站会在年末或在某个固定的时间，推出地区或行业白皮书。其中有较为详细的薪酬数据，涵盖各个行业和各种岗位，是企业设计薪酬基数的重要参考和依据。这类官方、半官方组织的薪酬数据来源可靠，真实性强，因此可以作为中小企业岗位薪酬基数的有效来源。但需要注意的是，这类薪酬报告的编制时间较长，行业也较为笼统宽泛，缺乏时效性和针对性。

第二，参考行业市场的薪酬数据。除了参考官方或半官方组织的薪酬报告，一些企业往往也会聘请专业的顾问公司对行业竞争对手进行调研，或者直接购买更准确的行业薪酬数据，以便在关键人才的招聘中获得竞争优势。通常情况下，顾问公司通过调研行业和相关竞争对手，会得到该行业中岗位的不同分位薪酬数据，其中主要包括 25 分位、50 分位、75 分位、90 分位等。

分位是一个统计学概念，描述的是随机变量的概率分布情况。简单来说，就是一个数据在一系列按顺序排列的数据中的相对位置，比如 25 分位表示 100 个由低到高排列的薪酬数额中，排在第 25 位的薪酬数额，50 分位表示排在第 50 位的薪酬数额，也就是排在中间的薪酬数额，所以 50 分位也叫中位值。分位的高低可以表现出企业薪酬在市场上的竞争力情况，通常来说，90 分位、75 分位的薪酬水平表示其在外部市场处于领先地位，有很强的竞争力；50 分位表示竞争力适中，25 分位表示竞争力滞后，处于行业落后水平。

在得到市场的分位薪酬数据之后，根据企业战略和薪酬策略，结合企业自身的发展阶段、用人需求、岗位的紧急程度、岗位的价值属性和岗位招聘的难易程度等因素，企业就能设置相应的岗位薪酬基数。

除了以上两种主要的薪酬设计来源，一些创新型企业也会采用谈判的方式，通过与劳动者面谈和协商来确定一个企业和劳动者都能接受的薪酬参数。这些方法各有特点，没有优劣之分，需要企业根据自身情况和所处行业的状况来选择。

案例如下。

某企业根据自身的发展状况，采取跟随型薪酬水平策略，通过调查，得到行业 50 分位薪酬数据，如表 2-60 所示。

表 2-60　某企业调查得到的行业 50 分位薪酬基数表

薪级	1	2	3	4	5	6	7	8	9	10
50 分位岗位薪酬基数（元/月）	3000	3500	4000	4800	5800	6900	9000	11600	15100	21100

该企业在获得的行业 50 分位薪酬数据的基础上，结合企业的实际

情况进行调整，得到各个薪级的岗位薪酬如表 2-61 所示。

表 2-61　某企业根据行业 50 分位薪酬基数设计的岗位薪酬表

薪级	1	2	3	4	5	6	7	8	9	10
行业 50 分位岗位薪酬基数（元/月）	3000	3500	4000	4800	5800	6900	9000	11600	15100	21100
企业岗位薪酬（元/月）	3000	3500	4000	5400	6400	7500	9800	11600	15200	21500

从表 2-61 可以看出，该企业各薪级的岗位薪酬是基于所在行业 50 分位岗位薪酬基数设计而得出的。在岗位薪酬设计时，考虑到企业对中层人才的需求较大，所以其薪酬明显高于市场水平，而其他薪级则与市场水平基本保持平衡。

三、检验岗位薪酬基数的合理性

确定了企业的薪级和每一薪级的岗位薪酬基数，我们的岗位薪酬体系就完成了初步的建立。不过，这套岗位薪酬体系是否合理，还需要进一步检验。检验的方法通常是比较各薪级之间的级幅。

所谓级幅也叫"级幅度"，是指相邻两个薪级之间的幅度差异，其计算公式是：

$$级幅 = \frac{高一薪级薪酬额 - 低一薪级薪酬额}{低一薪级薪酬额} \times 100\%$$

级幅的大小关系到不同薪级之间的差距。级幅设置得过大，容易导致企业薪酬成本飙升，人力成本过高，为企业财务带来的压力极大；级幅设置得过小，则无法体现薪级之间的差距，员工看不到未来，起不到足够的激励效果。

所以，在设置岗位薪酬基数时，需要考虑各薪级之间的级幅是否合理。一般来说，合理的岗位薪酬，其级幅需要具备以下几个特点。

第一，基本覆盖现有岗位。企业建立薪酬体系的首要目的是为了满足企业现阶段的需要，因此薪酬体系必须适用于企业现状，容纳企业的大部分岗位。为实现这一目标，级幅大小的设置必须考虑现有岗位的薪酬水平。

第二，遵循"级幅随薪级的提高而递增"的原则。一般情况下，随着薪级的逐渐提高，其相应的岗位责任越大，创造的价值也越大。因此，其薪酬上涨幅度也应随之变大，体现在级幅上，就形成了"级幅随薪级的提高而递增"的趋势。

第三，应充分考虑薪酬的激励性。岗位薪酬的激励性一般来自跨职级之间的薪酬差异，体现在薪级上，就是薪级之间的差异化。合理的薪酬设计往往既能让员工看到升职加薪的希望，又不会让员工轻而易举地达到标准，以此来强化薪酬的激励效果，同时保证企业在薪酬成本上的投入不会过高。这就要求我们在设计薪酬时，注意各薪级之间的薪酬基数幅度，也就是级幅的合理性。

案例：某企业根据市场分位薪酬数据，结合企业自身薪级初步设计出的岗位薪酬，并计算出级幅系数，如表2-62所示。

表2-62 某企业初步设计的薪级表

薪级	1	2	3	4	5	6	7	8	9	10
岗位薪酬基数（元/月）	3000	3500	4000	5400	6400	7500	9800	11600	15200	21500
级幅系数		16.67%	14.29%	35.00%	18.52%	17.19%	30.67%	18.37%	31.03%	41.45%

显然，该企业虽然根据市场薪酬数据得到了各薪级的岗位薪酬基数。但是从级幅系数来看，由于各薪级之间的级幅不符合"随薪级的提高而递增"的原则，所以该企业初步设计完成的岗位薪酬存在不合理性，需要进行调整和改进。该企业按照级幅的设计原则，对各薪级薪酬基数进行了调整，结果如表2-63所示。

表 2-63 某企业根据级幅改进后的薪酬表

薪级	1	2	3	4	5	6	7	8	9	10
岗位薪酬基数（元/月）	3000	3500	4200	5100	6300	7900	10000	12800	16500	22000
级幅系数	17%	20%	21%	24%	25%	27%	28%	29%	33%	

经过调整后，该企业各薪级之间的级幅完全符合"随薪级的提高而递增"的原则，且满足企业的实际情况和需求，最终形成该企业的岗位薪酬。

到这里，关于岗位薪酬的设计就基本完成了。岗位薪酬不仅是当今企业应用最广泛的薪酬模式之一，而且是其他薪酬模式的设计基石和起点，起着支撑整个薪酬体系的作用。岗位薪酬体系之所以被大多数企业接纳，很大一部分原因在于其拥有多样的评估方法和完善的设计流程，且操作规范，管理简单，成本费用相对较低，适合绝大多数企业的需求。同时，它还在一定程度上实现了同工同酬，按劳分配的原则，有利于促进企业内部的公平感知。并且职位的晋升与薪酬紧密关联，从某种意义上来说，也能敦促员工积极工作，努力拼搏，提升自我，有较好的激励效果。不过，岗位薪酬也存在明显的不足。

1. 职级薪级差距小，平均主义严重

虽然岗位薪酬的出发点是体现岗位价值，但在实际操作中，往往由于职级和薪级差距小，无法体现这种岗位价值，反而容易导致岗位之间的薪酬过于平均。分配的平均主义是岗位薪酬的特点之一，很多时候，这种平均主义会导致企业人浮于事、效能低下，难以起到良好的激励效果。

2. 激励不当，员工晋升路径单一

在岗位薪酬中，员工的薪酬与薪级挂钩，薪级又和职级有着紧密的联系。员工想突破之前的薪酬等级，提升薪酬水平，往往需要职位的晋升。否则，在一个岗位上干得再好也很难有薪酬上的大幅增长。

在这种情况下，员工都会不遗余力地"往上爬"，从而造成晋升路径单一，并带来一系列人才发展的问题，为企业发展留下后患。

3. 激励不足，员工缺乏动力

仅仅通过岗位来设置薪酬，通过职位晋升来激励员工从而获得更高的收入，这样的模式太过单一，对很多员工来说激励不足。尤其是对那些晋升无望的员工，或只想埋头搞技术、不想晋升做管理的员工来说，单一的发展路径往往缺乏激励效果，不能真正地激发他们的工作热情。

面对岗位薪酬的不足的情况，企业在薪酬设计上应该怎么办呢？难道要眼睁睁地看着人才流失吗？当然不是，我们可以在岗位薪酬的基础上，为员工量身定制一套激励性更强的薪酬体系，这就是能力薪酬。

能力薪酬除了能帮助企业弥补岗位薪酬的不足，还能让企业避免掉进"彼得陷阱"。所谓"彼得陷阱"是由管理学家劳伦斯·彼得在1969年出版的《彼得原理》一书中提出的。他认为，在企业中存在一种极为普遍的现象，那就是员工普遍倾向于"向上爬"，即便是爬到自己无法胜任的职位，他们也不甘心停下来。于是，所有的员工最终都会倾向于晋升到自己不擅长的岗位，做自己不擅长的工作。

从某种意义上来说，单一的岗位薪酬往往会沦为"彼得陷阱"的帮凶：从岗位薪酬的角度来说，员工只有不断地往上晋升才能获得更高的薪酬。但是，不断地晋升会带来一个问题，那就是，员工到底有没有能力胜任不断晋升的职位呢？然而，员工不会思考这个问题，他们只管"往上爬"。最终导致的结果就是，一个优秀的员工很可能变成一个"蹩脚"的管理者，一个天才级别的技术人员很可能成为一个糟糕的技术总监。如此一来，不仅会让员工成为薪酬体系的受害者，也会让企业蒙受很大的损失。

这个时候，如果我们可以打破单一的纵向晋升通道，在横向的能力方面给予员工发展的空间，设置带宽更宽的薪酬体系，就可以避免掉进"彼得陷阱",最好的解决办法就是在岗位薪酬的基础上设置相应的能力薪酬。

下一章,我们讲解能力薪酬,让你掌握如何在岗位薪酬的基础上,通过能力薪酬搭建起一套纵向和横向完美搭配的双维度薪酬体系。

第三章
能力素质模型，四维薪酬设计的带宽

通过第二章内容的学习，我们掌握了岗位薪酬的设计技巧。想要设定适合企业的岗位薪酬，最重要的是对企业进行岗位价值评估。岗位价值评估的过程并不复杂，关键是选择一套适合企业的评估方法。常见的岗位价值评估方法有七种，分别是排序评估法、分类评估法、市值评估法、因素比较评估法、要素点值评估法，以及国际通用的美世国际职位评估系统、海氏价值评价法等。这七种岗位价值评估方法按照评价形式的不同，可以分为直接排序型和间接排序型。

无论是直接排序型评估法，还是间接排序型评估法，在岗位价值评估时都要经历五个核心环节：选择评估方法、选择标杆岗位、进行岗位分析、组建评估委员会、进行评估工作。通过这些环节，我们的岗位价值评估工作就能顺利地、有序地开展。岗位价值评估的结果，最终会形成包含职类、职别、职级和薪级的岗位价值矩阵，这是企业设计岗位薪酬的重要参考资料。值得注意的是，由于直接排序型评估法和间接排序型评估法在结果的展现上存在差异，前者是岗位的直接排序，后者则是通过分值来排序，所以其在岗位价值矩阵的设计方法和流程上是有区别的。

利用岗位价值评估的结果，配合企业的薪酬基数，我们就能制定出企业的岗位薪酬。薪酬基数的来源有很多，可以参考官方、半官方组织的数据资料；也可以从市场上获取同行业的薪酬数据作为参考；或者根据本地区的最低工资标准，结合市场分位，计算出换算系数，再根据企业的需求进行调整，也能得到企业的薪酬基数。最后，结合级幅，设计出薪级之间的差异性，强化激励效果。至此，我们的岗位薪酬设计就可以暂时告一段落了。

不过对于企业来说，单纯依靠岗位薪酬是不够的，它仅仅是薪酬设计的起点。岗位薪酬作为一种传统薪酬，在很多时候是不足以满足现代化企业的发展需求的。比如，岗位薪酬的浮动较小，对员工的激励效果有限，无法真正激发员工的潜能；单一的激励手段造成了员工发展通道的单一化，容易造成企业人才的流失。同时，岗位薪酬还给企业带来一个困扰，即当薪酬等级和职位等级的关联性过强，所有人都想着升官发财时，企业就很容易掉进"彼得陷阱"。

解决这一系列问题最好的办法就是，在岗位薪酬的基础上，设置能力薪酬。打破岗位薪酬单一的纵向发展模式，增加一个专属于个人能力的横向发展通道，为员工的成长和加薪提供一种新的方式，也为其职业发展规划一条新的道路。

所谓能力薪酬是指企业将员工所掌握的与工作有关的技能、知识，以及胜任力和任职资格作为付薪依据的薪酬模式。如果说岗位薪酬关注的是岗位，讲的是"对岗不对人"，那么能力薪酬关注的就是岗位上的员工，讲的是"对人不对岗"，它的根本导向是以人为中心。

在岗位薪酬中，我们通过岗位价值评估，最终得到企业的薪级。薪级反映的是各岗位的薪酬等级情况，是我们设计岗位薪酬的基础资料和重要参考。在能力薪酬中，我们也会得到一个类似的东西，叫薪档，它是我们设计能力薪酬的重要参考依据。

第一节　设计薪档，为能力薪酬设计做铺垫

薪档也叫薪酬档位，是指在同一岗位、同一薪级下，按照员工能力的不同而设置的不同的薪酬档级。

在岗位薪酬中，薪级对应着岗位。员工的岗位不变，薪酬水平往往也很难发生改变。在能力薪酬中，薪档对应的是员工，代表的是员工的能力。也就是说，即便岗位是相同的，但由于员工能力的差异，他们的薪酬数额也会不一样，比如，某企业一级会计和二级会计都是会计岗位，且属于同一职级和薪级，但由于二者在能力上的差别，其薪酬水平会有明显的区别，这就是薪档。

在建立能力薪酬体系的过程中，薪档的设计是十分重要的环节。薪档设计是否科学、合理，在很大程度上会影响甚至决定企业能力薪酬体系设计的成功与否。所以在设计薪档前，我们需要清楚地了解薪档的设计原则、薪档的设计流程。

一、薪档的设计原则

薪档的设计往往需要根据企业自身的情况而定，因此具有很强的灵活性和自主性。不过越灵活，越需要发挥企业的自主性，对于设计者来说，就越难掌握薪档设计的关键和核心。一些企业在设计薪档时，总是会出现各种意想不到的状况，其原因在于没有掌握薪档设计的基本原则。一般来说，在薪档设计时我们需要遵循以下几条原则。

（1）薪档数量设置适当的原则。薪档数量的设置一定要适合企业的实际情况，并非越多越好。薪档数量设置得太多，会导致薪档之间的差距太小，对员工的激励性不够强。同样，薪档数量也不宜过少。过少的薪档数量不仅意味着处在该薪酬等级内的员工加薪的空间较小，

还意味着薪酬的发展通道过短，严重影响能力薪酬的激励效果。此外，过少的薪档数量还可能导致在能力评估之后，现有的薪档无法完全覆盖员工在岗位评估之前薪酬数值的情况。

（2）薪档数量为单数的原则。通常来说，我们设置的薪档数量最好为单数，比如三档、五档、七档等。在设计薪档时，我们采用的方法往往是取岗位薪酬基数作为对应薪级中所有薪档的中位值，并以该中位值作为薪档设计的基准薪酬，然后再向两侧延伸，从而设计出所有的薪档。在这个过程中，为了保证由中位值向两侧延伸时薪酬档级的均衡分布，往往需要在中位值两侧增加相同的档级，加上作为基准薪酬的中位值，形成的薪档数量往往就是单数。

（3）档差递增原则。一般而言，在设计档差时，需要注意两个原则。第一，跨薪级的档差设置应遵循"基层较小，高层较大，整体呈现不断增加"的原则；第二，在设置同一薪级的档差时应遵循"档级越高，薪档系数越大，档差越大"的原则。这样的薪档设置符合薪酬体系设计的客观规律。因为在不同的薪级中，随着职位的提升，通过能力增长带来的业绩变化的耗时越来越长、晋升周期越来越久、难度越来越大；而在同一薪级中，随着档级的提升，其对员工能力的要求也越来越高，能力提升的难度越来越大、周期越来越长、投入成本越来越高，所以档差也需要设置得越来越大，以体现这种规律。并且通过档差递增的原则，还可以强化薪酬体系的激励效果，鼓励员工在技能专业化上不断深化成为专家，或者在技能的宽度上不断拓展以具备更多的技能。

二、薪档的设计流程

掌握了薪档的设计原则后，薪档设计就变得简单了许多，只需要根据企业的实际情况和切实需求，确定相应的档数、设置档差，然后将所有员工按照一定的标准，纳入相应的薪档即可，其具体的流程如下。

（一）确定档数

确定档数是薪档设计的第一步，也是非常重要的一步。在薪档设计的原则中，我们提到过企业设置的薪档数量应当适度，不宜过多，也不宜过少。那么，企业究竟应该设置多少薪档才合适呢？在确定薪档数量时，企业往往需要回答以下五个问题。

（1）根据现有的员工情况，企业在该薪级内划分多少个薪档比较合适呢？

（2）根据设计的薪档，企业现有的员工是否能被纳入合适的薪档区间？纳入的薪档区间是否有区分度，能否区分优秀者、普通者和较差者？

（3）对于员工来说，这样的薪档划分，是否可以满足其能力提升的需求？是否给员工预留了足够的发展空间？是否符合大部分员工的职业发展周期？

（4）对于企业来说，这样的薪档划分对员工在能力方面的提升是否有足够的激励效果？

（5）企业各层级的薪档数量是否保持统一？

通过回答这几个问题，企业可以找到最适合自身的薪档数量。一般来说，企业现有员工的数量和能力是影响薪档数量设置的关键因素。所以，企业在设置薪档数量时，首先需要对现有员工进行盘点，以确保薪档数量能将现有的员工归纳进去。

同时，薪档数量的设置一定要有区分度，以便区分组织内的优秀者、普通者和较差者。如果出现大批员工拥挤在第一、第二薪档中，说明档差设置得过大，或薪档设置得过少，这时候就需要提高档数，缩小档差；如果同一薪级中出现大量的"空薪档"（某一薪档没有任何人员），说明档差设置得过小，或薪档设置得过多，这时候就需要适当地压缩档数，增大档差。

在薪档的设计中，我们同样需要注意最高档和最低档的设置，要做到既给优秀员工预留出足够的发展空间，又能保证最低档不能空白。预留发展空间是为了让员工在职级、薪级不变的情况下，通过能力的提升，仍然有加薪的可能性，从而更好地激励员工，让员工不断地提升能力和业绩水平。最低档不能保持空白是因为最低档作为起步薪档，是底线和基础。如果最低档为空白，员工就会很自然地认为是摆设，不具备实际价值，忽略其存在。

还有一点需要注意，那就是在同一组织内的薪档数量应该保持一致。比如某企业的薪档设计，要么全都是五档，要么全都是七档，绝不能一个职级是五档，一个职级是七档，这样不仅会造成薪档的混乱，还会扰乱整个薪酬体系。

有时候，我们完成了档数的设计，却发现不同岗位、不同职位层级的档数不同，比如某公司主管级薪档按情况分成了五档，可是专员级却由于人数过多，且员工能力差异过大分成了七档。这种情况，需要我们对组织内的所有薪档进行分析、调整，在不同的层级中取一个有代表性的数据进行综合对比，最终确定一个总体上最合适的薪档数量。

（二）设置档差

档差是指两个相邻薪档之间的薪酬差距。档差的设置，一般要通过中点值的百分比系数来实现。具体的做法如下。

（1）确定中点值。薪档中点值也就是该薪级的中间档，可以用薪档所在薪级的岗位薪酬基数代替。其原理在于中间档往往是该薪档的中点，代表正好符合该岗位的员工能力要求。从某种意义上来说，就是该岗位对员工能力的基本要求。岗位薪酬是在岗位价值评估的基础上得到的，可以体现岗位对员工能力的基本要求。所以，用岗位薪酬作为该薪级上薪档的中点值是较为合理的。

（2）设定薪档系数。所谓薪档系数是指在同一薪级中，各薪档与中点值的比值。薪档系数可以根据企业自身的情况确定，也可以参考行业的薪酬数据确定。不管采取哪种方法，档差系数的设置都必须和员工能力的差异度保持一致。在薪档设计原则中，我们已提到档差设计的两个基本原则：在不同薪级中遵循"基层较小，高层较大，整体呈现不断增加"的原则；在同一薪级中遵循"档级越高，薪档系数越大，档差越大"的原则。

（3）结合中点值和档差系数，计算出不同薪档的具体薪酬数额，具体形式可参考表3-1。

表3-1 某企业档差设置案例表

薪级	第一档 取整薪酬（元/月）	第一档 薪档系数	第二档 取整薪酬（元/月）	第二档 薪档系数	第三档 取整薪酬（元/月）	第三档 薪级系数	第四档 取整薪酬（元/月）	第四档 薪档系数	第五档 取整薪酬（元/月）	第五档 薪档系数
13	49600	80%	55800	90%	62000	150%	83700	135%	108500	175%
12	33100	80%	37200	90%	41400	140%	53800	130%	68200	165%
11	23700	80%	26600	90%	29600	140%	38400	130%	48800	165%
10	16900	80%	19000	90%	21100	140%	27500	130%	34800	165%
9	12100	80%	13600	90%	15100	130%	18900	125%	23400	155%
8	9300	80%	10500	90%	11600	130%	14500	125%	18000	155%
7	7200	80%	8100	90%	9000	130%	11200	125%	13900	155%
6	5500	80%	6200	90%	6900	120%	8300	120%	10000	145%
5	4600	80%	5200	90%	5800	120%	6900	120%	8300	145%
4	3900	80%	4300	90%	4800	120%	5800	120%	7000	145%
3	3200	80%	3600	90%	4000	115%	4600	115%	5400	135%
2	2800	80%	3200	90%	3500	115%	4000	115%	4700	135%
1	2400	80%	2700	90%	3000	100%	3500	115%	4100	135%

如表3-1所示，该企业在设置档差时，首先根据各薪级的岗位薪酬基数确定中间档的具体薪酬数额，也就是表中第三档的薪酬数额。然后根据企业自身的情况和行业薪酬的状况，设置薪档系数，从而计算出同一薪级中各个档级的具体薪酬数额，形成该企业的薪级薪档表。

以该企业第 7 级薪酬为例。从横向来看，7 级第一档与第二档之间的薪档系数是 80%，档差是 900 元；第二档和第三档的系数是 90%，档差也是 900 元；但到了第三档和第四档，薪档系数就提升到了 125%，档差也达到了 2200 元；第四档和第五档的薪档系数进一步提升到 155%，档差达到 2700 元。可见在这一薪级中，基本遵循了"档级越高，薪档系数越大，档差越大"的原则。

而从纵向来看，同样是处于每一薪级的第三档，2 级第三档比 1 级第三档高出 500 元；4 级第三档比 3 级第三档高 800 元；7 级第三档比 6 级第三档高 2100 元；10 级第三档比 9 级第三档高出 6000 元。以此类推，随着薪级的提升，其薪酬的差距在加大，遵循着"基层较小，高层较大"的原则。

（三）员工归档

通过划分档数和设计档差，我们就基本完成了对薪档的设计工作。接下来，只需要按照设计的薪档，将企业现有员工的薪酬归入不同的档位即可。在这里，我们需要按照"以岗位定薪级，以能力定薪档"的原则，将员工归入不同的薪级和薪档中。

在岗位薪酬部分，通过岗位价值评估，我们已经将员工的薪酬归入不同的职级和薪级中，形成了企业的职级体系和薪级体系。在此基础上，我们只需要将同一职级、同一薪级的员工归入不同的薪档中即可。

同一职级、同一薪级员工薪酬的归档，需要对员工的能力素质进行评估，得到量化的分值或等级。再根据分值或等级的不同归入不同的档位。对员工能力素质的评估，一般采用建立"能力素质模型"的方法。关于这一点，我们会在本章接下来的几节做详细的介绍。下面，我们通过一个案例来了解一下员工薪酬归档的具体操作。

案例：某企业进行员工薪酬归档的具体操作流程。

（1）在对现有员工进行薪酬归档时，需要先将岗位划分成不同的职级，形成岗位价值矩阵图。

如表 3-2 所示，该企业根据自身的薪酬状况，将企业内所有岗位划分为 5 个职级和 7 个薪级。该企业根据岗位价值评估方法对业务部、生产部、物流部、HR 行政部等各岗位进行职级划分后，形成的岗位价值矩阵示意图，如表 3-3 所示。

表 3-2　某企业的薪酬表（部分）

职级	薪级	薪档（单位：元/月）				
		第一档	第二档	第三档	第四档	第五档
助理级	1	3200	3600	4000	4600	5400
专员级	2	4600	5200	5800	6900	8300
主管级	3	5500	6200	6900	8300	10000
经理级	4	7200	8100	9000	11200	13900
	5	9300	10500	11600	14500	18000
总监级	6	12100	13600	15100	18900	23400
	7	16900	19000	21100	27500	34800

表 3-3　某企业岗位价值矩阵示意图（部分）

职级	部门/岗位			
	业务部	生产部	物流部	HR 行政部
助理级	促销员	操作员		保洁员
专员级	业务助理、业务员	技术员	发货员	办公室助理
主管级	区域经理	车间主管	采购主管	行政主管
经理级	大区经理	生产部经理	采购经理	招聘经理
总监级	销售部总监	生产部总监	物流部总监	HR 行政部总监

（2）通过对各部门岗位进行价值评估，可以确定各个岗位的职级，再根据各岗位的现有薪酬水平，对岗位进行归级，形成结合职级、薪级的企业职位等级体系。

表 3-4 是该企业根据自身现有的岗位薪酬水平，结合职级、薪级设计的职位等级体系表（部分）。一般来说，何种岗位该归入何种薪级，是企业根据自身的情况决定的。比如在该企业中，技术员和业务

员的职位等级同属专员级，但其薪级却不相同。从表3-2中可以看出，专员级属于第2薪级，其薪酬标准为"第一档4600元、第二档5200元、第三档5800元、第四档6900元、第五档8300元"。该企业是技术导向型企业，所以在实际划分薪级时，技术员的薪酬明显要高过第2薪级的薪酬水平，比较匹配第3薪级的薪酬水平，技术员和业务员岗位虽属于同一职级（专员级），但由于业务员的现有薪酬水平和薪酬的晋升机制匹配第2薪级，而技术员匹配第3薪级，因此可将二者划入对应的薪级中。

表3-4 某企业结合职级、薪级设计的职位等级体系表（部分）

职级	薪级	部门/岗位			
		业务部	生产部	物流部	HR行政部
助理级	1	促销员	操作员		保洁员
专员级	2	业务助理、业务员		发货员	办公室助理
	3		技术员		
主管级		区域经理	车间主管	采购主管	行政主管
经理级	4	大区经理		采购经理	招聘经理
	5		生产部经理		
总监级	6			物流部总监	
	7	销售部总监	生产部总监		HR行政部总监

（3）根据同一岗位上员工在能力素质评估中的结果，确定该岗位的各位员工所在的薪档。

案例如下。

表3-5为该企业根据员工的能力素质评估结果（部分），得到的业务部业务员的薪级薪档及对应的薪酬情况。采取这种方法，并结合职位体系和薪级体系，该企业将业务部所有员工的薪酬归入不同的薪档，得到该企业业务部门的薪酬级别档次标准（部分），如表3-6所示。

表 3-5　某企业业务部业务员能力素质评估结果（部分）

姓名	能力评估结果	薪级薪档	对应薪酬（元/月）
吴九	E	2级第一档	4600
郑十	D	2级第二档	5200
何十一	B	2级第四档	6900
祝十二	B	2级第四档	6900
黄十三	A	2级第五档	8300

表 3-6　某企业业务部门根据能力素质评估结果划分的薪酬级别档次标准（部分）

职级	岗位	姓名	薪级薪档
操作员级	初级促销员	张三	1级第一档
		李四	1级第三档
	高级促销员	王五	1级第四档
		赵六	1级第四档
		孙七	1级第四档
专业技术员级	业务助理	周八	2级第一档
	业务员	吴九	2级第一档
		郑十	2级第二档
		何十一	2级第四档
		祝十二	2级第四档
		黄十三	2级第五档
主管级	区域经理	柯十四	3级第四档
经理级	大区经理	冯十五	4级第五档
总监级	销售部总监	曾十六	7级第四档

在进行人员归档时需要注意，一般来说，每个薪档都有其对应的人员构成情况。比如，某企业设置的薪档数量为五档。在这五个薪档中，每一薪级的第一档往往是实习生薪档或转岗员工薪档；第三档为中间档，是能力与岗位正好相匹配的员工薪档；第二档则位于第一档和第三档之间，处于这一档的员工其能力有所欠缺，尚待提升；处于

第四档的员工，其能力是优于其岗位要求的，属于能力较强者；第五档通常是留给第四档员工的一条发展通道，或者是留给那些能力优异的员工的。从理论上来说，企业在招聘时应该用第三档的要求和条件去匹配新入职者。不过在实际工作中，很多企业会选择用第二档去挖掘那些能力略低于其岗位要求，但能够通过工作的不断深入而改善自身能力的员工。

在传统的薪酬体系中，员工的发展往往只有职位晋升一条通道。但是，在能力薪酬体系中，企业可以根据员工的能力素质、知识技能等因素对其进行调薪或调岗，保障员工向专业的深度和能力的强度发展。"调薪不调岗，调薪档不调职级"正是能力薪酬的最大优势，也是我们设计薪档的价值所在。这里所说的"调薪"既可以是上调，也可以是下调，需要根据员工的个人能力和考核结果而定。

案例：某企业业务部根据能力素质评估结果，并结合现有薪酬状况，对其业务员进行套档（见表3-7）。

表3-7　某企业业务部按能力评估结果设计的薪档表

职级	岗位	薪级	薪档（月度）				
			第一档	第二档	第三档	第四档	第五档
专员级	业务助理	2	周八				
	业务员	2		吴九	郑十 何十一 祝十二	黄十三	
主管级	区域经理	3					

按照传统薪酬的发展道路，业务员黄十三只能有一条发展通道，那就是职位提升，成为业务部的区域经理。但在现实工作中，由于黄十三的个性原因，缺乏管理能力加上职级间的竞争激烈，其很难晋升到区域经理。如此一来，黄十三的加薪就变得遥遥无期。不过，在能力薪酬体系中，他可以通过"调档不调岗"的方式，继续发挥自己在

业务能力方面的专长，往业务深度层面钻研和发展。如此一来，即便无法获得职级的晋升，也能通过提升薪档来加薪。

在实际的工作中，常常会出现具备晋升或调岗条件的"种子选手"。这时，企业可以根据实际情况，把该员工移入合适的薪级和薪档中。

根据业务部门的薪酬发放标准（见表3-8），业务部主管柯十四的现有薪酬为3级第四档，薪酬数额为8300元/月。业务部经理级的薪级为4级，假设业务部主管柯十四能力卓越，已经具备从主管级晋升为经理级的能力素质，公司可以根据其能力评估结果和现有的薪酬水平，把其薪酬水平升迁异动到4级第三档，薪酬数额为9000元/月，如表3-9所示。

表3-8　某企业业务部的薪酬表（部分）

职级	薪级	薪档（单位：元/月）				
		第一档	第二档	第三档	第四档	第五档
主管级	3	5500	6200	6900	8300	10000
经理级	4	7200	8100	9000	11200	13900

表3-9　某企业业务部主管柯十四调级调档异动表（部分）

	职级	岗位	薪级薪档	薪酬标准（元/月）
调整前	主管级	业务主管	3级第四档	8300
调整后	经理级	区域经理	4级第三档	9000

第二节　通过技能/知识模型，设计技能型/知识型能力薪酬

前面我们讲到员工在归档时，需要对其能力素质进行评估。对员工能力素质的评估最常见的方法就是建立"能力素质模型"。

所谓能力素质模型是通过员工的行为方式来定义和描述员工在完成工作时需要具备的知识、技能和内在品质等，通过对员工的能力进

行不同层次的定义和相应层次的具体行为及其相关条件的描述，可以确定不同员工完成工作所需要的各种核心能力或条件，以及各种能力的等级。这些能力会对员工个人绩效的达成和企业目标的实现产生关键性的影响。

能力素质模型最早是由心理学家麦克利兰提出的。1973年，他提出了"冰山模型"，主张将员工在个体能力素质表现上的差异，划分为表面的"冰山以上部分"和深藏的"冰山以下部分"。后来，他受学生兼全球性管理咨询公司 Hay Group（合益集团）创始人斯潘塞的邀请，在"冰山模型"的基础上共同开发，将能力进一步层次化和具体化，获得了企业的广泛认同和应用。"冰山模型"不仅为人力资源管理的实践提供了一个全新的视角，还逐渐发展成一种设计能力薪酬的工具。

"冰山模型"的原理如图 3-1 所示，是把"冰山"分为上下两部分。"冰山以上部分"被认为是可见的、易察觉的，容易了解、测量，并可以通过学习和培训进行改变的不断发展的能力，比如知识和技能等。而"冰山以下部分"则被认为是不可见的、不易察觉的，不容易被了解、测量的，并很难通过外界手段对其产生影响从而让其改变的

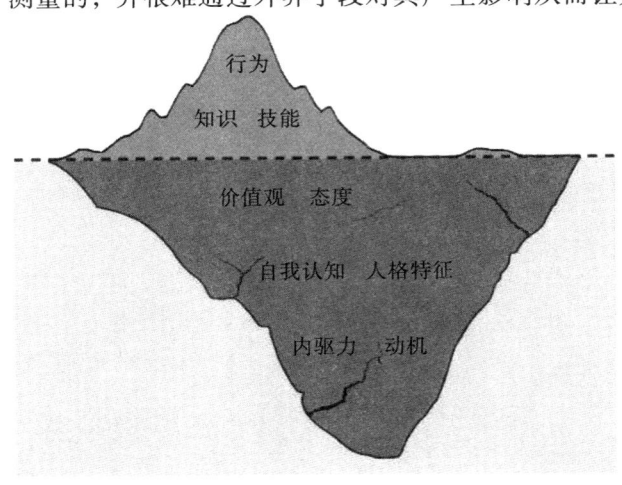

图 3-1 冰山模型

能力，比如一个人的自我认知、人格特征、动机等。这些能力是一个人潜藏的内在素质，对员工的行为和表现起着关键性的作用。

在"冰山模型"的基础上，能力素质模型衍生出其他模型，按照不同的能力，可以分为四类模型，即技能模型、知识模型、胜任力模型和任职资格模型。按照这四种能力素质模型的差别，能力薪酬也可以划分为四种类型，分别是技能型能力薪酬、知识型能力薪酬、胜任力型能力薪酬和任职资格型能力薪酬。

一、构建技能/知识模型的流程与方法

技能型能力薪酬与知识型能力薪酬非常类似，二者在模型的构建上有很多相似之处，我们可以把它们放在一起进行比较。这两种能力薪酬主要都是鼓励员工在技能专业化方面不断深化，成为领域专家，并在技能宽度上不断拓展，以具备更多的技能。

这些技能和知识，一般都要求与具体的工作内容密切相关，因此工作任务的具体要求是设计技能/知识模型的基础。通常来说，企业可以利用岗位职责推导法，将工作说明书或任务清单中的技能/知识要求逐条进行提炼和梳理，并且配套相应的技能培训、技能认证和鉴定机制，为技能/知识模型的构建做支撑。

在搭建技能/知识模型时，我们需要按照一定的流程和规范操作。首先，我们需要按照工作的要求，将员工的能力划分为若干个技能模块或知识模块。比如，某工厂按照自身工作的需要，将员工的技能分为原料处理、混合加工、填充物料、货物包装四大模块；某企业按照自身的情况，将员工的知识广度分为掌握一种专业知识、两种专业知识、三种专业知识和四种专业知识四大模块。

当然，有的企业按照自身的需求，也会把技能/知识模块分为必备的核心技能/知识与可选择的加分技能/知识两大模块。在这两大模块中，企业可以填充相应的技能指标，对具体的技能或知识进行分解，

比如，某工厂将原料处理作为员工的核心技能，而将其他环节的技能作为员工可选的加分技能，这些加分技能包括混合加工、填充物料、货物包装等。这样一来，所有的工人都必须掌握原料处理这项技能，而其他环节的技能，则需要工人进行自主选择和学习。相比来说，核心技能/知识是对工作产生重要影响的员工必须具备的技能/知识；而加分技能/知识则是可选项，员工既可以掌握，也可以不掌握。当然，对于掌握加分技能/知识的员工，我们也会在薪酬激励上有所体现。

然后，我们将这些技能/知识模块按能力水平的高低划分为若干等级，并赋予相应的分值。比如，某企业将原料处理等模块的能力分为初级、中级、高级三个等级，并给每个模块、每个等级的技能都赋予一定的能力点值，保证随着技能/知识的深度和广度的增加，员工的能力点值也会不断增加。

接着，我们应定期进行技能评估。对技能的评估，我们可以采用笔试、操作考试、工作观察法、工作成果绩效验证等方式。

最后，我们应不断完善相应的培训管理，建立相应的培训计划，提供培训机会，实施岗位轮换制。

通过以上流程，我们就可以把员工的技能/知识分成不同的类别和等级，并根据类别和等级的不同要求，构建起相应的技能/知识模型。在构建技能/知识模型时，我们最常用的方法有两种：一种是构建"类别－等级"矩阵模型，另一种是构建阶梯模型。

（一）"类别－等级"矩阵模型

构建"类别－等级"矩阵模型是先对技能/知识进行分类和分级，然后为每项能力设置不同的等级，并为不同等级的能力设置能力点值。通过能力点值的高低，最终判断员工的技能/知识水平，从而设计对应的技能型能力薪酬或知识型能力薪酬。对于技能/知识模型的构建，可以参考图3-2某企业生产部员工技能"类别－等级"矩阵模型。

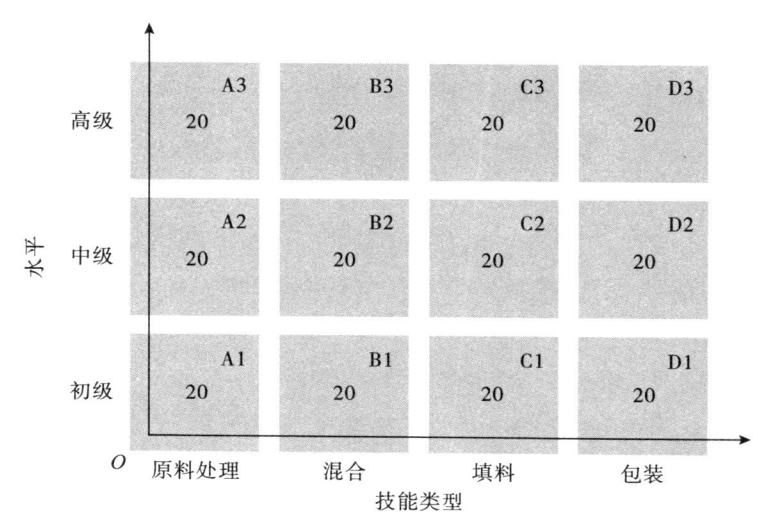

成也薪酬 败也薪酬——从入门到精通的四维薪酬设计全案

	原料处理	混合	填料	包装
高级	A3 20	B3 20	C3 20	D3 20
中级	A2 20	B2 20	C2 20	D2 20
初级	A1 20	B1 20	C1 20	D1 20

技能类型

图3-2　某企业生产部员工技能"类别－等级"矩阵模型

在图3-2所示的某企业生产部员工的技能模型中，横向表示员工的技能类型，也就是员工掌握技能的多少；纵向表示员工每项技能的等级，也就是员工技能水平的高低。从图3-2中可以看出，该企业给每项能力和每个等级都赋予了分值。随着员工所掌握的技能种类的增加，或者技能水平的提升，相应的能力点值会随之增加。通常来说，能力点值增加的幅度需要根据企业的情况而定，在实际工作中，人力资源的相关人员可以和该岗位的直接上级研究讨论。

在计算员工的能力点值时，只需要将员工所掌握的技能模块和等级所对应的点值加起来即可得到该员工的能力总点值。比如，在该企业的技能模型设计中，对于一个只掌握了一项技能且处于初级水平的员工来说，他只掌握了一个技能模块的最低等级，按该企业的要求他只能得到20点。但是，随着员工的不断努力，掌握的技能数量不断地增加，或单个技能的等级越来越高，这名员工的能力点值也会随之增加。比如，当他掌握A1、B1两项初级技能，或者掌握A2项中级技能时，将他的技能模块和等级对应点值加起来，就得到了40点。以此类推，当某员工掌握了A3、B3、C3、D3四项高级技能时，其薪酬点值也就达到了最高的240点。

前面讲过，知识模型和技能模型极为相似。所以在知识模型的具体构建过程中，我们也可以借鉴技能模型的思路和方法。首先，对需要掌握的知识进行分级和分类，并赋予其相应的能力点值；然后，通过点值的计算和核对，就能设计出相应的知识能力薪酬。具体可参考图 3-3 所示的某企业文职人员专业知识"类别-等级"矩阵模型。

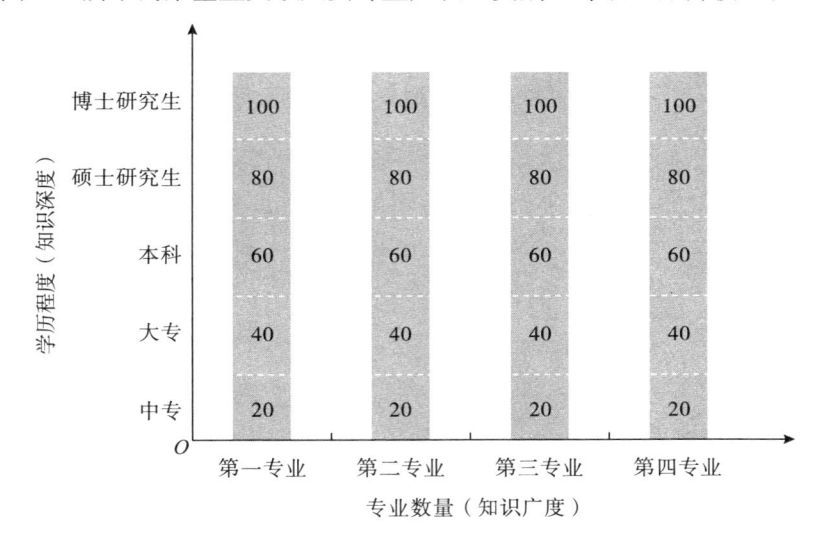

图 3-3 某企业文职人员专业知识"类别-等级"矩阵模型

在图 3-3 中，横向表示员工所学的专业数量，也就是员工掌握的知识广度；纵向表示员工的学历程度，也就是知识深度。从图 3-3 中可以看出，该企业将知识广度分为四个专业，将知识深度分为中专、大专、本科、硕士研究生、博士研究生五个等级。员工的能力点值与其掌握的专业数量（知识广度）和学历程度（知识深度）存在对应关系。

我们通过这个矩阵模型可以看出，对于一名只掌握了一项专业知识，且处于中专水平的员工来说，他的能力点值就是20点。如果员工是本科毕业，且掌握了两项专业知识，他的能力点值就可以达到120点。以此类推，假设某员工是博士研究生毕业，且掌握了四项专业知识，那么该员工就达到了最高的能力点值400点。

（二）阶梯模型

除了"类别－等级"矩阵模型，设计技能/知识模型时经常用到的另一种方法就是阶梯模型。阶梯模型是通过对具体的技能模块赋予点值，形成柱状阶梯图，以更加细致地表现技能/知识与能力点值之间的关联性，具体可参考图3-4。

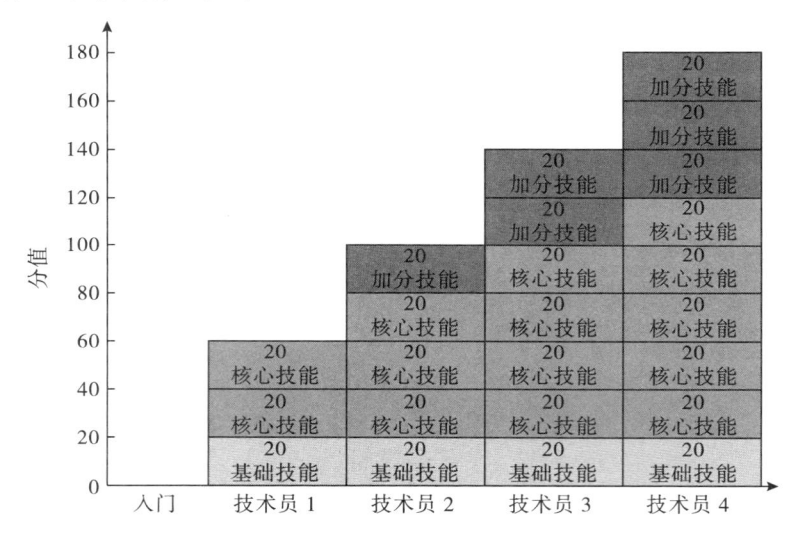

图 3-4　某企业员工技能阶梯模型

图3-4是某企业的一套较为典型的技能阶梯模型。从横向来看，该企业按照技能要求，将技术员分为技术员1、技术员2、技术员3、技术员4。从图中可以看出，每个技术员对应的技能柱状图不同，其对应的能力点值也不同。

我们通过这个阶梯模型可以看出，每名进入该企业的技术员都必须掌握相应的基础技能，而具备这些基础技能的员工，其能力点值为20分。在此基础上，该企业的每名技术员还需要掌握一定数量的核心技能和加分技能。核心技能和加分技能的高低最终决定技术员的能力点值。在该模型中，技术员1掌握了40分的核心技能，没有掌握加分技能；而技术员4掌握了100分的核心技能和60分的加分技能。

从本质上来说,"类别－等级"矩阵模型和阶梯模型都是通过给员工所需要掌握的技能/知识赋加相应的能力点值,量化各项技能/知识指标,从而构建模型。所以,二者的表现方式虽然不同,但是并没有根本上的区别。在运用的过程中,二者可以相互借鉴,取长补短。比如,在构建阶梯模型时,对于单个员工的能力点值计算,我们可以借鉴"类别－等级"矩阵模型的方法,而对于多名员工的技能/知识模型的构建,则可以用阶梯模型来表现。

无论使用哪种方法,最终的目的都是通过技能/知识模型,给员工的各项能力赋予相应的能力点值,得到一个量化的技能/知识评估分数。有了这个量化的评估分数,再结合企业划分的薪档,就能将所有员工的薪酬对号入座,归入对应的薪档,设计相应的能力薪酬了。

二、根据技能/知识模型,设计技能型/知识型能力薪酬的具体内容

在前面的内容中,我们通过技能/知识模型得到了员工的具体能力点值。这时候,我们就需要思考如何把这些能力点值换算到相应的薪档中。

以图 3-2 所示的某企业生产部员工技能"类别－等级"矩阵模型为例。在这个案例中,该企业按照员工的结构和实际情况,将薪档分为五档。接下来为了更好地匹配薪档,我们的能力等级也需要按照点值分为五档(见表 3-10)。

表 3-10　某企业生产部根据技能模型分值对应薪档设计
技能型能力薪酬示例表

能力点值	$20 \leqslant x < 64$	$64 \leqslant x < 108$	$108 \leqslant x < 152$	$152 \leqslant x < 196$	$196 \leqslant x \leqslant 240$
对应等级	1	2	3	4	5
对应薪档	第一档	第二档	第三档	第四档	第五档
对应薪酬 (元/月)	4600	5200	5800	6900	8300

在图 3-2 所示的技能模型中,我们可以看出,该企业员工的最低

能力点值是 20，最高能力点值是 240。通过最高能力点值和最低能力点值，我们就能计算出能力点值的中间值，并通过已经确定的档数，划分出相应的区间。通常采用的做法是，基于中间值，按照区间大小将能力点值向两侧延伸，设置不同的能力点值区间，然后匹配员工薪酬，归入薪档。

首先，我们需要计算出中间值，$\frac{240+20}{2}=130$，即能力点值的中间值为 130；然后，再按照 5 个能力等级划分，计算出能力点值区间：$\frac{240-20}{5}=44$，得到每个档的区间为 44。接着，从中间值 130 开始，向两侧延伸，得到 108～152 为中间档，也就是第三档；接着，继续往两侧延伸，最终得到 20～63 为第一档，64～107 为第二档，108～151 为第三档，152～195 为第四档，196～240 为第五档。5 个能力点值的档位对应五个薪档，比如，假设该企业某员工 A 掌握了两项基础技能和两项核心技能，根据图 3-2 所示，其能力点值为 80 分。按照该企业的技能点值区间划分，该员工的技能水平就处于第二档，也就是处于 64～108 这个档。那么相应地，他的薪档也应该为第二档。在此基础上，只需要结合前面提到的薪档，我们就能设计出相应的能力薪酬了。

示例：某企业通过建立技能模型，对生产部技术员进行技能评估，并根据技能模型得到的能力点值，将技术员 A、技术员 B、技术员 C、技术员 D 分别按技能等级纳入薪档、设计并形成技能型能力薪酬如表 3-11 所示。

表 3-11　某企业生产部门技术员技能型能力薪酬示例表

岗位人员	能力点值	能力等级	薪级薪档	薪酬标准（元/月）
技术员 A	60	2	2 级第二档	5200
技术员 B	120	5	2 级第五档	7800
技术员 C	100	4	2 级第四档	6600
技术员 D	80	3	2 级第三档	5800

在表 3-11 中，技术员 A 处于 2 级第二档，技术员 B 处于 2 级第五档，技术员 C 处于 2 级第四档，技术员 D 处于 2 级第三档。结合上一节关于薪档设计的内容，该企业生产部门技术员 A、技术员 B、技术员 C、技术员 D 的技能薪酬一目了然，分别是 5200 元/月、7800 元/月、6600 元/月、5800 元/月。

第三节　通过胜任力模型，设计胜任力型能力薪酬

一、胜任力模型的构建流程与方法

所谓胜任力其实是指某项工作中卓越者和普通者之间的潜在特征区别，它包括动机、特质、价值观、态度、自我认知、知识技能等，是"冰山模型"中"冰山以下部分"的能力。胜任力模型又被称为"素质能力模型"，是指从事某项工作所需要具备的所有胜任力的总和，也就是某个职位表现优异者结合起来的胜任特征结构。

为了更加精准、高效地寻找到员工的胜任力特征，在构建胜任力模型的过程中，我们需要遵循以下的原则、流程和调研方法。

（一）胜任力模型的构建原则

一般来说，一个好的胜任力模型需要符合"四性两化"的要求。所谓"四性"是指战略性、逻辑性、精简性和独特性，"两化"是指行为化和形象化。

战略性是指胜任力模型的构建，必须符合企业的战略发展要求。与其他能力相比，胜任力最大的区别在于员工的胜任力往往要和企业的愿景、使命、价值观和战略相契合。符合企业战略也是胜任力模型的基本要求。所以，构建模型应该是一个从企业到员工的自上而下的

行为，要把企业层面、组织层面的要求向下渗透到员工的能力要求中。因此，构建胜任力模型既是对员工能力标签的提炼，也是对企业战略和岗位核心能力要求的提炼。

逻辑性是指选择模型的指标，不是企业管理者"拍脑袋"直接决定的，而是有一整套完善的流程，要符合逻辑要求。

精简性是指模型指标数量需要控制在一定的范围内，做到精简。一般来说，模型的指标数量最好控制在"7±2"的范围内。也就是说，整个模型的指标数量不低于5个，也不超过9个。模型指标数量太少，体现不出模型的具体特点；模型指标数量太多，会变得比较泛泛，抓不住员工的真正特质。

独特性是指每一个模型都要符合企业文化的特点和岗位特质，要具有真实的特征。每个企业的胜任力模型都是不一样的，不能全盘照抄外界的指标库，或者直接照搬别的企业的模型。

行为化是指模型里每一项的分级描述都要形成一个可视化的行为。这些行为是实实在在可以用肉眼观察到的。只有这样，在后期的评估工作中，这些行为和描述才能起到真正的效果。

形象化是指通过我们构建的模型，评估人可以看到某项工作中优秀者的具体形象，准确把握他的能力要求。胜任力模型是一个"生动"的管理工具，通过这个模型，我们不只是看见干瘪的文字条款，还应该看到一个岗位上典型的优秀人员的具体形象是什么样的。

（二）胜任力模型的构建流程

一套完整的胜任力模型应该由能力指标、指标定义、等级划分、指标分值等基本内容构成。在构建胜任力模型的过程中，重点在于围绕这些基本内容进行针对性的数据收集、调研、整理、设计和评估。通常来说，胜任力模型的构建需要经历五个环节。

1. 明确战略目标

在构建模型原则中我们说过，胜任力模型既是对员工能力的提炼，也是对企业战略的提炼。胜任力模型的构建是一个自上而下的过程，要充分体现企业的战略意图。所以，我们在构建胜任力模型的过程中，要做的第一件事情就是明确企业的战略目标。企业战略是构建模型的指导方针，在构建模型前我们必须抓住影响企业战略实现的关键性因素，研究企业面临的挑战和危机，从而有针对性地提炼各岗位员工的胜任能力。

2. 确定划分标准

胜任力模型的初衷是为了帮助我们遴选出在某项工作中卓越者的能力特质。想要找到这些卓越的能力特质，我们就需要对能力卓越者、普通者和较差者进行有效的区分，从而界定胜任力的各项指标和行为特征。这时候，一套能够有效区分优秀员工和普通员工的标准就显得尤为重要了。这套标准的制定往往需要企业结合自身的情况，进行判断和确定。

3. 选择样本组

选择样本就是从我们确定的工作范围或岗位中挑选出适当的员工，来配合我们完成模型数据的收集和调研工作。样本的选择在很大程度上会影响我们数据收集的结果。所以，选择什么样的员工作为我们的调查对象，关系着调研数据的有效性，所以这点非常重要。一般来说，我们需要从从事该项工作的岗位中挑选3~6名优秀员工和2~4名普通员工，作为调查的样本。

4. 收集和整理数据

这个环节可以说是整个过程中最核心的部分，对胜任力模型的影响最直接。在这个环节中，我们主要利用各种方法，切实地了解员工的工作内容及员工在具体工作中的表现，为之后构建胜任力模型，形成各项能力指标、指标定义、行为描述和等级划分提供依据。收集数据常用的方法有三种，分别是行为事件访谈法、推导法、直接修订法。关于这三种方法，我会在后面的内容中详细介绍。

5. 建立胜任力模型

完成数据的收集和整理工作后，就可以凭借收集的资料和数据建立胜任力模型。在这个环节中，首先，要根据收集的数据，对员工的关键行为、特征、思想、态度等进行重点分析，挖掘出优秀员工和普通员工在处理工作时的行为表现差异，识别导致行为出现显著差异的各项能力，从而形成能力指标，并对这些能力指标进行行为描述和指标定义；然后，根据行为描述和指标定义，为各项能力划分等级，并对不同的能力等级做出描述，建立初步模型；最后，结合企业的发展战略、经营环境、具体情况等因素，完善胜任力模型。

（三）胜任力模型的调研方法

胜任力模型以企业战略、文化为导向，以实证调研为基础。在模型构建的过程中，数据的准确性、真实性会极大地影响最终的结果，所以，要高度重视数据的收集工作。下面我们详细地介绍构建胜任力模型常用的三种收集数据的方法。

1. 行为事件访谈法

行为事件访谈（Behavioral Event Interview，BEI）法是构建胜任力模型过程中进行数据收集和调研的重要方法，是由麦克利兰在研究胜任力模型时总结出来的。行为事件访谈法采用开放式的行为回顾式探察技术，通过让被访谈者回忆并讲述他们在工作中做得比较成功的3~5件事，详细地描述当时发生了什么、做了什么、结果如何等内容，然后对访谈内容进行分析（专业术语称之为编码），来确定访谈者所表现出来的能力素质特征。

这种方法通过面对面的访谈，让员工讲述工作中的事件，并描述自己的行为表现对工作事件是否有效，可以更为直接地获取员工在工作中的具体表现。由于我们访谈的是具体事件，所以相对于简单的数据收集来说，往往更加客观、真实和富有说服力，且通过不断地访谈和询问，可以针对某些行为表现进行非常细致的了解，所以目的性和针对性很强。

针对不同的访谈对象，利用行为事件访谈法在具体访谈过程中也会有一定的差异。一般来说，行为事件访谈法可以分为两类：一类是针对员工（尤其是优秀员工）的访谈；一类是针对管理层的访谈，二者的访谈要求具体如下。

1）针对员工的访谈

（1）访谈说明

为了让员工在短时间内对企业的相关信息有一个全面而且深入的了解，同时也为了员工接下来可以更加顺利地推进工作，人力资源部将在公司内部组织开展访谈活动，访谈内容仅在项目组范围内使用，且仅作为本次项目的统计和信息收集之用，不向部门以外的人员包括企业在内的其他任何人员透露访谈内容。

（2）访谈目的

➢ 了解访谈对象所在的岗位及人员情况；

➢ 了解访谈对象所在岗位的主要工作职责及选拔、任用、考核办法；

➢ 了解访谈对象所在岗位的能力素质要求。

（3）访谈流程

自我介绍→介绍访谈目的→进入正式访谈→结束访谈→致谢。

（4）访谈提纲

①关于岗位职责

➢ 您所在岗位的主要工作职责和具体的工作内容是什么？

➢ 您所在岗位的典型工作有哪些？哪些工作内容花费的时间较多？

➢ 在您进入该公司之后，印象最深刻的/最具挑战性的/最有成就感的/最困难的一件事情是什么？这件事情您是如何达成的？

➢ 从初级到中级（中级到助高，助高到高级等）您负责的主要工作的最大差异是什么？举例说明一下。

②能力素质要求

➢ 您认为胜任当前岗位需要哪些行为和能力素质要求？请举例说明。

➢ 您个人在不同职级间转换时最大的自我提升在哪里？

➢ 您认为自己的优势和劣势分别有哪些？如果要晋升一个职级，您在哪些方面需要进一步加强？请举例说明。

➢ 如果让您对竞聘该职位的候选人进行考核，您最关注的核心能力有哪些？

➢ 您会向候选人提出哪些问题？

2）针对管理层的访谈

（1）访谈说明

为了让员工在短时间内对企业的相关信息有一个全面而且深入的了解，同时也为了员工接下来更加顺利地推进工作，人力资源部将在公司内部组织开展访谈活动，访谈内容仅在项目组范围内使用，且仅作为本次项目的统计和信息收集之用，不向部门以外的人员包括企业在内的其他任何人员透露访谈内容。

（2）访谈目的

➢ 了解公司目标岗位的定位、中长期发展目标及近期重点工作；

➢ 了解公司目标岗位人员的主要职责、内部组织的设置和团队的配置情况；

➢ 了解公司目标岗位人员的选拔、任用、考核办法；

➢ 了解公司目标岗位典型的工作情景，中级、助理高级、高级的职能差异；

➢ 探讨战略、文化对公司全体员工，特别是对目标岗位人员提出的基于现实和未来的能力素质要求。

（3）访谈流程

自我介绍→介绍访谈目的→进入正式访谈→结束访谈→致谢。

（4）访谈提纲

①关于组织结构

➢ 您所在部门的组织结构和人员配置是怎样的？

➢ 你所在部门的各级管理人员的主要工作职责和具体工作内容分

别是什么？一般是如何对其进行选拔、任用和考核的？

➢ 该部门的典型工作情景和工作场景有哪些？

➢ 初级、中级、助理高级、高级人数分别是多少？各职级之间在职责上最大的差别分别是什么？

➢ 目前的部门结构设置是否有利于充分发挥员工的主动性和部门之间的协调性？目前部门内部的协调、员工之间的团队合作关系如何？

➢ 您所在的部门近两年的发展目标是什么？为了实现这些目标，近期的工作重点是什么？

➢ 为了实现上述目标，对部门各级人员提出了哪些具体要求？

➢ 您所在的部门目前遇到的主要困难有哪些？解决策略有哪些？将来可能会遇到什么样的挑战？

②关于能力素质要求

➢ 为了实现部门的发展目标，对部门各级人员提出了哪些能力和素质要求？为什么？

➢ 初级、中级、助理高级、高级在能力素质上最大的要求差异是什么？

➢ 目前部门内部各级人员的能力状况是否符合公司的发展要求？有哪些差距？

➢ 如果您作为评委参与该岗位的人才素质选拔或盘点工作，您主要关注候选人哪些方面的能力？会向候选人提哪些问题？

行为事件访谈法是一个复杂的过程，对访谈者和被访谈者都有较高的要求。所以，在进行访谈的过程中，我们需要做好充分的准备工作，比如，在访谈对象的确定、访谈时间和场所的选择、访谈内容的记录、访谈信息的搜集等方面，都需要我们做好充足的准备。

在访谈过程中，我们还需要根据事先拟定的访谈目的和提纲，进行细致的访谈，以了解被访谈者在工作中的行为表现。

访谈的目的是得到可编辑信息，从而确定该项工作的胜任力指标及相关的行为描述。有时候，在访谈中我们会遇到一些无法编辑的访谈信息。这时候,我们就需要对被访谈者进行细致的追问。比如,某员工在访谈中描述"我们在三个月内高效地完成了该项目",在这句话中"我们"这个主体是模糊的,无法确定其在该项目中起到何种作用,让该事件变得难以编辑。这时,访谈者就需要对"我们"进行追问,让被访谈者做进一步的描述,讲述其在该项目中的具体工作和发挥的作用。

完成访谈后,对一系列有效的可编辑信息,还需要进行整理、编辑,归纳成典型的行为模式,以此确定相应的胜任力指标,并对每个指标进行行为特征描述,划分出相应的等级,给予对应的分值,形成企业的胜任力模型。

2. 推导法

推导法是根据企业战略对员工胜任力的要求以及企业的价值观进行推导,从而得出企业需要的能力指标,建立胜任力模型的方法。推导法的实质是一个逻辑推导的过程,可以从两个角度去推导:一个角度是从企业自身的角度,研究如何做事,比如,企业如何应对市场竞争、如何实现经营目标、如何实现基业长青等;另一个角度是从人才管理的角度,研究如何育人,包括企业为了应对竞争需要什么样的人才,以及企业管理者及核心人才为了满足未来发展的要求应该具备哪些素质等。一般来说,推导法的操作流程可以分为三步。

第一,分析内外部环境,主要包括宏观环境的分析、行业竞争力的分析、组织内部的分析等;

第二,基于内外部环境的分析,进行战略选择和定位;

第三,根据企业的整体战略,制定相应的业务战略,从而将对员工能力的要求从企业战略过渡到工作胜任力。

案例如下。

某企业根据内外部环境分析,决定采用成本领先战略。于是针对各项业务制定了相应的策略:在市场营销领域,优化营销渠道、缩减营销等级、减少相应的时间成本、雇佣较为廉价的劳动力等;在技术研发领域,保持企业现有的技术优势;在生产领域,实现规模化的生产，发挥规模效应；在物流领域，实现体系的优化配置，使供应链环节的损耗降到最低，尽量降低和控制库存。

根据该企业的战略要求，提炼的胜任力指标可能包括严谨、关注细节、有责任心、成本意识、坚持不懈、精益求精、注重效率、看重执行力、看重主动性、看重合作精神等。

如果该企业采取稳健型的企业战略，可能会更多地维护现有客户的忠诚度，不断地去改进服务，做好供应链的优化和改进工作。这种战略提炼的胜任力指标可能包括具有创新精神、全局观念、组织认同观念、沟通协调能力等。

通过对战略和文化的梳理并参考指标库，就可以提炼出企业的胜任力指标。通常情况下，企业在战略层面上的差异，会直接或间接地影响企业对员工胜任力的要求。所以，在进行战略或文化推导时，企业一定要充分结合自身的情况和特点。

3. 引用修订法

引用修订法是通过引用市面上已有的通用胜任力模型，并根据企业的实际情况来构建胜任力模型的方法。这是一种非常简便的方法，通常由专业顾问根据对组织的初步了解，结合通用胜任力指标，提出一组数量相当的胜任力指标项；然后由相关人员进行选择，根据选择频率筛选并确定胜任力模型。

这种方法省时省力，对于一些初步引进胜任力概念却没有能力完成胜任力模型开发的企业来说，不失为一种有效的方法。不过，在使用时需要注意与企业的结合程度，不能简单地照抄和挪用外部模型。

以上三种方法可以相互结合、取长补短、整合运用，为企业搭建一个初步的胜任力模型。在此基础上，再结合企业的战略文化和实际情况做出相应的调整和完善。如果企业对已经完成的胜任力模型缺乏十足的信心，想要寻求验证，可以寻求行业内专家的帮助，或者组建专家小组进行验证。当然，做一些问卷调查，扩大数据调查的样本量，也可以起到一定的补充验证作用。

二、根据胜任力模型，设计胜任力型能力薪酬的具体内容

我在前面的内容中讲过，一套完善的胜任力模型需要包含四个方面的内容，分别是能力指标、指标定义、等级划分和指标分值。当然，为了评估的准确性，企业也可以增加行为特征描述，用于描述各项能力指标的具体行为动作和表现。

有了这部分的内容，我们就可以根据胜任力模型对员工进行评估和打分，得到一个量化的胜任力分值，然后根据胜任力分值，将员工薪酬纳入对应的薪档中，就能建立起企业的胜任力型能力薪酬。

在具体的操作中，企业可以按照职业类别、职业等级和岗位的不同，构建不同的胜任力模型，从多个维度对员工进行评估，得到相应的分值，最终再将所有维度的分值加起来，形成总分值。具体操作可参考下面的案例。

某集团企业为建立规范的胜任力型能力薪酬体系，从职业类别、职业级别和薪级三个不同的层级出发，分别设置了职业类别通用胜任力模型、职业级别通用胜任力模型和薪级通用胜任力模型。通过三个不同层级的胜任力评估，综合得出员工的胜任力分值，然后归入对应的薪档中，从而设计出该企业的胜任力型能力薪酬体系。

该企业建立胜任力型能力薪酬体系的具体操作步骤分为四个步骤：第一步，根据企业的职业类别通用胜任力模型，得到某员工的职类胜任力分值；第二步，根据企业的职业级别通用胜任力模型，得到某员工的职级胜任力分值；第三步，根据员工所在薪级的通用胜任力模型，得到某员工的薪级胜任力分值；第四步，将三个层级的分值加起来，最终得到某员工在该职类、职级、薪级的胜任力总分值。

（一）根据职业类别通用胜任力模型，得到职类胜任力分值

该企业首先按照职业类别，将不同人员归入不同的职位序列中。

其中，对销售序列的胜任力进行评估后，提炼出销售序列不同方面、不同程度的五大胜任力指标，分别为市场信息分析能力、产品技术知识能力、渠道规划建设能力、渠道管理支持能力、营销策划实施能力，并对每项胜任力指标划分等级，设定相应的分值。

1. 市场信息分析能力

指标定义：在市场信息不完全以及不确定的情况下，发现问题、分析问题和解决问题的能力。

市场信息分析能力的行为特征描述如表3-12所示。

表3-12 市场信息分析能力的行为特征描述

等级 （分值）	市场信息分析能力的行为特征描述
初级 （6分）	了解进行市场分析所需要的信息的种类和来源/获取途径（如渠道代理、终端用户、竞争对手、IDC数据等）； 利用有效的资源掌握集团相关产品或服务在其辖区市场的特点（如竞争对手、市场容量、市场占有率、消费水平、当地的行业政策等）； 能对集团相关产品的销售数据（如辖区销量、代理库存等）进行收集、分类和跟踪，并向有经验的业务代表学习如何分析数据； 了解辖区内汇总的来自终端用户的完整信息（如家庭用户消费习惯、价格承受能力、企业客户采购流程，以及客户对产品的反馈建议、投诉原因等）； 能积极主动地将获取的市场信息进行整合和初步分析后汇报给上级和相关部门
中级 （12分）	研究集团在本辖区内的相关历史数据，分析集团相关产品在辖区的成长规律（如产品销售、市场份额、客户群体等变化），从中获取经验； 跟踪了解辖区内所负责产品的市场趋势和动态（如企业目标客户群体的变化、市场容量、辖区经济、政策发展动态等），对其进行清楚、准确的记录和归档； 利用收集到的信息，预测市场的近期前景，帮助集团做好售前和售后服务等业务准备； 利用正规的途径了解竞争对手的状况，包括其产品/服务的种类、性能特征、销售价格、售后服务、营销活动等； 主动通过多种途径了解本辖区内的其他品牌或相关产品的代理渠道的情况，包括渠道类型、特点、分布及合作稳定性； 始终能积极地参与行业交流活动（如媒体座谈会、业务研讨会等）并关注相关出版物，及时掌握最新的行业动态； 对辖区内的异常现象（如渠道忠诚度）和市场秩序等方面的问题能及时判断，采取行动，减少可能的损失

续表

等级 (分值)	市场信息分析能力的行为特征描述
高级 (20分)	充分掌握辖区内渠道、产品、市场等信息资源，了解相关产品的历史和现行市场情况，有意识地建立所辖区域的情报信息体系； 利用相关数据分析集团相关产品的市场发展趋势，不仅发现渠道当前存在的问题，还能够预见潜在的危机，将自身"分析数据监控驱动业务"的工作成果以书面形式与他人/相关部门分享； 能够对各种代理和终端用户做进一步的市场细分，分析不同用户的具体需求； 通过获得的竞争对手情况，分析其市场策略对集团产品的影响，区分自己公司与竞争对手在能力上的差别，由此提出集团短期应对策略的建议，并与相关人员及时沟通自己的建议； 总结辖区内（如市场秩序等方面）出现过的问题，协同集团内部相关部门建议，制订或修改规划/政策，以免再犯； 将自身在市场分析方面的经验（如获取、分析信息的技巧等）主动总结/传授/转移给其他同事

2. 产品技术知识能力

指标定义：对集团产品的基础性能、对具体操作使用和讲解、对行业技术和发展趋势清晰了解的能力。

产品技术知识能力的行为特征描述如表3-13所示。

表3-13 产品技术知识能力的行为特征描述

等级 (分值)	产品技术知识能力的行为特征描述
初级 (6分)	熟悉公司所销售产品的销售话术，并能向渠道代理和终端用户进行呈现和演示； 熟悉掌握公司相关产品的状况，包括配置、功能、价格、目标客户及服务政策等； 了解与集团产品相关的技术； 熟悉基于集团产品的应用； 能够清楚、如实地回答所负责的产品及应用方面的基本问题

续表

等级 (分值)	产品技术知识能力的行为特征描述
中级 (12分)	·熟悉公司所有业务产品架构和产品线全貌，并能够探询客户需求，采用客户易于接受的方式进行推介； ·了解竞争对手同类产品的特点，以及和集团产品的比较，从而有针对性地向客户进行比较性的介绍； ·了解产品的标准配置和特殊配置在价格、功能等方面的差距； ·了解公司的高端产品/应用方案产品/信息化建设的知识； ·能够帮助终端用户解决简单的技术故障； ·能够就所负责销售的产品，针对代理商的销售人员组织开展产品技术培训
高级 (20分)	·了解行业的各种技术和应用知识，不断关注新的技术应用发展趋势，并能够将其很好地应用到渠道销售业务中； ·除本公司的产品外，了解重要配件供应商的质量、价格、技术、性能等方面的状况，能够参与应标中的技术应答； ·能够与公司内部产品/研发/维修人员、渠道代理/终端客户的技术人员进行技术沟通； ·能够在渠道销售过程中，发现公司产品在功能上和客户需求定位等方面的问题，并及时向相关部门反映； ·能够对渠道代理提出多线产品的代理组合建议； ·能够对公司产品规划和定位等决策提出有效的建议

3. 渠道规划建设能力

指标定义：结合集团目标和产品的具体情况规划制定渠道搭建与完善的能力。

渠道规划建设能力的行为特征描述如表3-14所示。

表3-14　渠道规划建设能力的行为特征描述

等级 (分值)	渠道规划建设能力的行为特征描述
初级 (6分)	·了解公司代理分销运作模式的总体情况（历史、发展阶段、现状和未来）； ·理解公司不同产品当期整体渠道建设发展的指导思想，以及在辖区内渠道的整体规划和各自的销售指标（如销量、销售额等）

续表

等级 (分值)	渠道规划建设能力的行为特征描述
初级 (6分)	了解集团选择代理渠道伙伴、识别代理渠道质量的标准，如资金信誉情况、经营水平、市场经验等； 了解现有业务渠道与集团合作的历史，他们的成功经验（教训）、优势（不足）以及对集团的期望； 主动与有经验的业务代表合作，熟悉现有的代理渠道的销售能力和渠道销售指标，共同拜访新的代理渠道，从中获得业务开拓的经验和案例； 清楚地了解集团的产品和服务对合作伙伴的经营效益产生的影响
中级 (12分)	在不同阶段和不同市场环境下，能对不同产品的分销和直销运作模式进行优劣比较，讲出自己的观点； 积极研究已建立的和新接触的代理渠道的资信及经营信息，特别注重数据分析，从而对选择良好的代理渠道提出建议，且建议经常被采纳； 通过各种方式（客户拜访、市场调研、销售数据和客户需求分析等）寻求潜在的业务机会，并与集团的产品/服务等部门沟通； 积极与集团内部相关部门沟通（市场、客服、产品等），共同分析相关数据，以保证产品销售预测的准确性； 能够从市场渗透、产品和客户群体互补等方面综合评估渠道代理结构的有效性及发展潜力； 根据市场分析结果，清楚地知道哪些是集团竞争对手的代理，哪些是正在争取或可能与集团合作的代理； 能够经常根据辖区的特点，对辖区内渠道规划建设的KPI考核指标，如多线产品结构、渠道质量、销量/销售额指标等提出建议
高级 (20分)	对辖区内的渠道状况了如指掌，选择明确的目标渠道进行业务拓展，特别是针对集团的新产品/服务； 根据自己的工作经验对建立良好的代理渠道结构（地域、行业、多线产品组合等）有鲜明的见解和良好的预测； 能够针对集团既定的年度业务目标（经营指标和新产品/服务）及发展方向，制定辖区渠道拓展的整体规划，特别是针对集团新产品/服务的合理渠道布局； 制定具体可行的合作伙伴（渠道代理/终端商用客户）年度发展计划和实施推进时间表； 对集团目标行业/客户群的特点、发展和变化很了解，并能提出向新行业/客户群渗透的拓展计划（针对商用产品/服务）； 参与辖区年度销售预测的决策，并能够对辖区总体的销售指标进行分解； 全面掌握辖区内渠道代理的经营状况及其他市场的动态信息，提前发出预警帮助集团规避经营风险并做出准确的销售预测； 主动总结自己在业务拓展、渠道规划方面的经验，并记录成内部培训资料，能够以培训、讲座等形式做知识转移，以协助其他员工的发展

4. 渠道管理支持能力

指标定义：为实现集团目标而对现有的渠道进行管理，以确保渠道成员间、公司和渠道成员间相互协调和合作的能力。

渠道管理支持能力的行为特征描述如表 3-15 所示。

表 3-15　渠道管理支持能力的行为特征描述

等级 （分值）	渠道管理支持能力的行为特征描述
初级 （6分）	熟悉公司内部产品运作流程及商务流程，了解集团有关分销体系的管理规章（如代理协议等）和相关的业务流程； 了解集团现行的销售方面的政策，包括价格政策、服务承诺政策、回款政策等； 及时与代理渠道沟通统计数据和报表，得到代理的确认； 及时向所有新老代理渠道沟通集团的内部销售流程，尤其在流程内容有所变化时； 熟练掌握代理协议，熟知其中的计算方法； 了解本辖区的代理渠道的资料（包括熟悉代理公司的地址、组织结构、熟悉他们的联系人和联系方式，了解代理公司的决策流程等）； 了解辖区内不同的代理商对集团的具体合作要求（如销售过程的支持需求），并积极响应； 能按时、按质完成销售数据的收集和统计，并按时、按质整理和更新代理商的档案信息； 积极收集分销体系中渠道代理经常发生/提出的问题（销售政策、售后服务、价格欺骗、市场秩序等）并将其整理、分类后反馈给相关人员； 主动向代理商介绍、解释集团的代理政策，以避免被动质询； 积极向现有代理商介绍集团的新产品或服务
中级 （12分）	花时间与代理商进行沟通，熟悉代理商公司内部的运作和经营特点及其对集团合作的需求，分析其潜在的、发展的需求； 通过各种方法（如组织代理参与区域产品营销活动、协助代理商进行竞标、专卖店店员的销售技巧培训、售前技术支持和产品知识讲座等）积极帮助本辖区内的代理商提高销售业绩，实现其业务发展； 与渠道代理共同合作，获取更多终端用户的信息，帮助代理提高销售业绩； 在不影响集团根本利益的前提下，有效地平衡同辖区内不同代理商之间的利益，从而维持良好的市场秩序； 熟悉集团产品/服务的特性和优势，熟悉集团服务政策和商务流程，并能有效地运用不同的方式（销售数据、市场反馈、产品/服务竞争性等）向终端客户/代理商推广集团产品的增值点； 经常注意观察代理渠道的销售运作方式的变化，预测这些变化对集团业务的影响，对新老代理商的公司经营状况和忠诚度进行分析（如存货、资信、人员变动等），规避集团与之合作的种种风险；

续表

等级 （分值）	渠道管理支持能力的行为特征描述
中级 （12分）	严格遵守公司的销售政策、价格政策等，对待任何代理商都以公司的政策为指导原则； 根据自己的经验、渠道代理/终端用户的反馈、竞争对手的策略等市场信息，及时向公司提出内部运作流程的修订建议，同时帮助或建议公司制定/调整销售政策、价格政策和服务政策
高级 （20分）	能有效地利用、整合内外部资源，满足代理商的特别需求； 在不影响集团根本利益的前提下，利用自己的信息优势和影响力有效平衡不同辖区内不同代理商之间的利益，从而维持良好的市场秩序； 制定/调整业务流程，监控代理商的业绩表现，并及时调整相应的销售计划； 时时掌握渠道任何涉及组织结构、经营策略、经济状况等变更信息，提出应对策略，预防并规避由主要渠道变化而可能产生的对集团业务目标的影响； 透过渠道代理收集、总结、分析终端用户/竞争对手的信息，向公司建议调整相关产品的销售和市场推广模式； 对代理商自身的业务运作目标和面临的挑战有深刻的了解，能帮助代理商找出其业务流程的瓶颈和可提高的地方； 根据市场状况帮助代理商分析和预测市场前景，共同制订合理的市场应对策略和辖区营销计划； 深刻理解集团文化、经营管理运作模式的特点和历史发展的经验教训，并结合渠道代理的实际情况和需求，引导其向专业化方向发展，帮助其提高管理水平； 积极学习市场上/国际上先进的销售管理流程，将之结合到自己的工作中； 总结自己在渠道管理方面的经验，记录成内部培训资料，并能够以培训、讲座等形式做知识转移，与其他同事分享，协助他们成长和共同提高

5. 营销策划实施能力

指标定义：为实现集团目标而进行的营销活动策划实施的能力，包括市场分析、营销推广、广告投放、活动组织与执行、效果反馈等。

营销策划实施能力的行为特征描述如表3-16所示。

表3-16　营销策划实施能力的行为特征描述

等级 （分值）	营销策划实施能力的行为特征描述
初级 （6分）	了解辖区内相关产品的客户行为、竞争情况等市场信息，并进行持续的销售数据跟踪； 了解公司/辖区内所具有的市场营销资源，如大型产品/市场推广活动、渠道代理奖励、终端用户促销、店面活动、媒体广告等； 根据公司/辖区内的当期市场营销活动方案和详细的实施计划安排，组织协调渠道代理参与和呼应配合； 能够结合辖区的特点，提出辖区内营销计划的建议
中级 （12分）	能够结合辖区内相关产品的客户行为、竞争情况和销售数据跟踪等市场信息，写出辖区内的市场分析报告； 了解辖区内自有营销费用的预算并合理分配； 了解公司整体市场推广在辖区内的当期计划和投入，从而判断如何和辖区内的自有营销计划组合实施； 能够写出辖区内营销策划方案，包括目的、达成目标、采取何种营销手段或营销组合、费用预算等； 在辖区内营销策划方案得到审批后，协助有关市场推广人员制定详细的实施计划和时间推进表； 注意通过销售数据跟踪、渠道代理、终端用户的反馈等市场信息，分析辖区内的市场营销活动的效果是否有效达成目标
高级 （20分）	结合辖区的消费特点、渠道结构和市场竞争等情况，将公司全国总体营销计划在全国实施过程中进行本地优化，并及时向公司市场营销部门提出调整和反馈建议； 积极与相关部门沟通，积极争取协调各方资源，组织实施组合营销策略； 对当期组合营销方案的实施效果进行分析评估，并能够明确地指出哪一种营销手段/活动效果更好； 学习市场营销方面的知识，并与自身的销售管理经验相结合，提高自身的综合管理经验； 向公司级产品推广活动提出策划实施建议和效果跟踪反馈，且经常被采纳； 能够对如何改进营销模式提出有效建议，如分期付款、租赁、捆绑销售等

根据职业类别通用胜任力模型，该企业提炼了五项能力指标，划分了初级、中级和高级三个等级类别，并设置了对应的分数，五项能力的总分数为100分。

其中，在对销售部经理张三进行职业类别通用胜任力评估时，其在"市场信息分析能力"的评估中达到"中级"，得到12分；在"产品技术知识能力"的评估中达到"高级",得到 20 分;在"渠道规划建设能力"的评估中达到"中级",得到 12 分;在"渠道管理支持能力"的评估中则只达到"初级",得到 6 分;在"营销策划实施能力"的评估中达到"高级",得到 20 分。

综合以上得出,该企业对销售部经理张三的职业类别通用胜任力评估的最终得分为:12 + 20 + 12 + 6 + 20 = 70 分。

(二)根据职业等级通用胜任力模型,得到职级胜任力分值

该企业在职业类别通用胜任力模型之上,又对处于不同职级的员工设置了相应的胜任力模型进行评估。其中,该企业对中层管理干部的胜任力模型构建如下。

该职业级别胜任力通用模型将胜任力指标项分为三大类,分别为任务-结果、人际关系、自我管理。其中,任务-结果包括分析判断、计划执行和专业能力;人际关系包括沟通影响和合作精神;自我管理包括诚信可靠和事业心。

1. 任务-结果之分析判断

指标定义:收集与分析相关信息,提出多个备选行动或措施,并运用知识与经验从中找出符合当前状况的最佳解决方案。

关键行为:

(1)系统地收集对解决问题比较有用的材料和信息;

(2)能够全面地分析问题的各个方面及其重要的细节,善于从不同角度来分析问题;

(3)能够透过表象理解和判断隐含的事件和信息;

(4)在情况不明或信息不全的情况下,可及时做出有效的判断;

(5)能够充分考虑有利因素、不利因素、时效性及各种资源,并对多种解决方案进行比较和评估,选择一个比较合适的解决方案。

任务-结果之分析判断的行为特征描述如表 3-17 所示。

表 3-17 任务-结果之分析判断的行为特征描述

等级 (分值)	任务-结果之分析判断的行为特征描述
低效的 行为 表现 (5分)	对面临的问题比较茫然，不知道从何入手收集相关信息或只是随意地收集； 依靠单一的信息来源，疏于扩大信息源； 分析问题时过于粗略或者过于纠缠细节； 分析问题只停留在表面现象上，不能看到各种事物或现象之间的联系以及背后的根本原因； 在情况不明时，要么举棋不定、优柔寡断，要么想当然地下决定； 做决定时受到个人的偏见、情绪的影响； 常提出不够全面、缺乏可操作性的方案
一般的 行为 表现 (10分)	能够对面临的问题收集相关的信息； 信息来源比较单一，难以扩大信息来源； 在分析问题时比较粗略，一般情况下只停留在表面现象上，难以看到各种事物或现象之间的联系以及背后的根本原因； 在情况不明时，能够做出决定，但决定不够果断； 做决定时偶尔会受到个人的偏见、情绪的影响； 在多数情况下，能够提出相对全面的、可操作性强的方案
高效的 行为 表现 (20分)	面对不同的问题，能够很快地知道从哪些地方、通过哪些途径、运用哪些方式、收集哪些信息以帮助判断； 能够平衡充分收集信息、提高判断的准确性及及时做出判断之间的矛盾； 能够从多个角度全面客观地分析问题，能够充分考虑各利益相关方的内在联系和利害关系； 能够透过表面现象理解问题，能够看到问题不明朗的一面； 能够迅速地分析整理来自各方的、混乱的甚至是相互矛盾的信息并找到关键点，做出有效的判断； 能够对复杂的问题进行分解，并转换成简单的、可操作性强的解决方案； 在情况不明或信息不全的情况下也能做出有效的判断

2. 任务-结果之计划执行

指标定义：根据目标与任务的要求，制订切实可行的行动计划，有效地协调与运用各种资源，确保计划的顺利执行与目标的实现。

关键行为：

（1）善于将宽泛的目标转化为具体的目标、标准及行动计划；

（2）调动为完成目标所必需的各种资源（包括人员、经费及设备等）；

（3）授权恰当的人员去完成工作，并在必要时对他们的工作进行协调；

（4）监督工作进程并在目标不能完成时做出必要的调整；

（5）预见到实施过程中的困难，消除各种障碍确保工作目标的顺利完成或使已偏离方向的工作回到正常的轨道上来。

任务-结果之计划执行的行为特征描述如表3-18所示。

表3-18　任务-结果之计划执行的行为特征描述

等级 （分值）	任务-结果之计划执行的行为特征描述
低效的 行为 表现 （5分）	不善于为实现具体的目标而制订详细的行动计划； 不能够获得和预备好实现目标所需要的各种资源和支持； 不对部门工作的进程进行监控，以致工作出现差错； 不能够统筹安排各项相互联系的工作，以致影响工作效率的提高； 不能够及时准确地预计到会明显影响工作进程的问题； 总是将工作拖到最后，以致给自己或团队带来不必要的压力； 经常需要他人的督促才能按时完成任务； 使用过多的、超出预算的资源来完成任务
一般的 行为 表现 （10分）	能够为实现具体的目标而制订粗略的行动计划； 能够获得和预备好实现目标所需要的大部分资源和支持； 能够对部门工作的进程进行相应的监控，保障工作基本不出现差错； 基本能够统筹安排各项相互联系的工作，但难以提高工作效率； 能够较为及时地预计到会明显影响工作进程的问题，但无法解决； 总是要将工作拖到最后，以致给自己或团队带来不必要的压力； 偶尔需要他人的督促才能按时完成任务； 偶尔需要超出预定的资源来完成任务
高效的 行为 表现 （20分）	能够将总体目标转化为具体的、可衡量的、能实现的目标，并制订有效的实施计划、行动步骤和时间表； 有效地管理时间与资源，确保以恰当的方式在规定时间内完成任务； 系统地监控和评价整个团队的工作进程与行动结果； 能够分清工作中的轻重缓急，确保紧急且重要的工作较先完成； 善于协调与其他部门的关系，以获得及时有效的工作支持； 预见到实施计划时可能会遇到的各种紧急情况并事先准备好应急预案； 在遇到困难和障碍时，能及时调整行动步骤或方案，确保任务有效完成

3. 任务-结果之专业能力

指标定义：掌握本行业、本岗位的工作所需要的知识与技能，并将它运用于工作中。

关键行为：

（1）能够运用专业知识技能解决本职工作中的常见问题；

（2）了解本专业和行业的发展方向及最新的知识/技术/产品；

（3）熟悉公司相关的业务流程；

（4）熟悉与工作相关的重要法律/法规及政策；

（5）能够从专业方面给予下属指导和帮助，能够向上级领导或其他部门提供专业的意见。

任务-结果之专业能力的行为特征描述如表3-19所示。

表3-19　任务-结果之专业能力的行为特征描述

等级（分值）	任务-结果之专业能力的行为特征描述
低效的行为表现（5分）	不能够及时地掌握本行业的相关政策、法律与法规； 不了解本行业的最新发展趋势； 不能够跟上本专业领域知识与技术的最新发展； 不能够有效地解决本职工作领域中所遇到的常见的专业问题； 不能够有效地向上级领导或其他部门提供专业的意见； 经常需要他人提供专业知识与技术支持
一般的行为表现（10分）	对本行业的相关政策、法律与法规有一定的了解； 基本了解本行业的最新发展趋势； 能够跟上本专业领域知识与技术的最新发展； 能够解决本职工作领域中所遇到的常见的专业问题； 有能力向上级领导或其他部门提供专业的意见； 偶尔需要他人提供专业知识与技术支持
高效的行为表现（20分）	熟悉行业政策与本行业的发展方向； 不断地提升本专业领域的知识和技能，紧跟最新发展； 对本职工作领域出现的专业问题，能够提出有效的解决方案； 熟悉公司的相关业务流程及各相关部门的主要职责； 能够向同事、上级或客户提供专业的支持与辅导； 善于运用专业知识与技巧规避风险，维护公司的利益

4. 人际关系之沟通影响

指标定义：采取各种沟通方式，准确而清晰地传递关键信息，并赢得各方的承诺与支持，克服可能出现的沟通障碍。

关键行为：

（1）善于聆听、理解并确认他人的意思后再发表意见；

（2）高效地表达自己的观点，能够吸引他人的注意，具有说服力；

（3）鼓励他人分享观点和想法，尤其是对相反意见的公开表达；

（4）面对相反意见时能够适当地变通，或能够运用非正式的组织渠道加强有效的沟通；

（5）游说关键人物和商业伙伴，以促成解决方案的达成。

人际关系之沟通影响的行为特征描述如表3-20所示。

表3-20 人际关系之沟通影响的行为特征描述

等级 （分值）	人际关系之沟通影响的行为特征描述
低效的 行为 表现 （3分）	沟通过程中不愿意听别人讲话，不了解对方的感受，别人没说完话就打断； 谈话时缺乏自信，缺乏说服力，不能够在群体面前有效地陈述，不能够打动或吸引他人； 沟通表达方式单一，会说不会写或会写不会说，拒绝学习使用新的沟通方式和技术； 向他人解释说明时遗漏关键要点，讨论时偏离主题； 提供逻辑不清、难以理解的，或拖沓冗长、缺乏实质内容的文件或报告； 不加思索地对他人的观点做出评论与批评； 听信谣言、传播谣言
一般的 行为 表现 （6分）	沟通过程中能够听别人讲话，了解对方的感受； 能够在群体面前有效地陈述，但难以打动或吸引他人； 沟通表达方式比较单一； 向他人解释说明时基本能够说清楚，但无法直达要点； 能够提供相应的文件或报告，但内容的描述还可以提升； 对他人的观点做出简单的思考后，给予评论与批评； 可以说服部分关键人物和商业伙伴接受自己的观点
高效的 行为 表现 （10分）	积极倾听，善于从对方的角度理解沟通的内容，能够"聆听"弦外之音； 能够采取书面、口头或PPT演示的方式，针对不同的对象准确地表达信息； 明确提出观点，并简明扼要、思路清晰、逻辑缜密地组织论据，言语富有感召力； 对关键和敏感的信息能够及时和有策略地与相关人员进行沟通以避免形成谣言； 能够鼓励他人分享有益的观点和想法及不同的意见； 面对相反的意见，能够灵活变通以达成共识； 善于运用非正式的组织渠道进行沟通； 能够游说关键人物和商业伙伴接受自己的观点并提供支持

5. 人际关系之合作精神

指标定义：愿意与他人分享知识、信息、资源、责任及成就，能够通过各种方法与他人建立相互信任的合作关系。

关键行为：

（1）尊重、理解他人的观点并珍视所有团队成员的贡献；

（2）关心他人并愿意帮助同事解决问题和困难；

（3）主动与他人分享工作的进展或成果；

（4）以合作的态度处理人际矛盾，将整体利益置于个人利益之上；

（5）跨越各种组织边界，不断致力于发展和培养重要的工作关系。

人际关系之合作精神的行为特征描述如表3-21所示。

表3-21　人际关系之合作精神的行为特征描述

等级 （分值）	人际关系之合作精神的行为特征描述
低效的 行为 表现 （3分）	没有意识到，也不尊重个体差异； 总是挑别人的毛病而不是承认别人的贡献和优点； 不愿意或很难与他人建立有益的工作关系； 不主动帮助他人解决问题或困难； 不愿意与他人分享工作经验与成果； 只关注自身的利益，难以建立合作关系或使合作顺利推进； 在人与人之间制造障碍； 对他人或客户的意见与批评并不重视； 拉帮结派，搞政治斗争
一般的 行为 表现 （6分）	能够意识到并尊重个体差异； 会挑别人的毛病，也能承认别人的贡献和优点； 可以与他人建立有益的工作关系； 在有需要时，能够帮助他人解决问题或困难； 在有需要时，能够给他人分享相关的工作经验与成果； 关注自身利益的同时，可以与他人建立合作关系； 对他人或客户的意见与批评，能够引起一定的重视； 不拉帮结派，不搞政治斗争

续表

等级 （分值）	人际关系之合作精神的行为特征描述
高效的 行为 表现 （10分）	主动、努力地与同事建立良好的工作关系； 主动地给予其他部门、其他团队成员以支持配合； 积极地以合作的方式解决矛盾，在观点不一致时能够尊重对方，求同存异； 能够和有不同文化背景、经历与个性特征的人共事； 友好地对待他人，真诚地评价和肯定他人的工作； 不断地扩大关系网，致力于发展和培养重要的工作关系，以及提高公司的知名度与影响力

6. 自我管理之诚信可靠

指标定义：在工作中能够坚持原则，谨守职业道德，客观公正地表达自己的看法，信守承诺，愿意为维护公司的利益做出牺牲。

关键行为：

（1）将公司的利益置于个人或部门得失之上；

（2）能够实事求是地表达自己的观点，不隐瞒任何事实，敢于指出上司工作中的不足，不刻意逢迎；

（3）信守诺言，一旦做出承诺，便全力以赴，即使有所牺牲，也决不失信于人；

（4）能够否定自己的不妥想法，勇于承认错误，不会推诿或归咎于他人；

（5）能够坚持原则，谨守职业道德。

自我管理之诚信可靠的行为特征描述如表3-22所示。

表3-22　自我管理之诚信可靠的行为特征描述

等级 （分值）	自我管理之诚信可靠的行为特征描述
低效的 行为 表现 （3分）	为了个人的利益而不能坚持原则和标准，以致损害公司的利益； 为了让他人赞同自己的观点而故意隐瞒一些信息或歪曲事实； 对上司投其所好，刻意逢迎； 在工作中，为了不得罪他人，总是采取沉默的态度或做"老好人"； 轻易许下不容易实现的诺言，或许下诺言后转身就忘； 不能够做到言行一致，说一套做一套； 当遇到问题时，不勇于承认错误，而是想办法推卸责任或归咎于别人； 有时会抢占他人或团队成员的劳动成果

续表

等级 （分值）	自我管理之诚信可靠的行为特征描述
一般的 行为 表现 （6分）	为了个人的利益能够坚持原则； 在上司或其他权威人物面前，能够说出自己的看法； 在工作中，为了不得罪他人，偶尔会采取沉默的态度或做"老好人"； 偶尔会许下不容易实现的诺言； 基本能做到言行一致； 遇到问题时，能够承认错误
高效的 行为 表现 （10分）	为了公司的利益，愿意牺牲个人的利益； 在上级和其他权威人物面前能够实事求是地表达自己的看法和观点，不刻意逢迎，不隐瞒任何事实； 信守诺言，一旦做出承诺，就全力以赴，即使有所牺牲，也决不失信于人； 勇于承认自己的过失和错误，勇于承担责任； 在涉及私人利益或敏感问题的情况下，严格要求自己以避嫌； 不搞宗派小团体，避免与敏感岗位的人员建立特殊关系； 即使不利于短期商业利益，也能够坚持原则，谨守职业道德； 严守公司的机密

7. 自我管理之事业心

指标定义：主动设立具有挑战性的工作目标或愿意承担额外的工作任务，即使遇到困难也能坚持不懈地将目标和任务达成。

关键行为：

（1）迅速地掌握新的思想、观点、方法与技术，并应用于工作中；

（2）善于总结经验教训，持续地改进工作方法和流程；

（3）对自身的长处和弱点有清晰的认识；

（4）积极寻求来自各方面的反馈，并根据反馈来调整自己的行为；

（5）敢于打破惯性思维，鼓励他人尝试新技术、新方法，并允许失败的发生。

自我管理之事业心的行为特征描述如表2-23所示。

表 2-23　自我管理之事业心的行为特征描述

等级 （分值）	自我管理之事业心的行为特征描述
低效的 行为 表现 （3分）	对新的思想、观点与方法采取怀疑和抗拒的态度； 了解自己在知识与技术上的欠缺，但不主动采取任何积极措施去弥补； 没有掌握更好的方法，或当遇到新的情况时，仍然固执地坚持以往的做法； 不善于从成功中总结经验、从失败中总结教训，多次犯同样的错误； 对自己的长处和不足没有客观和准确的认识； 不能以积极的心态面对批评，而是极力坚持自己的看法或做法； 压制下属的创新想法与做法，不能容忍下属由于创新做法所带来的差错； 盲目或毫无意义地创新
一般的 行为 表现 （6分）	能够接受新的思想、观点与方法； 了解自己在知识与技术上的欠缺，能够采取一定的措施进行弥补； 当发现有更好的方法或遇到新的情况时，能够做出改变； 能够从成功与失败中总结经验和教训，不会重复犯同一个错误； 对自己的长处和不足有基本客观的认识； 面对批评，能够认识到问题，但改进力度有限； 能够接受下属的一些创新想法与做法，但难以容忍下属由于创新做法所带来的差错
高效的 行为 表现 （10分）	善于不断地学习和迅速地掌握新的思想、观点、方法与技术，并应用于实践； 工作再忙，也要挤出时间来提高自己的技术和管理能力； 善于从成功与失败中总结经验和教训，力求把工作做得更好； 不断改进工作流程，提高工作效率，降低业务成本； 能够比较客观地了解自己的优点和缺点； 能够主动听取他人的意见并适当地改变看法和改进行为； 能够坚持自己的观点，又有一定的灵活性，面对新的信息愿意调整自己的观点； 鼓励和重视员工的新思想、新观点和新方法，愿意承担新做法可能带来的风险

根据职业等级通用胜任力模型，该企业提炼了七项能力指标，划分了低效、一般和高效三个等级类别，并设置了对应的分数。七项能力指标的总分值为100分，按照能力素质的重要程度进行了加权。

其中，在对销售部经理张三进行职业等级胜任力评估时，其在"任务-结果之分析判断"的表现中为"一般的行为表现"，得到10分；在"任务-结果之计划执行"的表现中也是"一般的行为表现"，得到 10 分；在"任务－结果之专业能力"中达到"高效的行为表现"，得到 20 分；在"人际关系之沟通影响"中达到"高效的行为表现"，得到 10 分；在"人际关系之合作精神"中达到"一般的行为表现"，得到 6 分；在"自我管理之诚信可靠"和"自我管理之事业心"两项中达到了"高效的行为表现"，分别得到 10 分。

综合以上得出，该企业对销售部经理张三的职业等级通用胜任力评估的最终得分为 10 + 10 + 20 + 10 + 6 + 10 + 10 = 76 分。

（三）根据岗位通用胜任力模型，得到岗位胜任力分值

该企业在职业类别和职业等级的基础上，为具体的岗位设置了岗位通用胜任力模型。其中，销售部经理岗位的胜任力模型如下。

该岗位的通用胜任力模型的胜任力指标项分为四大类，分别为判断力、推动力、凝聚力和内驱力。其中，判断力包括分析/预见能力、把握客户需求/机会能力；推动力包括领导力、协调沟通能力、计划预算控制能力、产品技术能力；凝聚力包括建立信任能力、团队协作能力；内驱力包括成就导向、自我管理。

1. 判断力之分析/预见能力

关键行为：

（1）熟悉客户、竞争对手的情况，能够准确地分析并预见其发展动态，预判可能出现的业务机会；

（2）能够准确地分析并预见业务计划实施过程中的难点，以及可能出现的问题和造成的影响；

（3）能够有效地分析、了解客户的决策过程，影响决策因素及关键决策人；

（4）能够准确地判断客户及与客户相关的决策人的关键需求。

判断力之分析/预见能力的行为特征描述如表 3-24 所示。

表 3-24　判断力之分析/预见能力的行为特征描述

等级（分值）	判断力之分析/预见能力的行为特征描述
初级（3分）	熟悉并能够准确地预见行业、客户市场、竞争对手及产品技术的发展动态，能够有效地识别战略联盟机会
中级（6分）	熟悉客户、竞争对手的情况，能够准确地分析并预见其发展动态，预判可能出现的业务机会； 能够准确地分析并预见业务计划实施过程中的难点，以及可能出现的问题和造成的影响； 能够有效地分析、了解客户的决策过程、影响决策因素及关键决策人； 能够准确地判断客户及与客户相关的决策人的关键需求
高级（10分）	积极有效地收集客户、竞争对手情报，能够即时、准确地了解他们的目标及面临的挑战； 能够有效地分析、了解客户的决策过程，影响决策因素及关键决策人； 能够准确地判断客户及与客户相关的决策人的关键需求

2. 判断力之把握客户需求/机会能力

关键行为：

（1）能够引导客户理解、接受公司的相关标准，使客户知晓预期的收益；

（2）能够快速、有效地组织且调动公司的资源，满足客户的需求，建立业务关系。

判断力之把握客户需求/机会能力的行为特征描述如表3-25所示。

表 3-25　判断力之把握客户需求/机会能力的行为特征描述

等级（分值）	判断力之把握客户需求/机会能力的行为特征描述
初级（3分）	能够对客户的询问和质疑做出快速、适当的反应和回答； 能够清楚地定义产品、服务所能达到的质量； 能够利用客户的反馈，加快流程和提高服务质量
中级（6分）	能够引导客户理解、接受公司的相关标准，使客户知晓预期的收益； 能够快速、有效地组织且调动公司的资源，满足客户的需求，建立业务关系
高级（10分）	能够制定、实施为客户所接受，并能给公司带来最大利益的合作方案； 能够创建并培养和客户长期合作的伙伴关系

3. 推动力之领导力

关键行为：

（1）能够客观公正地管理团队成员，体现每个团队成员的价值；

（2）能够得到团队成员的普遍认同，对团队成员具有影响力；

（3）能够有效地带领团队成员完成业务目标。

推动力之领导力的行为特征描述如表 3-26 所示。

表 3-26　推动力之领导力的行为特征描述

等级（分值）	推动力之领导力的行为特征描述
初级（4 分）	能够客观公正地管理团队成员，体现每个团队成员的价值； 能够得到团队成员的普遍认同，对团队成员具有影响力； 能够有效地带领团队成员完成业务目标
中级（8 分）	有能力唤起、激励员工的工作热情和目标承诺，带动成员完成组织目标； 能够有力地推动组织管理体系的改善，提高组织效率
高级（12 分）	高效地激励团队，超额完成组织预定的工作目标； 对组织管理体系提出改善方案，大大提高组织的工作效率

4. 推动力之协调沟通能力

关键行为：

（1）能够根据不同的对象，灵活地运用适当的方式，清晰、简洁地阐述并使对方接受自己的观点；

（2）能够有效地处理组织内、外部利益分歧者的关系，并与之达成共识。

推动力之协调沟通能力的行为特征描述如表 3-27 所示。

表 3-27　推动力之协调沟通能力的行为特征描述

等级（分值）	推动力之协调沟通能力的行为特征描述
初级（4 分）	积极地聆听，能够清楚有效地传达信息； 能够及时与他人交换有价值的信息，坦诚地与他人进行沟通； 能够进行职业化的、有影响力的表述和演示，用易于理解的方式阐述产品、技术信息

续表

等级 (分值)	推动力之协调沟通能力的行为特征描述
中级 (8分)	能够清晰地表达沟通，通过多种表达方式和对沟通环境的布置，与沟通对象在愉快的氛围中达成基本共识； 能够积极地引导他人的思路，消除他人潜在的顾虑，达成沟通目标
高级 (12分)	能够根据不同的对象，灵活地运用适当的方式，清晰、简洁地阐述并使对方接受自己的观点； 能够有效地处理组织内、外部利益分歧者的关系，并与之达成共识

5. 推动力之计划预算控制能力

关键行为：

（1）能够根据公司目标有效地制定所管辖部门的业务目标和工作计划；

（2）能够根据组织成员的业务能力有效地安排、分配工作；

（3）能够有效地组织业务计划的实施。

推动力之计划预算控制能力的行为特征描述如表3-28所示。

表3-28　推动力之计划预算控制能力的行为特征描述

等级 (分值)	推动力之计划预算控制能力的行为特征描述
初级 (4分)	能够有效地制定营销规划及年度营销目标； 能够有效地组织、指导下属部门制定业务目标和计划； 能够分清工作的主次和轻重，有效地控制营销目标实施的过程
中级 (8分)	能够根据公司的目标有效地制定所管辖部门的业务目标和工作计划； 能够根据组织成员的业务能力有效地安排、分配工作； 能够有效地组织业务计划的实施
高级 (12分)	严格、有效地执行业务计划； 能够及时预判计划实施过程中可能出现的新情况，提出合理建议并及时反馈给相关人员

6. 推动力之产品技术能力

关键行为：

（1）熟悉公司产品及技术知识；

(2) 能够结合客户的技术需求，有效地展示公司的产品、技术优势；

(3) 能够有效地解答客户存在的一般性的技术问题。

推动力之产品技术能力的行为特征描述如表3-29所示。

表3-29 推动力之产品技术能力的行为特征描述

等级（分值）	推动力之产品技术能力的行为特征描述
初级（4分）	了解公司产品及技术知识； 能够根据客户的需求，展示公司的产品、技术优势； 能够解答客户存在的一般性的技术问题
中级（8分）	熟悉公司产品及技术知识； 能够结合客户的技术需求，有效地展示公司的产品、技术优势，提升客户的购买意愿； 能够快速地解答客户的一般性技术问题
高级（12分）	精通本公司的产品、技术知识； 能够充分把握客户的技术需求，创造性地制定技术解决方案； 能够及时、有效地解决配套服务过程中出现的各类技术问题

7. 凝聚力之建立信任能力

关键行为：

(1) 能够有效地通过正式或非正式的网络，广泛地与业务对象或潜在的业务对象建立信任；

(2) 能够有效地驾驭广泛的业务关系，与不同的利益主体建立信任；

(3) 对目标对象的行为、决策具有影响力。

凝聚力之建立信任能力的行为特征描述如表3-30所示。

表3-30 凝聚力之建立信任能力的行为特征描述

等级（分值）	凝聚力之建立信任能力的行为特征描述
初级（4分）	以易于接受的方式，主动与客户（他人）建立良好的关系； 能够有效地识别组织中的关键人物，并和他们保持良好的合作关系； 真诚地关心客户（他人）的成功

续表

等级 （分值）	凝聚力之建立信任能力的行为特征描述
中级 （8分）	能够有效地通过正式或非正式的网络，广泛地与业务对象或潜在的业务对象建立信任； 能够有效地驾驭广泛的业务关系，与不同的利益主体建立信任； 对目标对象的行为、决策具有一定的影响力
高级 （12分）	具有超级的亲和力，能够快速地与客户（他人）建立牢固的信任关系； 在一定条件上，可以高度影响目标对象的行为和决策； 在商业洽谈中游刃有余，为企业发掘商业机会

8. 凝聚力之团队协作能力

关键行为：

（1）在任务和资源的分配上，从企业的全局利益出发与合作对象达成共识；

（2）善于发现并使用他人之所长，促成团队成员之间的相互理解和支持。

凝聚力之团队协作能力的行为特征描述如表3-31所示。

表3-31　凝聚力之团队协作能力的行为特征描述

等级 （分值）	凝聚力之团队协作能力的行为特征描述
初级 （3分）	与团队成员相处融洽，从团队的角度考虑问题； 能够经常给团队中的其他成员提供有效的帮助； 能够询问有不同经验和观点的人的意见
中级 （6分）	在团队中以坦诚、直接、深入的沟通寻求共识，以建设性的态度追求更高的合作效益； 深入地理解和发现合作对象的需求，对合作对象的要求做出及时反应； 及时表达对他人工作价值的认可，乐于协助他人更好地完成工作，经常和他人分享信息
高级 （10分）	在任务和资源的分配上，从企业的全局利益出发与合作对象达成共识； 善于发现并使用他人之所长，促成团队成员之间的相互理解和支持

9. 内驱力之成就导向

关键行为：

（1）努力工作以满足工作要求；

（2）不满足已取得的成绩，为自己设定具有挑战性的目标，不断超越自我；

（3）为实现目标，不畏困难，不怕承担更多的工作内容；

（4）持续不断地改进工作方法，精益求精；

（5）工作的驱动力主要来源于自身价值的实现。

内驱力之成就导向的行为特征描述如表3-32所示。

表3-32　内驱力之成就导向的行为特征描述

等级 (分值)	内驱力之成就导向的行为特征描述
初级 (1分)	不甘于工作现状，主动在知识技能方面查漏补缺，以改善自己的工作状况； 工作的驱动力主要来源于追求自我的更高发展； 在没有要求的情况下，能够自觉地将工作做好
中级 (3分)	不满足组织制定的工作标准，对工作有更高的要求，超越的欲望很强； 有面对挑战性工作的决心和意志，并采取了具体行动； 不满足工作的现状，不断给自己设定具有挑战性的目标，并有一定的衡量标准帮助自己达成目标
高级 (5分)	认为努力工作更多是为了组织的发展和自我价值的实现； 做事力求完美，努力使那些"不可能"的事情成为"可能"，在实现组织目标过程中做出了突出的贡献； 尝试能够有效地影响整个组织的全新理念和操作方式，采取充分的行动面对困难，坚持创新努力到底

10. 内驱力之自我管理

关键行为：

（1）有规范的职业道德，一贯保持诚实的原则；

（2）充满信心地应对各种挑战，善于根据发展的需要进行自我调整，坦然面对所遇到的挫折和失败；

（3）积极地提高工作技能，寻求并且诚恳接受反馈意见，并根据反馈意见进行不断改进。

内驱力之自我管理的行为特征描述如表3-33所示。

表3-33　内驱力之自我管理的行为特征描述

等级 （分值）	内驱力之自我管理的行为特征描述
初级 （1分）	有规范的职业道德，一贯保持诚实的原则； 充满信心地应对各种挑战，善于根据发展的需要进行自我调整，坦然面对所遇到的挫折和失败； 积极地提高工作技能，寻求并且诚恳接受反馈意见，并根据反馈意见进行不断改进
中级 （3分）	有规范的职业道德，保持高度自律； 敢于面对挑战，冲锋在前； 主动学习新技能、新知识，提升专业能力
高级 （5分）	追求挑战，乐意克服困难，对自己的绩效设立高标准； 根据事务的优先度，及时、有序地处理问题； 按照要求努力工作并及时出色地完成任务

根据岗位通用胜任力模型可以看出，该企业从岗位工作中提炼了十项能力指标，划分了初级、中级和高级三个等级类别，并设置了对应的分数。十项能力指标的总分值为100分，按照能力指标的重要程度进行加权。

其中，在对销售部经理张三进行岗位胜任力评估时，其在"判断力之分析/预见能力""推动力之领导能力""推动力之协调沟通能力""推动力之计划预算控制能力""凝聚力之建立信任能力""凝聚力之团队协作能力"等指标中达到了"中级"，分别得到了对应的6分、8分、8分、8分、8分和6分；在"判断力之把握客户需求/机会能力""推动力之产品技术能力""内驱力之成就导向""内驱力之自我管理"等指标中达到了"高级"，分别得到了10分、12分、5分和5分。

综上所述，该企业对销售部经理张三的岗位通用胜任力评估的最终得分为6+8+8+8+8+6+10+12+5+5=76分。

结合上述职业类别、职业等级和岗位通用胜任力模型分数，该企业计算出销售部经理张三的总分值为 70 + 76 + 76 = 222 分。

根据三个层级的胜任力模型，计算出该胜任力模型评估的总分值，最高分值为 300 分，最低分值为 90 分。该企业根据自身情况和发展的需求，将薪档分为五档，采用取中间值，向两侧延伸的方法设计档位，该企业得出五个薪档所对应的能力分值分别为：一档为 90～131 分、二档为 132～173 分、三档为 174～215 分、四档为 216～257 分、五档为 258～300 分。

由于销售部经理张三的总得分为 223 分，处在 216～257 分，位于第四档，所以其相应的胜任力薪酬也应该在第四档。

表 3-34 为该企业根据自身情况设计的销售部经理岗位胜任力薪级薪档表（部分），销售部经理张三的薪酬处于 5 级第四档，其薪酬是 12200 元/月。

表 3-34　某企业销售经理岗位胜任力薪级薪档表（部分）

职类	薪级	薪档（元/月）				
		第一档	第二档	第三档	第四档	第五档
销售	5	8700	9600	10700	12200	14400

第四节　通过任职资格模型，设计任职资格型能力薪酬

一、任职资格模型的构建

任职资格是指为了保证工作目标的顺利达成，任职者必须具备的基本条件和相应的行为标准。也就是说，要达到一定的任职资格，就必须按照工作要求的行为规范完成工作内容。从某种意义上来说，任

职资格就是员工能力和工作任务之间的桥梁,是用来明确完成工作任务所需要的标准的行为规范。

其实,任职资格跟胜任力有相似之处,比如二者都有对员工内在能力素质和行为标准方面的考察。不过,胜任力是通过员工行为的表现来衡量员工的内在能力素质,而任职资格通常还会采用学历、专业、工作经验、工作技能等外显的能力特征指标来进行衡量。

在使用目的上二者也存在区别,胜任力是为了区分相同职级上的优秀员工、普通员工和较差员工,而任职资格主要用在跨职级间的人员能力评估上,通常是为了对外的招聘和对内的职位晋升。

不过,在实际的构建任职资格模型中,很多企业都会结合胜任力,将两者混合起来使用,比如,在任职资格模型中加入"胜任力特质"一栏,或者在任职资格指标中涵盖胜任力指标。这些做法只要适合企业的实际情况,能有效地帮助企业解决问题,也不失为一种方法。

任职资格模型的设计流程包括以下几点。

(一) 对企业相关岗位的任职资格进行梳理

一般来说,梳理任职资格最常用的方式是从岗位说明书中直接提取相关的资料信息。如果没有岗位说明书,企业还可以通过行为事件访谈法,对岗位员工进行访谈,从而得到与岗位任职资格相关的信息。当然,同行中的岗位任职资格标准也是可以借鉴和参考的重要资料。

(二) 提炼并选择任职资格指标项

在得到任职资格信息后,企业就可以根据相关的信息提炼和选择任职资格的各项指标。选择任职资格的指标项必须是岗位的通用条件,是保证员工完成该岗位工作的基础性条件,需要尽可能地规避一些特殊标准。一般来说,任职资格指标项主要涵盖以下四个方面。

第一,基本条件。在构建任职资格模型时,基本条件是最基础的部分。一般情况下,基本条件部分主要包括教育背景、工作经验、培训经历、技能技巧、职位状况、绩效状况等。当然，企业还可以根据自身的情况、岗位需求和任职资格的适用目的进行具体的设计。如在招聘时，可以重点强调学历、专业、相关的工作经验等方面的内容；在员工晋升时，主要强调入职时间的长短、绩效状况、是否转正等内容。

第二，行为标准。行为标准是指影响工作产出的特定行为要求。在制定行为标准时，需要从员工的实际工作内容出发，了解该岗位员工有哪些工作内容，其中最重要的工作内容有哪些，并对这些工作内容进行精确的描述。

第三，胜任特质。从严格意义上来说，胜任特质并不属于任职资格，而是属于胜任力范畴。但在现实工作中，很多企业也会加入相应的内容，从而对员工做出一个更加全面的评价。一般来说，胜任特质主要包括员工的基本素质、情感态度、价值观等方面。

第四，其他参考项。这一项是企业根据自身的情况单独设立的，比如一些企业会对员工的道德、品行等提出要求。对很多岗位来说，这也是一个重要的任职资格指标项。

（三）根据任职资格指标项，划分等级并拟定分数

关于指标等级的划分，企业可以根据实际的需求来设计。一般来说，员工的任职资格可以分为三个等级：初级、中级、高级。初级是指员工具有有限的任职能力，了解工作的基本情况，可以完成简单的工作任务；中级是指员工在工作中可以较为熟练地运用知识、技能以完成工作任务；高级是指员工完全可以胜任自己领域内的所有工作。每项指标的等级数量要适中，等级过少会造成评价过于单一，等级过多会导致评估工作难度加大，影响工作效率。

确定了等级后，企业还需要给每项指标的各个等级赋予一定的分值。在赋予分值时，企业需要根据各任职资格指标的重要程度进行加权。同时，在同一指标项下，各等级的分值应该是从低级到高级的递

增状态。也就是说，从初级到中级、从中级到高级的分差应呈现递增的趋势。

（四）利用模型对人员进行评估

完成了指标项设计、等级划分和分值拟定后，任职资格模型就基本完成了，接下来就是利用任职资格模型，对人员进行评估。任职资格评估的过程其实就是评估人针对被评估人的每一项指标进行等级评分。

需要注意的是，我们在评分时往往需要一定的佐证材料，比如，在面试时对应聘者的任职资格进行评分，评估其学历需要相关的学历证书来佐证，评估其工作经验需要其上一份工作的经历资料来佐证；同样，在对内部人员调岗进行评估时，需要对其过往的工作任务进行描述或提供过往的工作绩效作为我们评估的佐证材料。

二、根据任职资格模型，设计任职资格型能力薪酬的具体内容

任职资格模型是四种能力素质模型中使用范围最广、普及程度最高的一种能力素质模型。在不同类型、不同规模的企业中，任职资格模型都有广泛的应用，尤其是企业在对外招聘和内部调岗中，任职资格模型起着不可估量的作用。

根据任职资格模型，企业可以建立自己的任职资格型能力薪酬。其方法与根据胜任力模型建立胜任型能力薪酬的方法相似，通过任职资格评估得到被评估人的评估分数，然后将分数纳入薪档，建立任职资格型能力薪酬。具体操作可参考下面的案例。

近年来，某新兴互联网企业发展迅速，人才需求急速飙升。为保障企业对人才的需求，企业决定组建一支专业的招聘团队，特组织人力资源部门设计了一套招聘专员岗位的任职资格模型（见表3-35），对外招聘更多的招聘型人才，对内归类原有的招聘人员，从而搭建起

企业在招聘专员岗位的人才阶梯体系。

表3-35 任职资格模型

任职资格指标项		级别	任职资格内容描述	分值
基本条件	学历	初级	专科	1
		中级	本科	3
		高级	本科以上	5
	经验	初级	直接从事招聘工作1~2年（含2年）	5
		中级	直接从事招聘工作2~3年（不含2年，含3年）	10
		高级	直接从事招聘工作3年以上	15
	专业	初级	与人力资源不相关专业	1
		中级	人力资源相关专业	3
		高级	人力资源专业	5
	技能	初级	通过本公司或社会组织的人力资源职业资格考试	5
		中级	通过国家或世界人力资源职业资格认证考试	10
		高级	通过国家或世界权威的高级专业资格认证考试	15
行为标准	机制	初级	汇总招聘需求及信息发布，包括收集用人部门的招聘需求、招聘需求的明晰及确认、招聘信息的发布及维护、简历筛选及人才库管理等	3
		中级	招聘需求分析与广告发布，包括实施招聘需求分析、与业务部门确认用人需求、选择和管理招聘渠道、设计招聘广告等	6
		高级	招聘机制建设及优化，包括设计招聘测录、优化招聘流程和制度、面试资格人机制建设	10
	准备	初级	办理入职手续，包括通知相关部门入职准备、协助办理入职手续和入职引导等	3
		中级	实施面试资格人项目，包括面试资格人的选拔、面试资格人的培训及辅导、面试资格人的能力评估等	6
		高级	设计聘用标准和招聘计划，包括设计岗位的聘用标准、整合优化招聘渠道、制订招聘计划和预算计划等	10

续表

任职资格指标项		级别	任职资格内容描述	分值
行为标准	面试	初级	协助面试，包括面试前的准备工作、协助面试、实施背景调查等	3
		中级	组织实施面试，包括组建面试小组、开发面试评估表和电话面试、实施面试、候选人评估及复试建议、候选人薪酬谈判及背景调查等	6
		高级	策略和实施面试，包括面试场景的策划、中高管面试和评估等	10
	测评	初级	助实施测评，包括测评前的准备、实施测评和笔试	3
		中级	组织实施试题测评，包括初级岗位能力分析、组织开发笔试题库、解读测评报告等	6
		高级	设计和实施素质能力测评，包括组织实施能力分析、选择和开发评估方法、实施素质能力测评等	10
	效果评估	初级	数据分析及人才库管理，包括管理企业人才库、数据统计分析等	3
		中级	试用期跟踪和转正评审，包括试用期跟踪、组织转正评审等	6
		高级	设计转正标准和评估，包括设计转正标准、转正评估和招聘效果评估等	10
	招聘项目	初级	协助实施招聘项目，包括前期的准备和现场支持等	3
		中级	实施招聘项目，包括制订招聘项目实施计划、现场过程执行、项目评估报告等	6
		高级	策划招聘项目及评估，包括策划招聘项目、项目执行过程监控、项目效果评估分析等	10

该任职资格模型集合了招聘岗位的两大核心内容——基本条件和行为标准。在此基础上，它还细分设置了十个指标项，并对这十个指标项划分了等级，设为初级、中级和高级，并拟定了相应的分值。

基于这一模型，该企业成功地对原有招聘团队中的2人和新面试的1人进行了评估，得分情况如下。

李四，基本条件为：专科学历（1分），入职从事招聘工作2年

（5分），与人力资源不相关专业（1分），通过国家最高层级的职业资格认证考试（15分），基本条件得分合计为22分；行为标准中机制项的评估为中级（6分），准备项的评估为高级（10分），面试项的评估为高级（10分），测评项的评估为中级（6分），效果评估项为中级（6分），招聘项目项为中级（6分），行为标准得分合计为44分。根据上述任职资格模型的基本条件和行为标准两大核心内容的十个指标项评价，李四的总分值为：22+44=66分。

赵五，基本条件为：本科学历（3分），入职从事招聘工作1年（5分），人力资源专业（5分），参加过本公司组织的人力资源职业资格考试并通过（5分），基本条件得分合计为18分；行为标准中机制项的评估为初级（3分），准备项的评估为中级（6分），面试项的评估为初级（3分），测评项的评估为初级（3分），效果评估项为中级（6分），招聘项目项为初级（3分），行为标准得分合计为24分。根据上述任职资格模型的基本条件和行为标准两大核心内容的十个指标项评价，赵五的总分值为：18+24=42分。

周六，基本条件为：本科学历（3分），人力资源相关专业（3分），4年人力资源招聘面试工作经验（15分），通过全球最高层级的职业资格认证考试（15分），基本条件得分合计为36分；行为标准中机制项的评估为高级（10分），准备项的评估为高级（10分），面试项的评估为中级（6分），测评项的评估为高级（10分），效果评估项为高级（10分），招聘项目项为中级（6分），行为标准得分合计为52分。根据上述任职资格模型的基本条件和行为标准两大核心内容的十个指标项评价，周六的总分值为：36+52=88分。

根据任职资格模型，可以得出该模型得分最高为100分，得分最低为30分。该企业根据自身的情况及薪档设置原则，采用等比法将薪档分为五档，分别为第一档为30~43分、第二档为44~57分、第三档58~71分、第四档为72~85分、第五档为86~100分。

由三个人各自的得分，分别划分到相应的档位。李四66分，处于

58~71分，划入第三档；赵五42分，处于30~43分，划入第一档；周六88分，处于86~100分，划入第五档。三个人的任职资格型能力薪酬具体如表3-36所示。

表3-36 某企业任职资格能力薪档表（部分）

薪酬体系	职级	薪级	薪档				
			第一档	第二档	第三档	第四档	第五档
	P5 高级专员	5	4600元/月	5200元/月	5800元/月	6900元/月	8300元/月
任职资格模型分值			30~43	44~57	58~71	72~85	86~100
招聘岗位员工入档			赵五 （42分）		李四 （66分）		周六 （88分）

如表3-36所示，李四处于第三档，第5级第三档的薪酬为5800元/月；赵五处于第一档，第5级第一档的薪酬为4600元/月；周六处于第五档，第5级第五档的薪酬为8300元/月。

以上我们详细介绍了技能模型、知识模型、胜任力模型和任职资格模型这四种通用型的能力素质模型及相应的薪酬设计方法，但每个企业都是独一无二的，在实际运用过程中，不能生搬硬套，通常需要根据企业的实际情况进行灵活调整，以适应企业的需求。读者可以扫描本书"结束语"后面的微信二维码，获得专业的操作指导。

三、基于岗位和能力，形成宽带薪酬体系

利用四种不同的能力素质模型，可以帮助企业建立科学有效的能力薪酬体系。构建能力薪酬体系的关键除能力素质模型的构建，对员工进行相应的能力素质评估外，就是薪档的设置。在设置薪档时，企业需要注意薪档数量的划分、档差的确定和员工的归档问题。

其实，构建能力薪酬体系的过程就是对原本组织内岗位相同、薪级相同，但能力不同的员工划分出不同的薪酬水平，以此强化对同一岗位、同一薪级不同能力的员工的激励程度，从而优化我们的薪酬体系。

我们知道，按照支付方式的不同，目前主流的薪酬体系主要有两种：一种是薪点制，一种是宽带薪酬体系。薪点制是指薪酬标准单一，一个岗位或薪级只对应一个薪酬数额，处于同一岗位或薪级的员工的薪酬都是相同的。

显然，岗位薪酬就属于典型的薪点制。在第二章中，我们了解到岗位薪酬将组织内所有岗位划分到不同的薪级，每一薪级只设置一个薪酬数额，处于同一薪级的员工的薪酬数额是相同的。

案例：某企业设计的岗位薪酬。

表3-37为某企业薪点制表（部分），从表中可以看出，对应着每一个职级和薪级，只有一个薪酬数额，比如总监级对应着第11薪级，其薪酬为29600元/月，那么处于该薪级的营销总监、财务总监、HR总监的薪酬数额都是29600元/月。

表3-37 某企业薪点制表（部分）

职别	职级	薪级	薪酬（元/月）	岗位
M7	总经理	13	62000	总经理
M6	副总经理	12	41400	副总经理、总经办主任
M5	总监	11	29600	营销总监、财务总监、HR总监
M4	高级经理	10	21100	品牌总监、研发经理等
M3	经理	9	15100	总经理助理、大区总监等
M2	高级主管	8	11600	物流主管、HR经理、客服经理等
M1	主管	7	9000	省区经理、总监助理等

这种传统的薪酬模式只强调岗位的重要性，忽略了员工的能力。随着企业和市场的发展，这种薪点制也越来越无法满足企业的需求。所以，基于岗位和能力而形成的宽带薪酬体系逐渐受到企业的欢迎。

所谓宽带薪酬体系是指在同一岗位或薪级，按照标准设置一定的薪酬区间而形成的薪酬体系。宽带薪酬体系与传统薪点制的最大区别在于，其为每个薪级设置了"带宽"，也就是薪酬区间，允许同一薪级中出现多个不同的薪酬数额。比如在本章中涉及的能力薪酬体系，就是在岗位薪酬所形成的薪级上，横向地增设了一定量的薪档，从而形成薪酬区间，这就是典型的宽带薪酬体系。

案例：某企业的宽带薪酬体系。

从表3-38可以看出，相对于薪点制，该企业在每一个薪级中增设了三个薪档，先按岗位纳入薪级，再按能力纳入薪档，形成了宽带薪酬体系表。同样以总监级对应的第11薪级为例，虽然营销总监、财务总监和HR总监都被归入该薪级中，但是因为不同岗位的员工能力不同，他们可能会被纳入不同的薪档。如此一来，即使薪级相同的员工，实际获得的薪酬数额也不相同。

表3-38 某企业的宽带薪酬体系表（部分）

职别	职级	薪级	第一档（元/月）	第二档（元/月）	第三档（元/月）	岗位
M7	总经理	13	55800	62000	83700	总经理
M6	副总经理	12	37200	41400	53800	副总经理、总经办主任
M5	总监	11	26600	29600	38400	营销总监、财务总监、HR总监
M4	高级经理	10	19000	21100	27500	品牌总监、研发经理等
M3	经理	9	13600	15100	18900	总经理助理、大区总监等
M2	高级主管	8	10500	11600	14500	物流主管、HR经理、客服经理等
M1	主管	7	8100	9000	11200	省区经理、总监助理等

可以看出，基于岗位和能力而形成的宽带薪酬体系，其"带宽"（也就是薪酬区间）的设计，其实就是每一薪级的档差（该薪级的最高档薪酬减去最低档薪酬）。设置"带宽"往往是宽带薪酬设计的难点，不过基于能力和岗位而形成的宽带薪酬体系，只需要按照第二章和本章中介绍的步骤，设计出相应的薪级和薪档即可得到，非常简单。

由于传统的薪点制缺少横向的"带宽"，薪酬的差距往往只能体现在纵向的职级和薪级上，所以实行薪点制的企业其薪级往往达到几十级之多。但是，宽带薪酬扩大了横向的薪酬区间，大量压缩了纵向的薪级数量。一般来说，宽带薪酬的薪级维持在15级左右，少则只有8级、9级，一些企业甚至只有5级、6级。不过，宽带薪酬的"带宽"往往都很大，也就是每一级之间的薪酬区间拉得很开，一般占比会在50%以上，一些企业的"带宽"占比达到400%也是常态。

案例：某企业根据岗位薪酬和能力薪酬设计的宽带薪酬体系表（见表3-39）。

基于岗位和能力而形成的宽带薪酬体系，弥补了传统的薪点制的缺点（如激励有限、员工发展通道单一等问题），受到了很多企业的欢迎。

不过，这种宽带薪酬体系也面临着一个问题，那就是员工处于某个岗位，拥有某些能力，但是否能真正地将能力转化为业绩，创造岗位价值呢？这是一个值得思考的问题。

在现实中，很多有能力的员工并没有按照企业的期待，充分发挥能力，为企业创造足够的价值。面对这种情况，我们就需要在岗位和能力的基础上，加入一个衡量指标，那就是绩效。

基于岗位、能力、绩效而形成的付薪理念被称为3P付薪理念。在3P付薪理念基础之上形成的宽带薪酬体系，就像一个三角形，可以为企业的薪酬体系提供稳固的支撑。在第四章中，我们将讲解绩效薪酬，教你掌握如何利用岗位、能力和绩效构建一套三元薪酬体系。

表 3-39　某企业根据岗位薪和能力薪酬设计的宽带薪酬体系表

某企业应用薪级薪档生成的固定工资参照表（单位：元/月）

职类	职别	职级		薪级	第一档	薪档系数	第二档	薪档系数	第三档	薪档系数	第四档	薪档系数	第五档	薪档系数
M7	总经理	S7	资深总监	13	49600	80%	55800	90%	62000	150%	83700	135%	108500	175%
M6	副总经理	S7	资深总监	12	33100	80%	37200	90%	41400	140%	53800	130%	68200	165%
M5	总监	S6	高级总监	11	23700	80%	26600	90%	29600	140%	38400	130%	48800	165%
M4	高级经理	S5	总监	10	16900	80%	19000	90%	21100	140%	27500	130%	34800	165%
M3	经理	S4	资深经理	9	12100	80%	13600	90%	15100	130%	18900	125%	23400	155%
M2	高级主管	S3	高级经理	8	9300	80%	10500	90%	11600	130%	14500	125%	18000	155%
M1	主管	S2	营销经理	7	7200	80%	8100	90%	9000	130%	11200	125%	13900	155%
		S1	营销主管	6	5500	80%	6200	90%	6900	120%	8300	120%	10000	145%
			营销专员	5	4600	80%	5200	90%	5800	120%	6900	120%	8300	145%
		P4	专员	4	3900	80%	4300	90%	4800	120%	5800	120%	7000	145%
		P3	资深助理	3	3200	80%	3600	90%	4000	115%	4600	115%	5400	135%
		P2	高级助理	2	2800	80%	3200	90%	3500	115%	4000	115%	4700	135%
		P1	助理	1	2400	80%	2700	90%	3000	100%	3500	115%	4100	135%

第四章
绩效薪酬，四维薪酬设计的激励

在上一章中，我们通过能力素质模型，为企业搭建起能力薪酬体系。在能力薪酬构建的过程中，最重要的有两点：一是薪档的确定，其关键在于档差和档数的设置；二是能力素质模型的设计，常见的能力素质模型有四种，分别是知识型能力素质模型、技能型能力素质模型、胜任力型能力素质模型和任职资格型能力素质模型。

知识型能力素质模型和技能型能力素质模型的特点相似，设计思路也大致相同。有时候，一些企业也会根据自身的情况，将二者放在一起使用。胜任力型能力素质模型和任职资格型能力素质模型既有相似之处，也有不同之处。总的来说，胜任力型能力素质模型侧重于遴选优秀员工的特质，而任职资格型能力素质模型更像是某项工作的准入门槛，即达到任职要求就能任职该岗位。因此，任职资格型能力素质模型通常用于企业外部招聘和内部的人员调整，而胜任力型能力素质模型则常用在企业的管理层和重点人才的评估中。

利用这四种能力素质模型对员工进行评估，得出员工的能力等级，我们就可以将员工薪酬归入不同薪档，形成能力薪酬。不过，单纯依靠员工的能力来设计薪酬，对于绝大多数企业来说更像是空中楼阁，是不现实的。所以，我们需要结合第二章中的知识，也就是在岗位薪酬的基础上，相应地设计能力薪酬。在企业的薪酬设计中，岗位薪酬是基石和起点，能力薪酬是进一步的深化和拓展。结合两者的特点，我们就能构建起"岗位+能力"的薪酬体系，形成"薪级+薪档"的薪酬模式，将企业原本的薪点制变成宽带薪酬。

宽带薪酬是现代付薪理念下的发展趋势，相比于传统的窄带薪酬和薪点制，它能极大地激发员工的工作热情，不断地提升员工的工作能力。同时，它也打破了传统薪酬单一的发展模式，为员工提供了更多的发展通道，为企业规划人才和设计发展通道提供更多的可能。

不过，在这种薪酬体系下，企业仍然面临一个问题，那就是企业想得再好，员工如果不按照企业的想法来，有能力却不办事、"在其位却不谋其政"，企业又该怎么办呢？

在这种情况下，最好的办法就是将员工的劳动成果也纳入薪酬体系中，从而对员工的绩效进行监管和考核。这就是绩效薪酬的基本理念。

最近几年，绩效这个词很火。对于很多企业来说，绩效薪酬是其薪酬体系的重要组成部分，尤其是企业的中高层管理、销售、生产等岗位，绩效薪酬不仅是这些岗位的主要收入来源，还是企业核心的激励手段之一，可以在短时间内有效地提升企业的经营效益，对企业的经营发展有良好的促进作用，所以备受企业青睐。

不过，无论是对员工还是对企业来说，绩效薪酬往往是一把双刃剑。用得好，激励效果明显，员工努力拼搏，企业效益提升；用得不好，员工变得短视，企业的长远发展堪忧。正因如此，绩效薪酬设计始终是企业薪酬设计的重点和难点之一。

这一章我们就来讲绩效薪酬设计，让你了解如何在岗位薪酬和能力薪酬的基础之上，设计企业的绩效薪酬，构建一套可浮动的立体薪酬体系。

第一节　绩效薪酬与固浮比

绩效薪酬是根据员工的个人业绩来计发薪酬的一种模式。绩效薪酬的前身是计件工资制。所谓计件工资制就是根据员工完成的工作任务量来计算工资的模式。在这种模式下，企业根据员工完成工作的数量来计发工资，员工多干多得，少干少得，不干不得。在早期，计件工资制的出现极大地提高了员工的工作效率，促进了企业的发展。不过，问题也随之出现，在这种模式下，员工缺乏最基本的保障，毫无安全感和归属感。久而久之，员工会因为缺乏保障而对工作产生厌倦，出现消极怠工的现象。

为了提升员工的安全感和归属感，一些企业在薪酬设计时，将原本一刀切的薪酬模式分为固定薪酬和浮动薪酬两个部分。所谓固定薪酬就是在员工正常出勤履职和在不违反企业基本规定的情况下，企业必须为员工发放的薪酬部分，是员工每个月都可以固定拿到的薪酬；所谓浮动薪酬主要是将一部分薪酬和员工的实际工作表现和绩效结果挂钩，与员工个人的价值创造和实际贡献进行强关联，员工需要凭借业绩来获得的薪酬部分。

这样划分的好处是，固定薪酬可以保障员工的安全感和归属感，浮动薪酬可以很好地激励员工去挑战高目标，极大地促进了企业效率的提升。不过，这样的薪酬划分也给企业带来了一个问题，那就是固定薪酬和浮动薪酬的比例到底怎么搭配合适呢？

想要解决这个问题，就需要引入一个新的概念——固浮比。所谓固浮比就是固定薪酬和浮动薪酬的比值，它是我们设计固定薪酬和浮动薪酬的关键，用公式表示就是固浮比＝固定薪酬：浮动薪酬。

从本书的第二章和第三章中，我们知道由于岗位薪酬和能力薪酬是根据企业的岗位价值和员工的工作能力而定的，只要岗位不变，员工的能力不变，这两个部分的薪酬一般不会发生变化。而一般来说，岗位价值和个人能力的变化往往都需要一个较为漫长的时间，所以岗位薪酬和浮动薪酬一旦确定，往往会保持在相对稳定的状态，短时间内不会有太大的变化，所以浮动性小，相对比较固定，因此常被视为固定薪酬。

在本章中提到的绩效薪酬，以及下一章中涉及的战略薪酬，由于其与员工业绩的强关联性，会随着员工业绩的变化而变化，往往存在很明显的弹性，具有很强的浮动性，所以绩效薪酬和战略薪酬是浮动薪酬的重要组成部分。尤其是绩效薪酬，更是被很多企业视为浮动薪酬的重心。

对于企业来说，固浮比（固定薪酬与浮动薪酬的比值）的比例关系十分重要。一方面，固浮比很大程度上会影响员工的薪酬水平，对企业内部员工的公平感知和对外部的人才吸引有很大的影响；另一方面，固定薪酬和浮动薪酬的占比是影响薪酬保障性和激励性的关键因素，对于员工的激励和薪酬保障有重要的影响。固浮比浮动性太大，会让员工没有安全感，会让他们在努力拼搏的同时，感到过度的压力，会减弱他们的积极性；浮动性太小，则激励性不足，会让员工感受不到挑战性，无法激发员工的内在动力和激情。

因此，在设计固浮比时，企业必须认真思考固定薪酬和浮动薪酬的占比情况。通常来说，按照占比情况的不同，固浮比可以分为三种模式：稳定模式、折中模式和弹性模式，如图4-1所示。

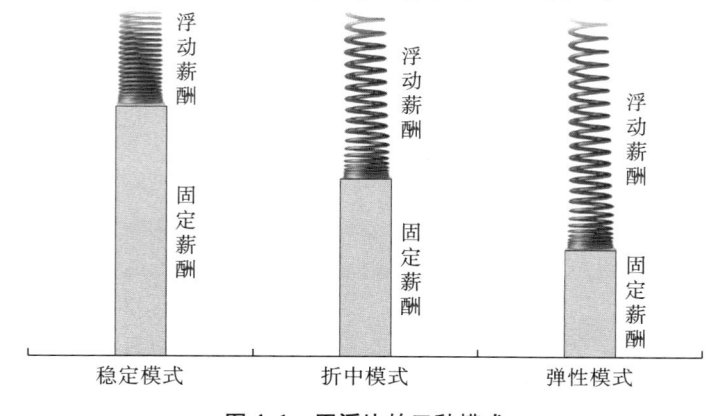

图4-1　固浮比的三种模式

稳定模式是指固定薪酬的占比较大，薪酬水平整体上较为稳定。在稳定模式下，企业通常会把固定薪酬的比例设置得很高，占比往往在60%以上；而浮动薪酬的比例相对会较低，占比往往在40%以下。一般来说，采用稳定模式的岗位对可直接量化的业绩要求不多，或者该岗位对整个组织的业绩没有直接影响，比如行政、财务、人力资源等职能部门中的某些岗位。

折中模式则介于稳定模式和弹性模式之间，固定薪酬和浮动薪酬各占50%左右。采用折中模式的岗位有一定的业绩要求，并对整个组织的业绩有一定的直接影响，但同时又是具有相对的稳定性的岗位，比如，技术研发、生产工艺等部门中的某些岗位或中基层管理岗位。

弹性模式是指薪酬结构像弹簧一样，浮动的区间很大，很有弹性。在弹性模式下，企业通常会把固定薪酬的占比设置得很低，往往在40%及以下；而浮动薪酬的占比很高，通常达到60%以上。通常来说，采用弹性模式的岗位对业绩的要求很严格，该岗位或者是业绩的直接创造者，比如，销售岗位；或者对组织的业绩达成有较大的影响，比如，企业的总经理等高管岗位。

固浮比的设置，一般都会根据企业的薪酬水平策略和薪酬结构策略来确定。从理论上来讲，企业的薪酬固浮比需要具备以下两个显著特征。

第一个特征是职级越高，浮动性越大。同一个组织的固浮比设置，往往要遵循"职级越高，浮动性越大"的原则，比如对总监和专员岗位的固浮比设置，总监岗位的固浮比浮动性肯定要大于专员岗位的固浮比浮动性。假设总监岗位的固浮比是6∶4，专员岗位的固浮比或许就是8∶2，甚至是9∶1。这是因为职级越高，承担的责任越大，对组织的价值创造越重要，对企业的影响越明显。因此，对其业绩的要求自然也就越高。

案例如表4-1所示。

表 4-1　某企业职级固浮比对照表

职级	固浮比	
	固定薪酬占比（％）	浮动薪酬占比（％）
专员级	9	1
主管级	8	2
经理级	7	3
总监级	6	4
总经理级	5	5

第二个特征是越偏向前端销售型的岗位，浮动性越大。在常规的薪酬设计中，销售员岗位应该是"低底薪、高提成"模式的薪酬代表，也就是"低固定、高浮动"的弹性薪酬模式。这一点很容易理解，就是销售人员的固定薪酬太高，会让销售人员过度依赖固定薪酬，导致其"混日子"，无法将心思用在销售业绩上。因此在同一组织内，销售类岗位的薪酬往往会比其他岗位的薪酬浮动性大很多。

案例如表 4-2 所示。

表 4-2　某企业制定的职类固浮比对照表

职类	固浮比	
	固定薪酬占比（％）	浮动薪酬占比（％）
销售类	4	6
管理类	6	4
研发类	7	3
职能类	8	2

当然，企业采用何种固浮比，需要根据企业的实际情况而定。除了要根据企业自身的薪酬策略，以及以上两条基本原则，企业还需要考虑岗位的业绩影响程度、岗位业绩的可量化程度和企业所处的发展阶段等因素，有时甚至还要考虑行业的基本规则。比如，对一些业绩容易量化的岗位，比如一线生产工人、销售人员的薪酬设计，往往可以采用较为弹性的薪酬模式；而对于业绩不容易量化的岗位，比如文案岗位、策划

岗位、行政岗位、财务岗位等，一般会采取相对稳定的模式。

另外，当企业处于创业期和成长期时，也可以适当调高浮动薪酬的占比，利用弹性薪酬模式配合中长期激励手段，来激发员工的工作热情；当企业处于成熟期时，就可以适当地降低浮动薪酬的占比，让薪酬激励变得稳定和可持续，以此来增强员工的安全感、归属感，保证企业的稳定和可持续发展。

案例如下。

某企业是一家主要从事服装生产和加工的民营企业，该企业对高管薪酬的设计方案为对高管人员采用聘任制，每届任期二年，可以连聘连任。高管的薪酬主要由三部分构成：固定薪酬、浮动薪酬（主要由绩效薪酬构成）和长期福利计划，具体如表4-3所示。

表4-3　某企业高管岗位的固定薪酬和浮动薪酬组成

固定薪酬	浮动薪酬
按照岗位价值评估和年度能力素质模型确定其薪级薪档，按照薪级薪档对应的薪酬，按月发放	基于高管的固浮比（5:5）形成的绩效薪酬，按年进行绩效考核，于次年春节前一次性核发

如表4-3所示，该企业的固定薪酬的初始来源是基于岗位价值评估所确定的薪级和能力素质模型所确定的薪档。浮动薪酬的设置依据固浮比来定，该企业高管的固浮比是5:5，即固定薪酬和浮动薪酬各占50%。

需要注意的是，在薪酬设计中，通过岗位价值评估和能力素质模型得到的薪级薪档，体现的是岗位价值和员工的能力价值，但并不涵盖对绩效薪酬的影响，所以可以作为薪酬固浮比设计中的固定薪酬基数。但是，很多企业的薪酬模式是从传统薪酬模式转化来的，在原来的薪酬模式中可能涵盖绩效等浮动薪酬，因而在转化成固定薪酬和浮动薪酬两部分时，需要将原来的薪酬基数看作总薪酬，而不单单是固定薪酬。

该企业还特别规定，固定薪酬需要按月发放，绩效薪酬在自然年结束之后，根据员工考核评价的结果在次年春节前一次性全部发放。若员工任职不满一年，则按照员工实际任职的时间核发。这种方式也是很多企业在设计高管薪酬时常用的方法。按月发放固定薪酬是为了增强员工的归属感和安全感，而按年发放浮动薪酬则是为了对企业高管起到很好的监管作用。因为高管对企业的影响是长期性的，如果所有的薪酬都按月发放，就很难对这些重要的岗位起到有效的监管和必要的约束作用。

同时，为了提升薪酬的激励性和高管团队的稳定性，该企业还针对高管设置了一项长期福利计划。这项福利计划包括三个方面：终生健康险、国内外进修和福利住房等。

固浮比的设计就是调整固定薪酬和浮动薪酬的相对比例关系。在前面的两章中，我们已经介绍了通过岗位价值评估和能力素质模型，可以分别得到岗位薪酬和能力薪酬，二者共同确定的薪酬部分就是固定薪酬。有了固定薪酬，企业只需要根据自身的情况确定固浮比，就能得到相应的浮动薪酬。

对企业中的大多数岗位而言，浮动薪酬主要是由绩效薪酬构成的。从某种意义上来说，设计浮动薪酬的核心就是设计绩效薪酬。关于绩效薪酬的设计，我们会在本章接下来的内容中进行详细的介绍。这里需要重点提一下，绩效薪酬的发放形式需要根据企业自身的情况以及岗位所处的职级来确定。比如，对一些小微型企业，或者对一些薪酬水平不高的企业来说，员工获得的薪酬本来就不高，如果再死板地使用年薪制，将绩效薪酬的发放拖很久，不仅无法激励员工，而且会适得其反。

同时，针对不同层级的岗位，在绩效薪酬的发放上也要遵循一定的原则。比如，对企业战略责任较小的基层岗位人员，由于其绩效目标能够在短期内得到较好的呈现。因此，对这些岗位可以采用月度绩效薪酬模式，也就是按月发放绩效薪酬。在具体的操作上，首先，需要通过上级领导制定员工的月度绩效目标；然后，进行月度绩效考核，根据考核结果计算出员工的月度浮动薪酬；最后，用相应的固浮比与岗位薪酬和能力薪酬组成的固定薪酬结合起来，就构成了该员工完整的月度薪酬。

主管、经理这一类中层管理人员相比处于基层岗位的人员来说，承担的责任更大，他们所负责的工作成果难以在短期内呈现。因此，许多企业会采用季度绩效薪酬模式，即按季度发放绩效薪酬。在具体操作时，需要对员工进行季度绩效考核，计算出员工的季度绩效薪酬并按照季度发放。

而对企业的核心人才、高管人员、项目负责人来说，由于他们对企业的战略和经营业绩直接负责，且对企业战略影响很大，所以对他们通常会采用年薪制，也就是按年度发放绩效薪酬。年薪制是国际上较为通用的一种薪酬分配方式，在具体操作时，需要对员工进行年度绩效考核，然后按照考核结果计算出员工的年度绩效薪酬并按照年度发放。

不过，无论是季度绩效薪酬还是年度绩效薪酬，固定薪酬都需要按月发放。

案例如下。

某企业是一家广东地区的电子厂，由于其岗位覆盖生产、销售、研发、供应链和职能等不同的岗位类型，岗位之间的绩效考核周期存在很大的差异，比如，生产工人的绩效每天都能计算核对；而销售团队的订单业绩往往需要一个月以上，有时甚至两三个月才能核算；技术研发团队想要取得成果的周期更长，一般需要半年甚至一年才能评估成果。

面对跨度差别如此大的岗位类别，为制定公平合理的薪酬模式，该企业特针对不同的岗位类型设置了不同的考核方式，其中包括针对生产、职能和供应链体系的基层岗位，设置了月度绩效薪酬；针对生产、职能和供应链体系的中层管理、销售体系和技术体系，设置了季度绩效薪酬；对于高管、销售和研发项目负责人则采取了年薪制。薪酬发放模式如表4-4所示。

表4-4 某企业薪酬发放模式

岗位	固定薪酬	绩效薪酬	奖金
生产、职能和供应链体系的基层岗位	月固定薪酬（每月发放）	月绩效工资（每月发放）	年终奖（根据经营效益，年后发放）
生产、职能和供应链体系的中层管理，销售体系和技术体系	月固定薪酬（每月发放）	季度绩效工资（每季度末发放）	年终奖（根据经营效益，年后发放）
高管、销售和研发项目负责人	月固定薪酬（每月发放）	年度绩效工资（年终发放）	年终奖（根据经营效益，年后发放）

从表4-4可以看出，除了固定薪酬和绩效薪酬，该企业还额外设置了年终奖来增强薪酬的激励性，一方面当作企业对员工辛苦工作一年的激励；另一方面是为了留住员工，避免出现年后大跳槽的情况，给企业造成损失。年终奖是和企业的效益挂钩的，也就是说，纯利润是设计年终奖的基本出发点，年度奖金应当是企业完成年度纯利润指标超额后的奖励。因此在设计年度奖金方案时，该企业采取的做法如下。

（1）根据企业年度纯利润的目标设计奖金，如果企业年度纯利润目标达到了某个标准（具体标准由企业自己确定），那么该企业就正常发放年终奖；如果没有达到企业的年度目标，那么就取消发放年终奖。一般来说，员工的年终奖数额往往是该员工的单月的月薪的数额（个人年度平均月薪）。

（2）如果超额完成企业的纯利润目标，那么就根据超额的额度设计超额奖金。该企业规定，本年度纯利指标为1000万元，如果完成1000万元的纯利润目标，企业所有员工都能获得一个月的月薪（个人年度平均月薪）作为年终奖；如果完成1200万元的纯利润目标，那么年底每位员工将获得二个月的月薪作为年终奖；如果完成1500万元的纯利润目标，那么年底每位员工将获得三个月的月薪作为年终奖。企业超额完成纯利润目标越高,员工的年终奖就越多。

也就是说,年终奖是将企业的整体效益和每一位员工的利益挂钩的。年终奖的设置不局限于某些高管或特殊岗位,而应该是面向企业的所有员工的,以此调动所有员工的工作积极性。

第二节 绩效目标的制定

在前面的内容中我们提到过,绩效薪酬是根据员工的绩效来计发浮动薪酬的。在绩效薪酬的计发过程中,需要对员工的绩效进行管理和考核。一套行之有效的绩效薪酬需要建立在科学合理并适合本企业的绩效管理与考核的基础上。所谓绩效管理就是各级管理者和员工共同参与到绩效目标制定、绩效指标分解、关键绩效指标提炼、绩效计划制订、绩效辅导沟通、绩效考核评估、绩效结果应用等流程中,从而促进个人、部门和组织的业绩达成,实现企业的目标。

对于企业来说,进行绩效管理与考核的前提条件就是绩效目标的制定。绩效目标制定得是否合理,在很大程度上会影响企业整体目标的实现以及个人绩效的达成,最终影响绩效薪酬的设计。简单来说,绩效管理与考核的过程就是对员工制定工作目标以及达成目标的监督与考核的过程。当员工达到预期的绩效目标时,就能获得预期的绩效薪酬;当员工未能达到预期的绩效目标时,就无法获得预期的绩效薪酬;当员工超额完成工作目标时,就能获得超额的绩效薪酬。由此可见,员工能否获得绩效薪酬及获得绩效薪酬的多少,关键在于员工的绩效考核结果。而员工绩效考核又是以绩效目标的制定为前提条件的。

所谓绩效目标是指企业和员工在开展工作之前,通过一定的标准,设定相关的工作完成目标,以便对员工的绩效进行客观的讨论、监督、衡量和考核。绩效目标的制定既非凭空而得,也不是企业管理者"拍脑袋"决定的,而是通过一些科学、合理的方法和流程得到的。

众所周知，企业战略是企业愿景和使命的承载，是企业发展的指引，是企业为之奋斗的方向。因此，在制定绩效目标时，首先需要从企业的战略高度出发，制定总体目标，绘制战略地图。然后再层层分解，得到部门和个人的绩效目标，从而形成企业有机的绩效目标体系。

在这里，战略地图的绘制是制定企业目标的关键。战略地图是用来描绘企业战略目标的工具，是指把一个企业的战略目标完整而简约地绘制在一张图上，成为企业所有部门和所有岗位为之奋斗的总目标，一个企业只能有一张战略地图，所以，我把它称之为"一司一图"。绘制战略地图的关键就在于将企业概念化的战略转化成一些具体的、量化的指标和数据。在绘制战略地图时，我们需要借助一项专业的绩效管理工具——平衡计分卡。

所谓平衡计分卡（Balanced Score Card，BSC）是从财务、客户、内部流程、学习与成长四个维度把企业战略落实为可操作的衡量指标和目标值的绩效管理方法。世界上第一张平衡计分卡是罗伯特·卡普兰在ADI公司（亚德诺半导体技术有限公司）推行ABC（作业成本法）时发明的一种绩效评价体系。罗伯特·卡普兰对这种评价体系进行深入的研究和改造后，形成了现在大家所熟知的平衡计分卡。

平衡计分卡的设计思路是从企业的愿景与使命出发，逐步分解得到企业的战略目标，再将战略目标分解到财务、客户、内部流程、学习与成长等四个维度上，从而构建起企业层面的绩效目标。这个过程的具体操作如下。

一、明确企业的愿景与使命

所谓企业的愿景就是说明企业想成为什么样的企业，企业的终极目标是什么，当我们实现这一愿景的时候是什么样的画面。而企业的使命就是说明企业为何存在，企业的价值贡献是什么，企业的存在给世界带来了什么样的改变，纵观世界上任何一家伟大的企业，在成立之初，都会构思自己的愿景与使命，比如美团的使命是"帮大家吃得更好，生活更好"，愿景是"把世界送到消费者手中"。阿里巴巴的使命是"让天下没有难做的生意"，愿景则是"让客户相会、工作和生活在阿里巴巴，并持续发展最少102年"。

每家企业都应该有自己独特的愿景与使命。企业的愿景与使命在很大程度上会直接影响企业的发展战略。可以说，愿景与使命是企业战略制定的重要基础和关键影响因素。企业有什么样的愿景与使命，就会有什么样的发展战略。所以，平衡计分卡要求我们在制定企业目标时，首先要以企业的愿景与使命为出发点。

二、确定战略目标

愿景与使命是企业的长远计划，是宏观和远大的。然而只有宏大的目标还不够，企业还需要清楚在中短期内自己需要做什么，要明确当下1~2年、3~5年或更长的时间内，企业需要完成哪些阶段性的战略任务，这就是企业的战略目标。

企业战略目标的内容可以是多样化的，比如企业在该阶段需要朝哪个方向发展、需要完成哪些任务、完成到什么程度等。以阿里巴巴为例，在2020财年之后，阿里巴巴CEO张勇宣布了集团下一个五年的战略目标是服务中国10亿位消费者，在阿里巴巴平台上实现人民币10万亿元的消费规模，并走向全球化。为了实现这一战略目标，阿里巴巴提出，将持续坚持"全球化、内需、云计算大数据"三大战略，并提出全球化是长期之战，内需是基石之战，云计算大数据是未来之战。

明确战略目标是我们设计平衡计分卡的前提条件，也是接下来绩效指标制定与分解的关键。可以说，如果没有明确的战略目标，企业就无法做好平衡记分卡，也很难做好绩效管理。

三、分解战略目标

平衡计分卡的核心和重点在于对企业战略目标的分解。在平衡计分卡中，企业的战略目标一般被分为四个维度：财务层面、客户层面、内部流程层面、学习与成长层面。在这四大维度中，我们会形成不同的量度指标，建立起不同维度下的指标计分卡。这些维度和指标，最终会形成一个环环相扣、层层递进的完整闭环。

（一）财务层面

通常来说，企业的战略可以分为三类：成长战略、维持战略和收获战略。成长战略是指企业的投入大于产出，经常出现在企业的初创期和成长期；维持战略是指企业的投入和产出基本平衡，主要出现在业绩稳定期；收获战略是指企业的产出大于投入，企业获得丰厚的回报。

无论哪种战略，都有一个最关键的量度评估指标，那就是财务指标。所谓财务指标就是企业评价财务状况和经营成果的指标，即企业投入了多少、盈利了多少。财务指标往往是企业比较关注的焦点和核心。

一般来说，财务层面的量度指标主要聚焦在这几个方面：盈利性、资产流动性、销售收入、市场价值和内部费用等，具体如表4-5所示。

表4-5　财务层面的常用量度指标

财务	量度指标
盈利性	营业收入、收入趋势、投资回报率、经济增加值等
资产流动性	现金流充足度、现金流趋势、利息保障倍数、资产周转率、存货周转率、应收账款周转率、平均收账期等
销售收入	主要产品销售规模、销售水平、销售趋势、新产品的销售比率、销售预测的准确度等
市场价值	股票价格、市盈率、每股市价对账面价值的比率等
内部费用	人力成本总额控制率、培训费用预算达成率、招聘费用预算达成率、部门费用预算达成率、不良账款比率、投资收益率、计划达成率、销售目标达成率、专项费用达成率、办公费用预算达成率等

（二）客户层面

平衡计分卡规定，企业与客户的连接程度将影响和决定企业财务层面的好坏，关乎企业的存亡。所以，为了实现财务层面的指标，企业必须重视客户的利益，维护好与客户的关系。为此，平衡计分卡特意设置了客户层面的量度指标。

对于不同行业的企业来说，具体的客户指标是不同的。一般来说，客户利益主要有四大类型：产品与服务、关系、形象、客户量。因此，平衡计分卡中所有客户层面的量度指标，一般也主要是围绕这四大类型建构的。比如，"产品与服务"指标是指企业为客户提供的产品和服务情况，一般会涉及产品与服务的功能、质量、价格、时间、选择等一系列的指标；"关系"指标主要是指企业与客户在售前、售中、售后过程中的关系情况，主要包括客户的情况调查、服务满意度、客户投诉情况等；"形象"指标主要是指企业的品牌的建立情况，主要包括销售业绩趋势、市场美誉度等；"客户量"指标主要包括老客户保有量、新客户增加量、现有客户量等，具体如表4-6所示。

表4-6 客户层面的常用量度指标

客户	量度指标
产品与服务	产品功能、质量、价格、时间、选择等
关系	客户调查情况、服务满意度、服务速度及效率、客户退货与抱怨、客户投诉解决速度、续期任务达成率、服务推广数量的达成率等
形象	销售业绩趋势、市场占有率、市场知名度、市场美誉度、销售技能培训情况、媒体报道情况、危机公关出现次数及处理情况、公共关系维护状况等
客户量	老客户保有量、新客户增加量、现有客户量等

（三）内部流程层面

平衡计分卡规定，为了满足客户的需求，维系与客户的良好关系，组织的内部流程必须得到良好的保障。没有良好的内部流程，企业就无法在客户层面取得成功。比如，客户层面的"产品与服务"指标的达成，就需要有内部流程的质检体系、生产调控体系、业务流程体系等一系列指标作为支撑。

企业的内部流程量度指标是由企业实际的生产、经营和管理流程决定的。对于生产型组织来说，最常用的内部流程指标是按照生产的业务流程划分的，包括质量、生产率、设备准备和安全性等，具体如表 4-7 所示。

表 4-7 生产型企业内部流程层面的常用量度指标

内部流程	量度指标
质量	次品数量、退货数量、废料数量、返工数量、实地服务报告、担保索赔、供货商质量缺陷等
生产率	循环时间（从原材料到完成品）、劳动效率、机器效率、浪费、返工、废料数量等
设备准备	停工时间、操作工经验、机器产能、维护等
安全性	事故影响

对于较为普遍的职能型组织来说，常用的内部流程指标主要是按企业的内部沟通和管理流程来划分的，划分的方式和类型有很多，企业需要根据自身情况进行调整，表 4-8 是某企业根据自身情况进行的内部流程常用量度指标划分，其内部流程划分为信息流程、数据流程、项目与方案、工作效率等。

表 4-8 企业内部流程层面的常用量度指标

内部流程	量度指标
信息流程	企业信息更新的及时性、信息收集的准确性、信息内容的出错率、信息披露的及时性、信息更新的延误率、新闻审稿的准确性、文书档案的归档率、宣传档案的归档率、项目可行性分析报告质量、内部网络的安全性、工作文档管理的完整性和时效性等

续表

内部流程	量度指标
数据流程	报表数据的出错率、财务报表的出错率、财务分析的出错率、预算的准确率、绩效考核数据的准确率等
项目与方案	策划方案的成功率，个案完成的及时性，项目论证的参与程度、效果，项目报告深度等
工作效率	工作目标计划的完成率，工作协同的配合度，工作承接的响应度，内外沟通的畅通度，统计分析的准确性和及时性，会议组织、安排的效率，人员编制的空置率，工作制度和工作流程实施、改进的比率，后台支持的主动性等

（四）学习与成长层面

对于企业来说，所有的价值创造都是由岗位上的员工来实现的。无论是财务目标、客户目标，还是内部流程目标，都需要员工来达成。企业想要实现业务提升，就必须相应地提高员工的能力。因此，平衡计分卡的设置十分注重员工的个人成长，设置了学习与成长层面的量度指标。

学习与成长层面的量度指标主要有三大来源：人力、系统和组织。人力主要包括人员的技能、专业度、士气、状态、满意度、稳定性等；系统主要是指企业的信息畅通情况，有没有形成良好的沟通机制；组织主要涵盖培训机制、经验总结与分享、人员适应性等内容。

我们对以上三个方面的量度指标进行归纳，就形成了企业在学习与成长层面的量度指标。对于大多数企业来说，学习与成长层面主要包括技能发展、员工士气、竞争力、建议与制度等，具体如表4-9所示。

表4-9 技术型企业学习与成长层面的常用量度指标

学习与成长	量度指标
技能发展	培训时间、技能改进、新技术的掌握运用程度等
员工士气	员工的自然流动率、内部员工的满意度、员工的满意度调查、员工的状态调控计划等

续表

学习与成长	量度指标
竞争力	个人培训参加率、团队建设成功率、培训参与率、培训类别、培训与探讨参与率、员工合作性、创新建议采纳率等
建议与制度	提出建议的数量与质量、企业制度规划的制定及实施

利用平衡计分卡的内容对企业战略目标进行制定和分解，是很多企业十分常用的手段。在这里，我们继续以阿里巴巴为例，对其战略目标进行分解。

首先是财务层面，阿里巴巴提出其战略目标是在5年内，达到10万亿元的消费规模。那么，在这个战略目标中，其利润要达到多少？费用要控制为多少？每个平台应该贡献多少？这些指标就是具体的财务层面的指标。

其次是客户层面，要达成10万亿元的消费规模，客户层面需要考虑的指标应该是需要多少位客户，需要有多少个商家，需要达成多少次消费，细分到每个平台这些指标又是如何的。这些都是制定客户层面指标时需要思考的内容。

同时，为了满足如此庞大的客户需求，企业需要什么样的组织架构？内部流程需要做什么样的调整？设置多少个平台？分别需要多少个部门和岗位？需要什么样的流程体系？这些都是内部流程层面的指标内容。

最后，所有的工作都要落实到具体的员工身上。要实现这个战略目标，达成相应的财务目标、客户目标和内部流程目标，企业需要什么样的人？需要多少人？这些人需要具备什么样的能力？如果人员的能力不足，企业应该淘汰还是培训？怎样培训？需要什么样的制度保障，才能达成战略目标？这些都是学习与成长层面的指标。

平衡计分卡的最大作用在于，利用四个维度的指标，将企业概念化的战略分解成具体的、量化的绩效目标。比如，某企业根据平衡计分卡，提炼出自身的绩效目标为营业额增长25%、新品研发数量增长

50%、门店新开拓数量达到 1000 家等。利用这些具体的、量化的指标，就可以绘制出企业需要的战略地图。

对于企业来说，战略地图的绘制不仅关系着企业战略的梳理和完善，还影响着其绩效目标的分解，关系各个部门和员工绩效目标的制定和执行。所以，利用平衡计分卡绘制战略地图得到企业目标，是我们制定各级岗位绩效目标的基础和前提。

案例：某消费品企业根据 BSC 绘制的企业战略地图。

图 4-2 是某消费品企业根据 BSC 绘制的企业战略地图。该企业的愿景与使命是"成为某消费品领域的行业领导者"。基于这一愿景与使命，该企业制定的阶段性战略目标是"5 年内成为某消费品领域的行业领导者"。为了实现这一战略目标，该企业通过 BSC 层层倒推，分解得到企业的战略地图。

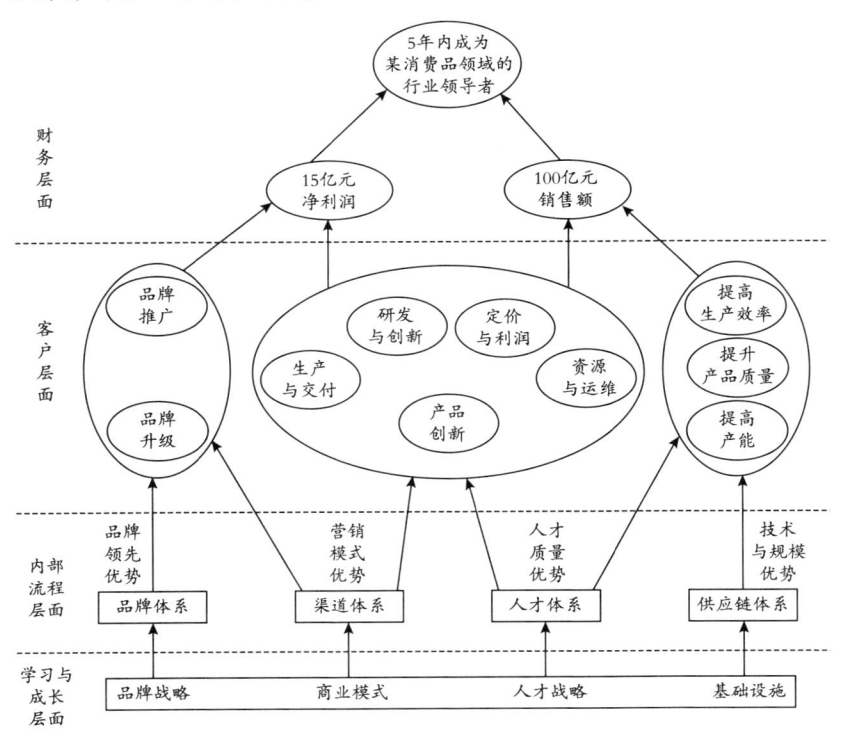

图 4-2　某消费品企业根据 BSC 绘制的企业战略地图

首先，为了实现"5年内成为某消费品领域的行业领导者"这一战略目标，该企业在财务层面提出了两个目标，一是达到100亿元的销售额，二是实现净利润15亿元。为了实现两大财务目标，企业在客户层面提出了品牌、产品、生产等三大客户战略，明确了相应的重点工作。为了有效地满足客户服务，企业在内部流程层面提出了四个核心点，分别是品牌体系、渠道体系、人才体系、供应链体系；最后再倒推到团队的学习与成长层面的品牌战略、商业模式、人才战略和基础设施等，明确提升的方向。

基于这一战略地图，该企业对四大维度下的关键量度指标进行了量度类型确认和指标具体化，如表4-10所示。

表4-10　某企业四大维度对应关键量度指标表

四大维度	关键量度指标	量度类型	具体指标
财务层面	100亿元销售额	销售额	增长5倍
	15亿元净利润	净利润	增长3倍
客户层面	品牌升级	单价	提升30%
	生产与交付	产量	提升100%
	研发与创新	新品	增加400%
	资源与运维	客户量	增加200%
内部流程层面	渠道体系	新渠道	新增三类行业渠道
	人才体系	研发人才	新增50%
	供应链体系	技术规范	行业标准制定者
学习与成长层面	品牌战略	品牌认知	品牌理念重塑
	商业模式	商业模式	商业模式创新
	人才战略	人才质量	人才供应链
	基础设施	业务系统	智能化生产系统

如此一来，该企业从愿景与使命到战略目标，再到四个维度指标，最后到确认关键量度指标，并对指标进行量化，层层分解、倒推，得到清晰的企业绩效目标，为企业绩效薪酬体系建立了坚实的基础。

第三节 绩效目标分解

在上一节的内容中，我们利用平衡计分卡得到了企业在财务层面、客户层面、内部流程层面、学习与成长层面等四个维度的量度指标，绘制出战略地图，形成了企业整体的绩效目标。不过，光有企业整体的绩效目标还远远不够。我们都知道，绩效系统是需要企业各部门、团队和个人去完成的，所以企业整体的绩效目标最终也需要落实到企业各部门、团队和个人身上。否则，再完美的企业整体绩效目标也只是空中楼阁，不可能实现。

将企业整体的绩效目标分解到企业各部门、团队和个人的过程，叫绩效目标分解。企业在进行绩效目标分解的时候，也需要借助一定的工具和手段。在企业绩效目标分解过程中，最常用的工具就是目标管理（Management By Objective，MBO）。

目标管理是管理大师彼得·德鲁克提出的，是以绩效目标为导向、以员工为中心、以成果为标准，使组织和个人取得最佳业绩的一种管理方法。

在进行目标分解时，目标管理要求企业自上而下地将工作目标层层分解，并自下而上地保证分解目标得以实现。通常来说，企业在使用目标管理进行绩效目标分解时，需要经历以下三个环节。第一，根据企业战略地图制定企业整体绩效目标，得到"一司一图"；第二，把企业整体绩效目标分解到企业的各个部门，得到"一部一表"；第三，把部门绩效目标分解到个人，得到"一人一书"，如图4-3所示。

一、对企业战略进行解码，得到"一司一图"

在目标管理中，绩效目标的制定与分解是一个自上而下的过程，

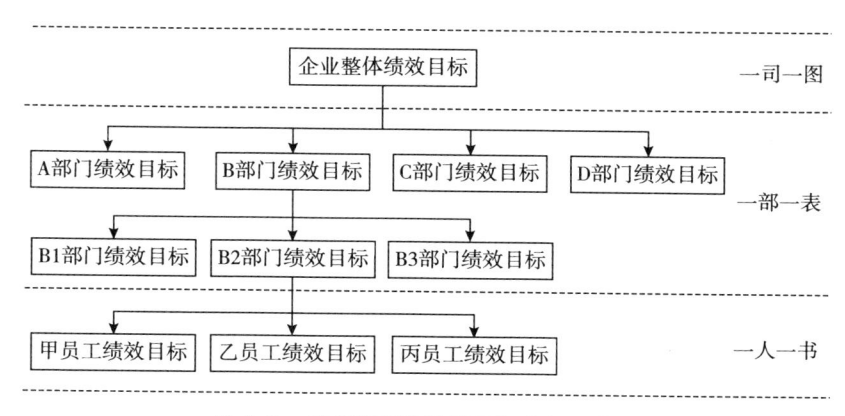

```
┌─────────────────────────┐
│     企业整体绩效目标     │         一司一图
└─────────────────────────┘
    ↓      ↓      ↓      ↓
┌──────┐┌──────┐┌──────┐┌──────┐
│A部门 ││B部门 ││C部门 ││D部门 │    一部一表
│绩效目标││绩效目标││绩效目标││绩效目标│
└──────┘└──────┘└──────┘└──────┘
┌──────┐┌──────┐┌──────┐
│B1部门││B2部门││B3部门│
│绩效目标││绩效目标││绩效目标│
└──────┘└──────┘└──────┘
┌──────┐┌──────┐┌──────┐
│甲员工││乙员工││丙员工│       一人一书
│绩效目标││绩效目标││绩效目标│
└──────┘└──────┘└──────┘
```

图 4-3　目标管理法绩效目标分解示意图

需要从企业战略高度出发，制定企业层级的绩效目标，再分解到部门层级，最后将指标落在每位员工的身上。其中，战略目标分解是制定各个绩效指标的关键，套用现在比较流行的说法，这一步也叫战略解码。所谓战略解码就是根据企业既定的战略进行的目标制定与分解。在上一节的内容中，我们利用平衡计分卡，对企业战略进行解码，绘制出战略地图，得到了企业层级的整体绩效目标。表 4-11 是某企业的企业层级整体绩效目标分解示例。

二、把企业的目标分解到部门，得到"一部一表"

企业的战略地图是我们进行绩效目标分解的纲领性文件。根据战略地图，我们可以把企业的整体目标分解到不同的部门内，形成部门一层的目标，也就是形成"一部一表"。这里的"表"是指部门目标简表。

在部门目标简表中，我们要将企业的绩效目标明确地划分到各个部门，形成部门绩效目标。比如，某企业财务层面的量度指标是完成 10 亿元的销售额。由于销售额这一目标在销售部的职责范围内，所以需要把这一目标划分给销售部门。该企业的销售部有四个销售团队，因此企业根据团队历史业绩和人员编制情况，为四个团队制定了具体

表4-11 某企业的企业层级整体绩效目标分解示例

组织示意图	企业层级整体绩效目标	各部门分解绩效目标	
		销售部	研发部
	销售额 10 亿元	1. 销售额 10 亿元； 2. 销售费比在 25% 以内； 3. 新增 2000 个售点	1. 研发上市 5 项新产品； 2. 研发费用 300 万元内； 3. 预研发 8 项新产品
	净利润 1 亿元		
	研发 5 项新产品		
	产品合格率 98%	……	……
	……		

的销售额目标：A 团队销售额为 2.8 亿元、B 团队销售额为 2 亿元、C 团队销售额为 3 亿元和 D 团队销售额为 2.2 亿元。这样一来，就形成了部门和团队级别的目标分解。

以上是纵向的目标分解，纵向的目标分解后，还需要部门与部门之间进行横向的目标沟通与分解，比如，A 团队完成 2.5 亿元的销售额目标，需要的人员的增补、人员的培训、人员的晋升或降级及调岗等异动等；需要的产品或服务的各项需求，比如，产品的供给、产品的更新迭代、产品的品质保障、服务的响应速度、服务的素质能力等。由此延展到对财务、供应链、品牌市场推广等的需求，这些需求的具体关键指标就构成了其他相关部门的目标简表。

需要注意的是，绩效目标分解的过程并不是各部门的平均分配，而是需要根据各部门的业务和职责范围，对目标进行提炼，形成关键绩效目标指标库；再根据影响力、可衡量性、可控制性等方面的内容，对各部门的指标进行评估和划分。一般来说，每个部门的指标应该维持在 3~7 个，最多不要超过 10 个，如表 4-12 是某企业销售部绩效目标分解简表。

三、对部门目标分解到个人，形成"一人一书"

部门的绩效目标一旦确定后，我们就可以继续往下分解，得到员工个人的绩效目标，形成员工的"一人一书"。这里的"书"是指员工的"个人目标计划书"或者"个人绩效承诺书"，也就是员工向组织承诺自己将达到什么目标的保证书。

在分解部门目标时，往往需要该部门的直接负责人根据部门员工的岗位职责、业务能力，以及市场情况等因素，将部门背负的目标分解给不同的员工，最终得到一张员工个人承诺书。

通过这 3 个步骤，可以从企业战略中分解得到企业、部门和个人 3 个层级的绩效目标。比如，某企业根据自身战略绘制"一司一图"，制定

表4-12 某企业销售部绩效目标分解简表

组织层级示意图	销售部绩效目标	销售部绩效目标	各销售团队分解绩效目标	各销售团队分解绩效目标	
			A团队	B团队	……
(组织结构图：销售部及下属各团队)	销售额	10亿元	1. 销售额2.5亿元； 2. 新增售点800个； 3. 销售费用6000万元	1. 销售额2亿元； 2. 新增售点600个； 3. 销售费用4500万元	……
	销售费比在	25%以内			
	新增	2000个售点			
	新增销售骨干50名				
	……				

出企业整体的绩效目标是完成10亿元的销售额；然后，该企业将该目标分解给四个销售团队，形成"一部一表"，得到A团队2.8亿元、B团队2亿元、C团队3亿元和D团队2.2亿元的销售额目标；而各团队又根据内部人员的情况，将绩效目标分解给每名员工，得到了更加具体的个人绩效指标。其中，乙员工是B团队的金牌销售员，他分得的绩效指标是在原有售点和销售规模的基础上，做到A类售点增加20个，销售额增长50%；B类售点增加80个，销售额增长100%；C类售点增加100个，销售额增长10%；回款率达到98%以上，售点流失率在2%以内等。如表4-13为某企业销售部A团队乙员工绩效目标分解简表。

最后，通过与乙员工本人沟通，得到乙员工认可并达成一致后，形成乙员工的绩效承诺书，即"一人一书"，如表4-14所示为某企业销售部A团队乙员工绩效目标承诺书（一人一书）。

在表4-11至表4-14中，关于某企业绩效目标分解示例是经过一些简化处理的，目标略显粗略。在实际工作中，绩效目标会更加细致，指标项也会有所增减。不过，通过目标管理对绩效目标进行层层分解的设计思路和操作流程是不变的。

同时，一些企业为了保证上一级目标的顺利实现，往往会在向下分解目标时进行"加码"，也就是提高下一级的绩效目标。这种情况在现实中较为普遍，不过具体操作时需要维持在一定的尺度内，不能过量。同时，绩效目标一旦增长，相应的配套资源也需要提升，比如，某企业制定的绩效目标是"实现业绩增长30%"，那么所有配套的资源都是为实现这一绩效目标而规划的。当企业对该绩效目标进行"加码"，将目标改为"实现业绩增长40%"，那么配套的资源也应该成比例增加。如果目标改变了，相应的配套资源却没有变化，那么该绩效目标的设置就是不合理的，往往难以达成。

在制定和分解目标时，我们往往还会面临一个问题，那就是目标的可实现程度。如果目标过于简单，可以轻松完成，对于部门和员工来说就会缺乏挑战性；如果目标过于有难度，根本无法完成，那么对于

表4-13 某企业销售部A团队乙员工绩效目标分解简表

组织层级示意图	销售部B团队绩效目标		销售部B团队各员工分解绩效目标	
	销售额 2亿元		乙员工	……
	新增售点 600个		1. 年度销售额6000万元； 2. 新增售点 200个； 3. 回款率为98%以上	
	销售费用 4500万元			
	新增销售员 15名			
	……			

表 4-14　某企业销售部 A 团队乙员工绩效目标承诺书（一人一书）

销售目标分解	年度销售目标	6000 万元			
	季度销售目标分解	一季度	二季度	三季度	四季度
	1. 销售目标（万元）	800	1200	1800	2200
	2. 销售费用占比（%）	30	30	28	25
增长指标分解	以上年度售点和销售额为基础，本年度新的售点开发和销售额提升	1. A 类售点增加 20 个，销售额增长 50%			
		2. B 类售点增加 80 个，销售额增长 100%			
		3. C 类售点增加 100 个，销售额增长 10%			
其他指标	1. 回款率为 98% 以上				
	2. 售点流失率在 2% 以内				
	3. 客户投诉率在 5% 以内				

就本绩效承诺书，与直接上级进行了充分沟通，知悉并完全理解本承诺书中的××××年度销售目标、增长指标和其他指标等，完全了解本绩效承诺书的所有约定并达成共识，接受企业就本绩效承诺书中的绩效进行相应的绩效考核

上级主管签名：　　　　　　　　　　　　　　　乙员工签名：

部门和员工来说就失去了激励性。所以，目标的可实现程度也是我们需要考虑的问题，比如，部门和员工未能达成目标时，我们该怎么办？基本达成目标时，我们该怎么办？超额完成目标时，我们又该怎么办？

针对这类问题，企业在设置各层级目标时，可以额外地增加一些不同等级的绩效目标，形成三阶目标，即保底目标、挑战目标、冲刺目标。保底目标是对企业、部门和员工的最基本要求；挑战目标是需要企业、部门和员工共同努力才能实现的目标；冲刺目标则需要企业、部门和员工共同付出巨大的努力才能实现的目标。设置三阶目标的目的是保证部门和员工能达成基本目标，并不断挑战更高的目标。

比如，某企业针对销售额制定了三阶目标，即企业层面的保底目标为 5 亿元，挑战目标为 6 亿元，冲刺目标为 8 亿元；根据企业的三阶目标，A 团队也制定了自己的三阶目标，即保底目标为 8000 万元，挑战目标为 9000 万元，冲刺目标为 1 亿元；同时，A 团队也为其内部的 15 名销售员制定了三阶目标，其中，金牌销售员小王的三阶目标是

保底目标为 600 万元，挑战目标为 720 万元，冲刺目标为 900 万元。

利用平衡计分卡绘制企业战略地图，再通过目标管理得到企业层面的"一司一图"，继而分解得到部门层面的"一部一表"和个人层面的"一人一书"，形成涵盖企业、部门、个人的三阶目标。并且在制定和分解各级绩效目标时，尽可能合理地为企业、部门和个人设置保底目标、挑战目标和冲刺目标，最终形成"三级三阶"的绩效目标体系。

"三级三阶"的绩效目标划分一方面可以确保每个部门、每名员工都有自己的保底目标、挑战目标和冲刺目标，有助于达成企业的整体绩效目标，实现企业战略；另一方面也可以按照对应的目标完成等级，对部门和员工实行不同的奖励，有很强的激励性。所以，这种方式受到很多企业的欢迎。

从"一司一图"到"一部一表"，再到"一人一书"，最后到"三级三阶"绩效目标的划分，整个绩效目标分解的过程可谓环环相扣，节节相连，容不得丝毫马虎。因此，企业在进行这一项工作时，往往需要有绩效管理专家或者外部咨询顾问等专业人士介入，以保证操作的准确性。读者可以扫描本书"结束语"后面的微信二维码，获得更具针对性的操作指引。

第四节　绩效指标的提炼

利用平衡计分卡绘制企业的战略地图，并利用战略地图制定企业的绩效目标。然后，再通过目标管理对企业绩效目标进行分解，得到部门和个人的绩效目标。这就是绩效目标的制定与分解的流程。

值得一提的是，在这个过程中，个人的绩效目标是由个人负责的，部门和团队的绩效目标则一般是由部门和团队的管理者负责的。所以，对企业各级管理者而言，除了需要对自己的个人绩效负责任，更重要的是对整个部门和团队的绩效负责任。因此，在制定各级管理者的绩效目标时，一般会将各级管理者与其对应的管理部门的绩效进行强关联。

但是，基层的员工则不同。在大多数情况下，员工的个人绩效目标会被转化成具体的、可量化的行为指标，他们只需要完成这些规定的指标即可。比如新媒体运营岗位的绩效目标是完成50万个的年度增粉量。不过，在制定该员工的绩效指标时，企业往往不会直接使用这个绩效目标作为考核项，而是将其转化成一定的行为指标，比如每天上传原创文章2篇，每天回复粉丝留言和互动留言50条以上，每周策划并举办1次线上抽奖活动，每季度策划并举办1次线下活动，每年策划并举办1次年度回馈粉丝活动等。通常来说，如果该员工能够顺利地完成企业制定的行为指标，往往就能达成预期的绩效目标。

这就是我们常说的"管理者对结果负责，员工对过程负责"。无论是绩效目标的制定，还是对绩效结果的考核，都应该注意这一原则。当然，对于销售人员、生产人员这类可直接量化绩效结果的一线员工来说，他们必须对结果负责。

除了以上这条原则，在确定绩效目标时，我们还需要注意绩效目标的可量化程度和行为化程度。在绩效目标的制定上，一定要做到"能量化的就量化，不能量化的就行为化"。换而言之，能用数据说话的，要尽可能地用数据说话；不能用数据说话的，就需要针对员工的行为表现设置一定的衡量标准。

为了实现这一原则，我们在制定绩效指标时，需要引入两个新的绩效管理工具，那就是HR比较熟悉的关键绩效指标（Key Performance Indicator，KPI）和关键绩效事件（Key Performance Affair，KPA）。

一、关键绩效指标

关键绩效指标是大家比较熟悉的绩效管理工具。它是指对部门或个人达成业绩目标有关键性影响的核心指标，是绩效目标制定的重要组成部分，也是企业绩效管理的基础。它通常以量化的数据形式出现，包括具体的量化数字和比率，比如，某企业市场部要完成 5000 万元的销售额，研发部要研发 5 项新产品，某客服人员的好评率要达到 95%，某生产工人所做的产品出厂合格率要达到 97% 等，类似这些对部门和个人业绩目标的达成有重要影响的数据，就是部门和个人的 KPI。

一般情况下，企业在设置 KPI 时，会根据不同的体系区分出数字指标和比率指标。通常来说，生产体系和销售体系的 KPI 多用量化的数字指标，因为这两个体系有具体的生产量和销售量作为参考；而其他体系的 KPI 则多为比率，其中主要有效益类指标，比如利润率、现金周转率；营运类指标，比如市场占有率、客户转化率；组织类指标，比如满意度、到岗率等。

当然，在设置 KPI 的时候，有的企业也会将数字指标和比率指标混合使用，以保证绩效指标的全面性、完整性和考核的准确性。比如针对销售经理这个岗位，有些企业会同时将销售额和利润率作为绩效指标进行考核。关于 KPI 的设置，主要有以下四个流程。

（一）提炼关键绩效指标

提炼关键绩效指标是利用企业绩效目标分解得到的个人绩效目标，结合岗位说明书和该岗位员工过往的工作情况等，明确岗位员工的实际产出，进而提炼出影响该岗位绩效的关键指标项。

比如某科技型企业的招聘专员，从绩效目标分解得到的个人绩效目标是年招聘人数超过 50 人，新入职员工通过试用期的合格率不得低于 80%。该企业通过招聘专员的岗位说明书，以及以往几年的具体的工作情况，将这个岗位的绩效目标进行细分，并提炼了几项关键绩效指标：年度筛选简历数量不低于 1200 份，年度电话邀约数量不少于 400 个，年度面试数量不低于 240 次、复试数量不低于 120 次，通过试用期的入职人数不低于 60 人、试用期流失率不高于 20%，再根据这些年度指标，分解到季度或月份，甚至可以分解到周。对于招聘专员来说，这些细分的指标就是其实现绩效目标的核心内容。所以，通过明确这些内容，该企业就形成了招聘专员的 KPI。

同时，由于各项 KPI 指标对员工绩效的影响程度不同。所以在提炼时，往往还需要考虑指标的权重比例分配。一般来说，与绩效目标的关联度越大，KPI 指标的权重占比也应该越大。仍以招聘专员为例，在其众多的 KPI 指标中，"通过试用期的入职人数"这一项指标与该岗位的绩效目标关联度最大，是评估这一岗位比较重要的 KPI 指标。所以，这一指标权重占比也一定大于其他指标的占比。

案例：某企业培训专员岗位的关键绩效指标与权重占比，如表 4-15。

表 4-15　某企业培训专员岗位的关键绩效指标与权重占比

关键绩效指标	权重占比
工作计划达成率	50%
新员工培训	20%
发掘培训资源	15%
培训需求受理	15%

另外，在提炼绩效指标的过程中，我们还需要遵守两大原则。第一个原则是职位等级越高，指标项越多；职位等级越低，指标项越少。这一点很容易理解，就是职位等级越高，其责任越大、绩效要求越高，指标项自然就越多；相反，对于职位等级较低的员工，由于其对企业的责任和贡献是有限的，所以不必设置太多的指标项。一般情况下，基层员工的 KPI 指标应维持在 3~5 个，高层管理者的 KPI 指标可以达到 7~9 个，甚至更多。

第二个原则是"SMART 原则"，即提炼和制定的 KPI 指标应该是具体的（Specific）、可度量的（Measurable）、可实现的（Attainable）、有关联性的（Relevant）、有时限性的（Time-bound）。

"具体的"是指我们提炼的绩效指标要切中特定的工作指标，不能笼统，要是具体的；"可度量的"是指绩效指标应该是数量化的或者行为化的，验证这些绩效指标的数据或者信息是可以获得的；"可实现的"是指绩效指标应该保证员工在付出努力的情况下可以实现的目标，避免设立过高或过低的目标；"有关联性的"是指绩效指标和上级目标具有明确的关联性，与企业的目标一致；"有时限性的"是要求我们注重完成绩效指标的特定期限。

（二）设立考核标准

关键绩效指标考核是指从一些对岗位绩效目标产生重要影响的内容着手，去评估员工的绩效结果。在这个过程中，考核标准的重要性不言而喻，缺乏标准、没有明确释义的绩效指标，不仅是无效的，而且很可能会引发矛盾和冲突，造成绩效管理失效。设立考核标准的目的就是帮助我们明确员工的绩效指标达到了何种水平。通常来说，设立指标考核标准和提炼关键绩效指标应该是同步完成的。

由于每个岗位都有特殊性，所以在设立考核标准时，需要充分考虑岗位特点，并结合企业的实际情况。一般情况下，考核标准的设立包括三类情况。

第一，直接得分制。直接得分制是指达成某个指标的标准，就获得对应的分数，没有达成就无法获得分数。比如，某企业招聘专员的KPI中有一项"邀约量"，要求该岗位员工每月完成100个邀约。那么，该员工完成100个邀约时，就代表完成了该项指标，获得该项指标对应的分数。如果没有完成100个邀约，就代表未能完成该项指标，无法获得该项指标对应的分数。

第二，等级得分制。等级得分制就是对每一项绩效指标进行等级划分，达成不同的目标等级就获得不同等级对应的分数；最后，通过分值来对绩效结果进行评估。比如，某企业招聘专员的绩效考核总分为100分，邀约量得分占比为20%，因此该项指标的得分为20分。如果采用等级得分制，我们可以进行如下设置：完成100个邀约获得20分（该项满分），完成80个邀约获得15分，完成60个邀约获得10分，完成60个以下的邀约不得分。

第三，扣分制。扣分制就是对每一项绩效指标进行权重划分，然后得出各项指标对应的分数。完成指标不扣分，未完成指标则扣除对应的分数。比如，某企业招聘专员的绩效考核总分为100分，邀约量得分占比20%，因此该项指标的得分为20分。如果采用扣分制，我们可以设置为每少完成1个邀约，则相应扣掉0.5分；如果少完成30个邀约，该项不得分。

当然，在实际的操作中，由于指标的重要程度、可量化程度及企业自身的要求，很多企业会将三种方法混合使用，其效果也较为显著。

案例：某企业根据自身情况制定的培训专员关键绩效指标与相应的绩效考核标准，如表4-16所示。

表4-16　某企业制定的培训专员关键绩效指标体系

关键绩效指标	权重占比	分值	指标要求	考核标准
工作计划达成率	50%	50	计划达成率达到90%	达到90%即得50分，没达到不得分
新员工培训	20%	20	每月4次，每周二定期开展	每少开1次，扣10分，每月少开2次，该项不得分
培训资源发掘	15%	15	每月发掘4门课程	完成4门，得15分；完成2门，得8分；完成2门以下，不得分
培训需求受理	15%	15	需求受理达到100%	达到100%即得15分，没达到不得分

（三）核准确认

当我们完成了关键绩效指标的提炼和相应的考核标准设置，还需要对指标进行核准确认，看这些提炼的关键绩效指标是否能够全面地、客观地反映被考核对象的工作绩效，并且是否适用于企业实际的考核操作。在核准确认环节，我们主要关注以下几个方面。

1）所提炼的关键绩效指标是否直接关联绩效目标？

2）所提炼的关键绩效指标是否可以被证明和考核？

3）所提炼的关键绩效指标是否有重复考核的情况？

4）所提炼的关键绩效指标是否可以覆盖被考核者80%以上的工作？

5）所提炼的关键绩效指标是否可以操作，是否与其他同事的工作保持衔接？

6）所提炼的关键绩效指标是否具备调整的可能性，是短期考核指标还是长期考核指标？是固定考核指标还是变动考核指标？

（四）持续优化

对于企业来说，KPI的制定不是一劳永逸的。无数的实践证明，动态的KPI不仅要比固定的KPI更能激发员工的动力，同时更能满足企业在不断发展中动态调整的实际需求。因此，企业的KPI需要在实践过程中进行不断的优化和调整，具体的方法可以参考PDCA循环的科学程序。所谓PDCA循环就是将绩效管理分为四个阶段，即计划（Plan）、执行（Do）、检查（Check）和处理（Act）。在管理中，要求把各项工作按照制订计划、执行计划、检查实施效果、处理结果的步骤来推进，然后将满意的结果纳入标准，不满意的结果待下一循环去解决。其具体操作流程如下。

➢ 计划（Plan）：根据目标，对提炼的关键绩效指标进行审慎确认；

➢ 执行（Do）：实施KPI指标考核；

➢ 检查（Check）：评估KPI考核结果的有效性；

➢ 处理（Act）：如果对结果不满意，就返回到计划阶段，重新调整考核指标；如果对结果满意就对考核指标进行归类和持续执行。

重点突出、量化明确、考核方便是KPI比较显著的优点。但是，KPI也存在一些不足。比如，它对量化的要求较高，导致一些企业在实行KPI时，出现过度量化的情况。其实，在实际工作中，有很多工作的量化是存在难度的,或者说是无法简单地进行量化的,比如行政、HR、财务等职能部门的部分工作内容往往就存在量化困难、KPI考核难度大的问题。对于这些岗位的考核,不能单纯地使用KPI指标,而应该在KPI的基础上,引入KPA指标,将员工的绩效指标行为化和事件化,对员工的具体行为和表现进行考核。

二、关键绩效事件

关键绩效事件是指对部门或个人完成绩效目标有关键性影响的事件,它通常以行为化的描述出现,比如,某公司行政部的年会准备工作、某行政岗位的客户接待工作、某企业文化岗位的团队建设活动的筹备工作等,这些工作往往难以简单地量化,无法直接地转化为部门或员工的KPI,就需要用KPA来描述和衡量。

案例如表4-17所示。

表4-17 某企业公关经理的绩效指标体系

工作类别	绩效指标项	指标类别	权重占比	得分	绩效数据来源
内部公关	公司新闻发文量、展现量与阅读量	KPI	15%	15	企业网站、公众号
	品牌活动执行满意度	KPA	15%	15	主办部门
外部公关	策划公关活动方案及次数	KPI	30%	30	品牌部
	媒介资源数量	KPI	20%	20	品牌部
	危机公关响应度及完成度	KPA	30%	30	品牌部

KPA的制定标准比较灵活,企业往往可以根据自身的特点和需求进行设计。比如,阿里巴巴的KPA就很有特点,是根据企业的文化价值观进行设置的。马云曾说过:"企业文化是考核出来的,不考核的企业文化全是瞎扯。"所以,无论是最早的"独孤九剑",还是后来的"六脉神剑",抑或是更新的"新六脉神剑",阿里巴巴持续迭代的企业文化价值观都建立了系统的KPA考核体系。在这里,我们就以阿里

巴巴的"六脉神剑"为例，分析 KPA 的特点和设计技巧。

案例：阿里巴巴"六脉神剑"的 KPA 考核体系。

图 4-4 是阿里巴巴的"六脉神剑"的 KPA 考核体系图，表 4-18 是"六脉神剑"的考核内容及评价标准。

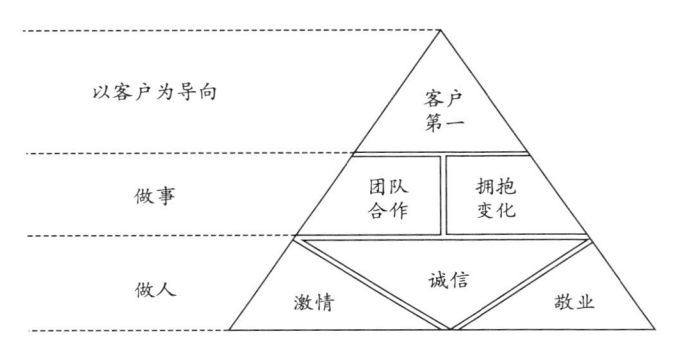

图 4-4 阿里巴巴"六脉神剑"的 KPA 考核体系图

除了考核内容及评价标准，阿里巴巴还准备了大量的案例，让评估人员更准确地对员工进行评估，以第一条"客户第一"为例。

1 分

（1）释义

尊重他人，随时随地维护阿里巴巴的形象。本款的关键含义是尊重、维护，要点如下。

1）尊重他人的意思是无论对方的职位高低，工种如何，均应该平等对待，欣赏和感谢；

2）即便在自己很忙，彼此有冲突，不喜欢对方时，也应该表现出应有的礼貌、修养，不伤害他人；

3）以维护公司形象为己任，任何不遵守社会公德，不被社会认可的行为都会损害公司的形象和员工作为一个好公民的形象，阿里巴巴公司的员工都不应该做出那些行为。

（2）不符合的案例

1）管理者不尊重员工，辱骂攻击下属。

表4-18 阿里巴巴"六脉神剑"的考核内容及评价标准

考核内容		评价标准				
		1	2	3	4	5
价值观考核（总分30分）	客户第一 分值5	尊重他人，随时随地维护阿里巴巴的形象	微笑地面对投诉和受到的委屈，积极主动地在工作中为客户解决问题	在与客户交流过程中，即使不是自己的责任，也不推诿	站在客户的立场思考问题，在坚持原则的基础上，最终达到客户和公司都满意	具有超前的服务意识，防患于未然
	团队合作 分值5	积极融入团队，乐于接受同事的帮助，配合团队完成工作	决策前发表建设性意见，充分参与团队讨论；决策后无论个人是否有异议，必须以言行上完全予以支持	积极主动分享业务知识和经验；主动给予同事必要的帮助；善于利用团队的力量解决问题和困难	善于和不同类型的同事合作，不将个人喜好带入工作中，充分体现"对事不对人"的原则	有主人翁意识，积极正面地影响团队，改善团队的士气和氛围
	拥抱变化 分值5	适应公司的日常变化，不抱怨	面对变化，理性地对待，充分沟通，减意配合	对变化产生的困难和挫折，能自我调整，并正面地影响和带动同事	在工作中有前瞻意识，建立新方法、新思路	创造变化，并带来绩效突破性的提高

续表

考核内容		评价标准				
		1	2	3	4	5
价值观考核（总分30分）	诚信	诚实正直，言行一致，不受利益和压力的影响	通过正确的渠道和流程，准确地表达自己的观点；表达批评意见的同时能提出相应的建议，直言有方	不传播未经证实的消息，不在背后负责任地议论他人，并能够正面地引导	勇于承认错误，敢于承担责任；客观地反映问题，对损害公司利益的不诚信行为严厉制止	能持续一贯地执行以上标准
	分值5	1	2	3	4	5
	激情	喜欢自己工作，认同阿里巴巴的企业文化	热爱阿里巴巴，顾全大局，不计较个人得失	以积极乐观的心态面对日常工作，不断进行自我激励，努力提升业绩	碰到困难和挫折的时候永不放弃，不断地寻求突破，并获得成功	不断地设定更高的目标，令今天的最好表现是明天的最低要求
	分值5	1	2	3	4	5
	敬业	上班时间只做与工作有关的事情；没有因工作失职而造成重复错误	今天的事不推到明天，遵循必要的工作流程	持续学习，自我完善，做事情充分体现以结果为导向	能够根据轻重缓急安排工作优先级，做正确的事	遵循但不拘泥于工作流程，化繁为简，用较小的投入获得较大的工作成果
	分值5	1	2	3	4	5

2）在公司里给同事脸色看，和同事吵架。

3）和会员打交道时，不顾及会员的感受，态度比较强硬，对会员进行不负责任的评论，对内部客户同样如此。

4）客户对公司某项服务不满意，责任在客户方时，客户专员不注意方式方法，对客户讲："这完全是你们的责任，和我们公司无关；我们公司的制度就这样，我也觉得不合理，不过没有办法。"

5）在公共场合吵架，语言行为不文明。

6）不守信用，比如定饭后遇到取消时不通知对方，造成饭店对阿里巴巴产生坏印象。

（3）得分标准

本条通常没有0.5分，除非员工一贯表现还不错，在某种情况下，员工有一定的责任，但情有可原，才有机会获得0.5分；

本条没有不符合的案例发生，则给分。

2分

（1）释义

微笑地面对投诉和受到的委屈，积极主动地在工作中为客户解决问题。本条的关键含义是理解客户的抱怨，在受到委屈的情况下，心胸宽广，以为客户解决问题为导向，而不是在受到一些委屈时，便不高兴，不把客户需求放在心上，抱怨或表现出脆弱的样子。

（2）案例

1）符合的案例为安全助理在晚上值班时，认真仔细检查，在有些部门集体开会时，特别关注他们桌上遗留的物品；饮水机该换水了，主动帮助换水；遇到员工遗留在桌上的手机，不但帮助他收好，还会在桌上留一张温馨提示的纸条，让员工感受到温暖，并得到员工的表扬。

2）不符合的案例为遇到客户投诉时，情绪激动、抱怨；与同事发生意见时，不以解决问题为主，以不吃亏、闹意见为主，将情绪带到工作中；员工用不正确的方法处理卖家投诉之事时，没有正面积极地对待，引起了后续的不良影响；讨论此事时，员工强调是因为用以前的方法在处理，不认为有错误。

（3）得分标准

本条没有不符合的案例发生，则给分。

3 分

（1）释义

在与客户交流的过程中，即使不是自己的责任，也不推诿。本条的关键含义在于注重客户的感受。

1）发生了问题，如果不是你的责任，也不可以在客户面前把责任推到其他人身上，保证客户的良好感受；

2）在客户有需求的时候找到你，如果这件事不是你的责任，但是客户不清楚其间的安排，也应该帮助客户寻找到正确的渠道和资源；

3）在分工不太明确的情况下，如果能够协调将客户的问题解决，必须要解决，不能借故推托，要有主人翁的意识。

（2）不符合的案例

1）将客户随意推到其他同事那里，没有明确的说明，不愿意在客户面前承担责任。

2）应该自己做的事情，推到其他同事那里，令客户被推来推去，感受很差。

3）接到打错的电话，表现出不礼貌。

4）某采购人员在和市场部、客服部合作购买发放奖品的项目中，早期市场部认为有渠道自己处理，但到了时间却到位不了。客服收到客户的投诉，发邮件来催，此采购人员将邮件转给了市场部，但迟迟得不到解决。最后采购的任务还是落到了该员工的身上，该员工在收到投诉邮件时，不能做到即使不是自己的责任也不推诿。

（3）得分标准

本条没有符合的案例，不给分。

4 分

（1）释义

站在客户的立场思考问题，在坚持原则的基础上，最终达到客户和公司都满意。本条的关键含义是管理客户的期望值，做到客户和公司都满意。在客户的要求合理的情况下，应满足客户的要求；如果一位客户的要求影响到另外客户的利益，应通过有效的沟通协调和影响获得客户的理解；客户的要求目前公司不能满足，应设法获得客户的理解并认可客户提出的问题对公司的价值；客户的要求不合理，应晓之以理，动之以情来获得客户的理解；客户的需求应通过正确的渠道反映给负责的部门。

（2）符合的案例

1）在某大会的筹备过程中，筹备组的员工把许多采购通过系统提交，接收请求的采购人员没有简单地去执行，而是充分和提交人员交流，站在客户的立场上思考问题，了解采购的实际需求，利用自己的专业经验给出非常好的实际建议，后来还主动地参与到场地的设计工作中，把大会的花费整整降了大约 1 万元，而且效果比原来更佳；

2）拍摄人员在拍摄过程中不但管理客户期望，符合公司规定，而且获得客户好评的案例。

（3）得分标准

本条没有符合的案例，不给分。

5 分

（1）释义

具有超前的服务意识，防患于未然。本条的关键含义是预测和超前，反映出计划和规划工作时的超前意识，即对客户需求的深刻理解，提出有效的解决方案。

（2）案例

（由上一级评估人员和 HR 讨论确定）

（3）得分标准

本条没有符合的案例，不给分。

以上为第一条"客户第一"的释义、案例及得分标准，后面的内容在此省略。

基于以上的评估标准和案例，评估人员对六条价值观进行打分。具体的评分流程分为六步。

1）平常观察到员工的某一种行为时，一定要问自己：这是怎样的水平？如果就某个案例感到很困惑时，找上一级主管或HR讨论。

2）评估时，针对每一条行为给员工打分。

3）每一条总分出来后，在团队成员之间做一个比较，评估打分是否合理。

4）当六条总分出来后，在团队成员之间做一个比较，评估打分是否合理。

5）预想和员工沟通时会遇到的问题，若感到很困难，找上一级主管或HR讨论。

6）和员工对话时，立场坚定，传达信息准确。

另外，在考核中，阿里巴巴还设定了一系列的考核说明，具体如下。

1）员工自评或主管/经理考评必须以事实为依据，说明具体的实例。

2）如果不能达到1分的标准，允许以0分表示。

3）只有达到较低分数的标准之后，才能得到更高的分数，必须对价值观表现从低到高逐项判断。

4）可以出现0.5分。

5）如果被评估员工的某项评估分数为0分、0.5分或达到4分（含）以上，必须注明事由。

同时，为了让价值观考核真正落地，成为有效维护企业文化的基石，阿里巴巴还把价值观考核和绩效奖金强相关，规定价值观考核不合格者，即考核总分在18分以下的员工，或任意一条价值观得分在1

分以下的员工,无资格参与绩效评定,奖金全额扣除。

三、绩效指标库

一般来说,每个企业在实行绩效管理时,都会有自己的绩效指标库。这个绩效指标库中的内容,往往来自该企业各部门和岗位以往的绩效考核指标的积累,表4-19是某企业市场营销岗位的绩效指标库。企业在设计自身的绩效指标时,可以根据战略目标的分解情况,从过往的指标库中进行筛选。

表4-19 某企业市场营销岗位绩效指标库

绩效指标	指标定义	数据来源
销售收入达成率	考核期内发生的实际销售收入与销售收入的预算比率	财务部
销售收入增长率	$\left(\dfrac{\text{考核期末的销售收入}}{\text{前一考核期末的销售收入}} - 1\right) \times 100\%$	财务部
毛利率达成率	考核期内的毛利率与计划毛利率的比率	财务部
营销费用控制率	考核期内发生的实际营销费用与营销费用预算比率	财务部
货款回收率	考核期内的货款回收与应收的比率	财务部
坏账率	$\dfrac{\text{坏账损失}}{\text{主营业务收入}} \times 100\%$	财务部
新业务拓展完成率	新业务拓展实际完成与计划完成的比率	财务部
新产品销售收入占比	$\dfrac{\text{新品销售收入}}{\text{总销售收入}} \times 100\%$	财务部
新增客户数量达成率	实际新增客户与计划新增客户比率	营销部
营销计划完成率	营销计划实际完成与计划完成的比率	营销部
销售合同履约率	销售合同实际履行与计划履行的比率	营销部
市场推广计划完成率	市场推广实际完成与计划完成的比率	营销部

续表

绩效指标	指标定义	指标来源
客户保留率	考核期内继续合作的客户与原客户数量的比率	营销部
市场占有率	销售量（额）在整个行业中所占的比重	第三方权威机构
品牌市场价值增长率	$\frac{考核期末的品牌价值}{前一考核期末的品牌价值} \times 100\% - 1$	第三方权威机构
顾客满意度	对企业满意的顾客占全部被调查顾客的比重	第三方权威机构
培训计划完成率	$\frac{培训实施}{培训计划} \times 100\%$	人力资源部
核心员工流失率	考核期内核心员工离职的比率	人力资源部
员工流失率	考核期内员工离职的比率	人力资源部

建立绩效指标库是企业制定和提炼绩效指标的常规做法之一，也是比较有效的做法之一。它能够帮助考核人快速、准确地提炼绩效考核中所需的各项指标。本书根据不同的职务类别，摘录出一些较为常用的绩效指标，其中包括 KPI，也涵盖 KPA，希望为你提供参考，具体如表 4-20 至表 4-26 所示。

表 4-20 财务类常用的绩效指标

绩效指标	绩效指标
投资收益计划达成率	标准保费达成率
不良账款比率	公司总体费用预算达成率
投资收益率	管理费用预算达成率
销售目标达成率	车辆费用预算达成率
万元工资销售收入比例	日常办公费用预算达成率
产品毛利率	办公费用预算达成率
利润总额	会务、接待费用达成率
利润总额增长率	专项费用预算达成率
利润贡献率	财务费用控制
资金沉淀率	出口产品利润

续表

绩效指标	绩效指标
资金周转率	管理费用控制
投资收益率	配套产品销售收入指标
资产负债率	月审批资金供应率
主营业务成本的总额	全面预算管理控制
制造费用与主营业务成本比率	财务报表出错率
制造成本与主营业务成本比率	财务分析出错率
管理费用	各部门预算准确率
营业费用	统计分析的准确性和及时性
万元工资销售收入比例	部门费用预算达成率
产品毛利率	项目研究开发费用预算达成率
人力成本总额控制率	课题费用预算达成率
附加佣金占标准保费的比率	招聘费用预算达成率
续期推动费用率	培训费用预算达成率
业务推动费用占标准保费的比率	新产品研究开发费用预算达成率

表 4-21　营销与客服类常用的绩效指标

绩效指标	绩效指标
销售收入	按合同付款发货率
销售合同额	客户投诉追溯率
货款回笼率	客户接待满意率
计划完成率	策划方案成功率
市场占有率	客户服务满意度
营销费比率	客户服务信息传递及时率
销售收入增长率	产品市场占有率
客户满意度	解决投诉率
营业费用达成率	客户投诉解决速度
运输费用达成率	营销计划达成率
解决客户投诉率	续期任务达成率
合同归档率	市场知名度
销售台账准确率	媒体正面曝光次数

续表

绩效指标	绩效指标
销售往来记录准确率	危机公关出现次数及处理情况
客户信息管理及时率	公共关系维护状况评定
客户信息管理准确率	客户投诉解决的满意率
销售结算及时率	服务推广数量的达成率
销售结算准确率	新客户的增加数量
销售目标达成率	最终的客户数量
新客户开发成功率	新产品的开发数量

表 4-22 生产与品控类常用的绩效指标

绩效指标	绩效指标
产值	批量返工次数
生产计划完成率	各工序返工率
按时交货率	设备保养维护完好率
全员劳动生产率	品管成本比重
设备折旧率	一次检验成功率
设备故障率	质量事故追溯率
工具消耗率	质量事故处理的及时性、有效性
生产安全事故发生数	产品抽检合格率
生产安全事故损失率	客户质量问题处理的及时性、有效性
生产安全事故处理的及时性	质量体系评审不符合项数
生产作业现场的整洁、有序性	质量检验的差错率
生产直通率	供方质量检验资料的保管情况
人均产能达成率	出厂产品质量事故率
首件确认一次合格率	来料漏检、误检率
材料超损	首件确认及时性
生产计划按时完成	首件确认准确性
生产成本降低率	QA 检验合格率
（生产能耗）产能利用率	异常处理与信息反馈跟进
安全生产事故	

表 4-23　技术与研发类常用的绩效指标

绩效指标	绩效指标
研发计划完成率	研发成本费用控制
技术图档更改及时性	新产品试制一次成功率
技术出图及时率	开发新产品资料完整度
技术出图准确率	季度新产品研发计划完成
标准化审查差错率	年内申报项目完成率
市场技术支持满意度	研发新产品质量事故率
方案设计成功率	项目报告按时完成率
开发项目进度完成率	项目成功率
测试达标率	项目论证的参与程度、效果
新研发产品上市率	工作文档管理的完整性和时效性
技改项目的完成率	研究报告预测的明确与准确程度
提供图纸、材料定额、工艺卡及时准确性	研究报告数量
技术支持及时性	公开发表研究报告数量
技术质量事故率	研究报告的深度
现场技术支持满意率	项目计划目标达成率
市场技术支持满意率	新产品开发及市场推广成功率
技术方案设计成功率	新产品开发数量
技术开发项目进度完成	

表 4-24　仓管与采购类常用的绩效指标

绩效指标	绩效指标
总库存金额	供应商信息管理
总库存数量	采购积压物资处理的及时性
物资入库差错率	采购资金的使用情况
物资领用差错率	采购交期准时回复率
报表、台账出错率	采购交期达成率
仓库环境审查合格率	来料批次合格率
标准库存量与实际库存量比率	品质异常处理及时率
出入库手续齐全率	采购配件质量事故率
采购计划完成率	采购成本控制
采购成本降低率	采购配件质量事故率
供应商一次交检合格率	外购外协件检验工作合格率

表 4-25 人力资源类常用的绩效指标

绩效指标	绩效指标
劳动合同签订的及时性	关键人才流失率
入职、离职手续办理的及时性	工资增加率
人员编制控制率	人力资源培训完成率
机构扩展达成率	薪酬总量控制的有效性
机构内设控制率	人才引进完成率
内部信息收集的及时性	重点岗位招聘达成率
KPI 辞典更新的及时性	紧急岗位招聘达成率
提交项目管理报告的及时性	一般类岗位招聘达成率
内部客户满意度	培训计划达成率
员工晋升评审满意度	绩效考核跟进完成率
员工工资发放出错率	绩效数据核实准确率
劳动争议处理及时性	个人培训参加率
绩效考核数据准确率	部门培训计划完成率
绩效考核按时完成率	提出建议的数量和质量
内部网络建立的安全性	团队建设成功率
招聘计划完成率	员工自然流动率
岗位培训计划完成率	员工合作性
核心员工流失率	创新建议采纳率
绩效考核完成率	新技术掌握运用程度
工资及时发放率	培训种类
招聘与培训计划完成率	员工培训与激励满意度
售后服务一次成功率	研究项目创新及项目规划、组织
服务款项按时回收率	培训与研讨参与率
员工增加率	培训参与率
员工结构比例	内部员工满意度

表 4-26　行政法务类常用的绩效指标

绩效指标	绩效指标
车辆费用控制率	企业文化建设任务达成率
物业费用控制率	新闻审稿准确率
员工就餐满意度	内部刊物按时出刊状况及质量评定
客户接待满意度	公司宣传品制作
行政办公费用控制率	宣传档案归档率
内部服务满意度	网站出错率
总经理指令督办查办落实率	设计制作出错率
工作目标按计划完成率	信息内容出错率
报表数据出错率	信息更新延误率
文书档案归档率	服务响应时间
建立、研究与政府部门的联系	媒体曝光次数
对外信息披露的及时性	媒体危机情况处理的成功率
股东及董事满意度	系统和网络故障率
与外部中介机构的沟通协调	业务管理的规范程度及效率
充分及时地掌握相关政策、法规的变化	网站建设配合流畅度
与股东、董事沟通的及时性、准确性	客户档案和业务单证的完备率
会议组织、安排的有效性	档案管理出错率
会议组织质量	档案更新延误率
与各分公司的日常联络	总经理满意度
文件传递效率	项目调研报告的认可数量
文件制作效率和准确性	工作制度和工作流程实施、改进的比率
机要档案和文件的归档	系统故障率
公章使用准确性	系统管理标准化、制度化程度
OA 系统使用管理	系统管理作业流程优化的实施程度
外事信息管理的效率	工作文档管理的完整性和时效性
外部合作关系管理的效率与规范性	行政服务的工作量与效率
对外合作项目开展的配合与管理的效率	流动性报表及现金流量预测的有效性
外事信息发布的及时性	管理信息报表的有效性、准确性和及时性
外事接待任务完成的效率与质量	法律文书服务满意度
外事档案管理的系统性与规范性	法律意见建设性
口译、笔译的及时性与准确性	诉讼事件处理结果与公司方案的一致性
司机出车安全率	对外签署的法律文件提出意见的有效性

当然，由于限于篇幅，以上仅仅是一部分常用的绩效指标，在我数十年的咨询服务过程中，经历了各行各业的绩效指标设计，积累了大量不同领域、不同职业的绩效指标。在撰写本书的过程中，我和我的团队也对过往资料进行了再次整理。读者可以通过扫描本书"结束语"后面的微信二维码，获得更丰富的绩效指标资料。

第五节　绩效结果考评

利用平衡计分卡可以对企业战略进行解码，得到企业战略地图，再通过目标管理将战略地图分解成"三级三阶"目标，形成企业、部门和员工的绩效指标，即企业、部门和员工的 KPI 和 KPA。最终，利用这些指标，企业就能对员工进行有效的考核，衡量其是否按目标完成了规定的业绩或任务，这就是绩效考评。

绩效考评是指利用一定的方法，对员工工作任务的完成情况、工作职责的履行程度等进行考核和评价。就目前而言，企业最常见的绩效考评主要是针对 KPI 和 KPA 的考评，最常用的方法主要有两种：一种是量表评级法，另一种是行为锚定评价法。

一、绩效结果的考评方法

（一）量表评级法

量表评级法是给员工的每项绩效指标划分权重，并设置一定的绩效等级和评定分数，形成评价量表。在考核时，只需要按照指标的描述，将员工划分到不同的等级，即可得出员工的绩效分值。

案例如下。

某企业使用量表评级法，对员工进行绩效考评。该企业将考核指标分为三大类,分别是工作业绩、工作态度和其他。每一项都包含对应的指标及描述,并为每一项指标划分了权重、等级与分值,具体如表 4-27 所示。

表 4-27 某企业量化等级评价表

类别	指标	描述	权重	等级与分值	得分
工作业绩	工作成果	与目标指标相比,工作过程、方法、改进的符合程度	50%	A/B/C/D/E 15/12/9/6/3	
	工作量	完成工作的数量,职责内的工作、上级交办的工作及自主性工作完成的数量		A/B/C/D/E 10/8/6/4/2	
	工作速度	工作完成的快慢程度、迅速性、时效性,有无拖延和浪费时间		A/B/C/D/E 10/8/6/4/2	
	工作完成度	与目标相比,工作完成的差距		A/B/C/D/E 15/12/9/6/3	
工作态度	协作性	人际关系、团队精神和与他人(部门)的工作配合	35%	A/B/C/D/E 10/8/6/4/2	
	积极性	对工作的投入程度、进取精神、勤奋程度和爱岗敬业态度		A/B/C/D/E 5/4/3/2/1	
	责任感	忠于职守、尽职尽责,及在无人监督情况下的工作能力		A/B/C/D/E 5/4/3/2/1	
	执行力	对上级的指示、决议、计划的执行程度及跟进落实情况		A/B/C/D/E 10/8/6/4/2	
	品德言行	诚实、自信、友善、乐于助人、自我约束及遵守企业规章制度		A/B/C/D/E 5/4/3/2/1	
其他	考勤	迟到/早退/旷工(有 1 次即为 0 分)	15%	5	
	处罚	口头/书面警告(有 1 次即为 0 分)		5	
	奖励	季度/年度奖金(获得 1 次即得 5 分)		5	
总分					

该表格是一份典型的绩效评分量表。按照这份绩效评分量表，该企业只需要根据员工的实际表现，将员工的各项指标按照等级进行打分，即可计算出员工的绩效总分。

这里需要注意的是，在指标等级的设置上，我们通常可以采用两种方法：一种是区间分布法，另一种是强制分布法。所谓区间分布法就是给每项指标的等级设置一定的区间，按照员工指标达成的情况，归入不同的区间内，比如，表4-27中针对"工作完成度"这项指标，该企业规定工作完成度达到100%及以上为A级，达到90%以上未达到100%为B级，达到80%以上未达到90%为C级，达到70%以上未达到80%为D级，达到70%以下为E级，如表4-28所示。

表4-28　某企业采用区间分布法针对"工作完成度"指标的等级划分

区间	$x \geqslant 100\%$	$90\% \leqslant x < 100\%$	$80\% \leqslant x < 90\%$	$70\% \leqslant x < 80\%$	$x < 70\%$
等级	A	B	C	D	E

根据表4-28，在实际考评时，只需要根据员工的实际完成比例，将员工归入对应的区间即可得到该项指标的分值。同样地，其他指标也可以采用同样的方式，设置一定的区间，划分对应的等级和分值，然后得出参评人员的其他指标得分，汇总得到其绩效总分。

强制分布法就是将同一类型的参评人员按照每项指标的排列顺序，强制进行分布，然后按照一定的比例分别归入不同的等级中。比如在表4-27中，假设该企业采取强制分布法对10名同类型参评人员进行考评，规定各等级的人员分布情况依次为：20%为A级，30%为B级，20%为C级，20%为D级，10%为E级。那么根据该企业的规定，这10名参评人员在进行每一项指标考核时，排在前2名的员工获得A级，然后依次排在3~5名的员工获得B级，6~7名的员工获得C级，8~9名的员工获得D级，而最后1名员工则只能被评为E级，具体如表4-29所示。

表4-29　某企业采用强制分布法对单项指标的等级划分

单项指标排名分布	第1~2名	第3~5名	第6~7名	第8~9名	第10名
单项指标等级	A	B	C	D	E

采用强制分布法来进行单项指标的排序，可以将所有参评人员的单项指标进行强制分布和划分，操作简单，对于一些缺乏足够量化管理条件的企业来说尤为适用。一般来说，强制分布的等级不宜过多，维持在3~5个为宜。很多企业在采用强制分布法时，都会采取2:7:1的比例，即20%为优秀、70%为普通和10%为较差的比例模式。这样的比例有利于企业甄别优秀的员工和不合格的员工。不过，采取强制分布法往往也需要遵循一定的规定，比如，所有参与强制分布的参评人员应当处于同一个绩效要求和条件下。对于有着不同业绩要求和资源配置的员工采用强制分布法是不公平的，很容易引起员工的不满。

现实中，该企业从自身情况出发，决定采用区间分布法，对各项指标划分等级。小张是该企业的员工，在某次绩效考评中，小张在工作成果、工作量、工作速度、工作完成度、积极性、责任感、品德言行等指标中都达到了A级，分别得到了15分、10分、10分、15分、5分、5分、5分；在协作性和执行力上达到了B级，分别得到了8分和8分；未受到任何口头和书面警告，并获得了该季度奖金，得到了10分，但由于该月出现了2次迟到情况，考勤得了0分。综合以上情况得出，根据该企业规定，小张的绩效考核为91分。

（二）行为锚定评价法

行为锚定评价法也叫行为定位评分法，是侧重于对工作的行为表现进行衡量的方法。通常来说，行为锚定评价法往往用在KPA的量化和考评上，它根据员工的具体行为表现，将员工的各项指标划分为不同的等级，并为每一等级对应不同的表现，依照员工的实际表现，将员工归入不同的指标等级中，按照等级分值计算出员工的绩效总分，从而得到员工的绩效考核结果。

案例如下。

某大型超市为服务人员制定了三项KPA指标，分别是热情待客、服务意识、人际关系。该超市采用行为锚定评价法对服务人员的三项指标划分了等级，并为每个等级制定了分值，具体如表4-30所示。

表4-30　某超市服务人员行为锚定评价表

指标	等级	行为表现	权重	分值	得分
热情待客	1	对进店顾客一贯报以热情友好的招呼	40%	40	
	2	对进店顾客经常报以热情的招呼		30	
	3	对进店顾客报以招呼，但不够热情		20	
	4	对进店顾客很少招呼		10	
	5	对进店顾客从不招呼		0	
服务意识	1	一贯积极主动地为进店顾客提供购物引导和帮助	30%	30	
	2	积极主动地为进店顾客提供购物引导和帮助		25	
	3	为顾客提供购物引导和帮助，但缺乏主动性		15	
	4	很少主动为顾客提供购物引导和帮助		10	
	5	从不主动为顾客提供购物引导和帮助		0	
人际关系	1	一贯能与顾客建立持续友好的人际关系，服务受到顾客的好评	30%	30	
	2	经常能和顾客建立持续友好的人际关系，大多数服务受到顾客的好评		20	
	3	偶尔能与顾客建立持续友好的人际关系，服务偶尔受到顾客的好评		10	
	4	无法与顾客建立持续友好的人际关系，服务从未受到顾客的好评		0	

从表4-30可以看出，该超市为服务人员的三项KPA指标设置了不同的等级，并赋予相应的分值，并且每一个等级都有着极为明确的行为表现描述。通过行为表现，我们可以轻松地对员工的工作行为进行考核和打分。员工的表现满足哪个等级，就得到哪个等级的分值。最后，对各项分值进行汇总即可得到总分，可以说非常简单。

比如，小李是该超市的服务人员。在工作中，小李总是对顾客很热情地打招呼，总是积极主动地为顾客提供购物引导和帮助，并且还能够经常建立起与顾客的友好关系。那么，按照该超市的行为锚定评价法，小李在"热情待客"指标中得到40分，在"服务意识"指标中得到30分，在"人际关系"指标中得到20分。所以，小李的绩效考评结果就是90分。

二、绩效系数的转化方法

关于绩效的考评，无论是采用量表评级法，还是采用行为锚定评价法，重点都是通过对指标的等级划分和分值赋予，实现绩效结果的量化，最终得到员工的绩效考评分数。

有了绩效考评分数，通过一定的方法，我们就能转化得到员工的绩效系数。绩效系数就是通过绩效考核结果得到的比例系数，它是设计和调整绩效薪酬的关键。绩效系数的获得方法有很多，常用的方法包括区间层差法、百分比率法、混合法、三阶目标法、强制分布法等。

（一）区间层差法

区间层差法就是将绩效考核分数，划分成几个不同的绩效区间，再根据实际绩效分数所在的区间确定绩效系数。

一般情况下，绩效区间的划分往往不低于四级，即不达标、低标、达标和超标。当然，根据企业自身的情况，可以对绩效区间的划分做适当的增减和调整。确定绩效区间，我们还需要为每个绩效区间设置对应的绩效系数。关于每个绩效区间的绩效系数的设置，可以根据企业的自身情况和想要达到的激励效果而定。确定绩效系数之后，只需要根据绩效分数所在区间得到相应的绩效系数，最后再根据绩效系数计算员工的最终绩效薪酬即可。

案例如下。

某公司按照员工得分,将员工的绩效考评分为A、B、C、D、E五个区间,对应的绩效分数和绩效系数如表4-31所示。

表4-31 某公司绩效系数与绩效考评等级对应表

绩效区间	A	B	C	D	E
绩效分数(a)	$a \geq 100$	$100 > a \geq 90$	$90 > a \geq 75$	$75 > a \geq 60$	$a < 60$
绩效系数	1.2	1	0.8	0.5	0

如表4-31所示,假设员工小王在一月份的绩效考核中得到的绩效分数为87分,那么按照该企业的绩效区间划分,他的绩效分数所在的绩效区间为C,其该月的绩效系数就是对应的0.8。

(二)百分比率法

百分比率法就是根据员工的实际绩效得分与总分的比例来确定绩效系数。一般而言,绩效考核的总分都是百分制,假设某员工考评得分是80分,那么其绩效系数为 $\frac{80}{100} = 0.8$。

从百分比率法的规则中,我们不难看出,利用这种方法得到的绩效系数往往为0~1,一般只有设置了加分项,员工的绩效考核系数才能超过1。

显然,在没有额外加分项的情况下,利用百分比率法计算绩效系数往往会导致绩效系数小于1,以致实际发放的薪酬数额低于员工预期,难免会让员工产生不安全感,激励效果会受到一定的影响。并且,由于绩效系数和员工考核分数密切相关,而员工的绩效薪酬数额和绩效系数又有直接的关系,所以,哪怕只是一两分的差别,也会导致员工的薪酬收入产生较大的差异。因此,百分比率法对企业绩效指标与考核规则的制定有很高的要求。

案例如下。

某生产企业对工厂员工采用百分比率法来计算绩效薪酬,对每个岗位设定了相应的绩效指标,根据市场情况每半年调整一次,并根据实际的绩效指标完成情况对员工的绩效进行评估。

假设生产部员工小吴 6 月份的绩效考核指标得分为 95 分，那么其该月的绩效系数为 $\frac{95}{100} = 0.95$。

（三）混合法

混合法就是将区间层差法和百分比率法结合在一起混合使用的方法。在使用混合法计算绩效系数时，要先算出区间层差法的绩效系数，再算出百分比率法的绩效系数，最后将两者相乘得到最终的绩效系数。

比如在区间层差法的案例中，小王的绩效考核分数为 87 分，处于 C 区间，对应的绩效系数是 0.8；而用百分比率法计算，则其绩效系数应为 $\frac{87}{100} = 0.87$；混合法就是将两次得到的绩效系数相乘，得到最终的绩效系数，即 $0.8 \times 0.87 = 0.696$。

混合法是在区间层差法的基础上，再次引入绩效分数的影响。这种方法的优点是可以对区间层差法造成的偏差起到一定的校正作用。比如在区间层差法的案例中，假设同为 B 区间的甲、乙两名员工，其实际考核分数可能是甲 99 分，乙 90 分。两者的绩效分数差异较大，但按照区间层差法的规定，却属于同一个区间，绩效系数都是 1。对于甲、乙两人来说，这个绩效系数不仅缺乏区分度，而且还很不公平，在实际绩效考核中，很容易挫伤员工的工作积极性。这时候，利用混合法再次计算，在区间层差法所得到的绩效系数 1 的基础上，再利用百分比率法得到甲、乙两人新的系数，将两者相乘得到最终的混合绩效系数，分别是甲为 0.99，乙为 0.90，这样一来，两者的差异就体现出来了。

但是，由于混合法在计算中需要借用百分比率法获得绩效系数，而百分比率法计算出来的绩效系数往往在 1 以下。所以，利用百分比率法和区间层差法的乘积得到的混合绩效系数，往往会拉低区间层差法所得到的绩效系数，给员工一种"企业故意拉低绩效考核结果，导致薪酬数额变少"的错觉，很容易引起员工的不满，在设计和使用时应当保持谨慎。

（四）三阶目标法

在"绩效目标分解"一节中，我们提到过，在设置和分解绩效目标时，我们可以为企业、部门和员工设置三个不同等级的目标，以保证达成企业预期的结果。这就是俗称的三阶目标法。对于设置了"三阶目标"的企业来说，员工从一开始就获得了三个等级的目标，即保底目标、挑战目标和冲刺目标。

在进行绩效考评和绩效系数转化时，只需要为员工的"三阶目标"设置一定的绩效系数，通过员工达成的目标等级来计算员工的绩效系数即可。按照目标设置的方式，三阶目标法可以分为两种类型：直接目标法和间接目标法。

1. 直接目标法的绩效系数转化

直接目标法是在绩效制定与分解阶段，直接为员工设置三个等级的目标，在考核阶段只需要用员工的实际表现去对比员工目标，得到目标完成率，再根据目标完成率计算绩效系数即可。

$$目标完成率 = \frac{表现}{目标}$$

这种方法通常适用于一些目标明确、量化程度高的岗位，比如生产导向型岗位、销售导向型岗位和一些高管岗位等。在实际工作中，企业对于三阶目标系数的设计，往往是先设置一个保底目标，然后再根据一定的比例系数设置对应的挑战目标和冲刺目标；接着，一些企业将保底目标的系数设为1，然后根据挑战目标和冲刺目标对应的比例系数，设置对应的绩效系数。

案例：某企业为市场部营销总监设置的年度保底目标是完成销售额1500万元，完成保底目标的120%即为达成挑战目标，完成保底目标的150%即为达成冲刺目标。设置好各级目标后，该企业按照这个比例系数将对应"三阶目标"的系数分别设计为保底目标绩效系数为1,挑战目标绩效系数为1.2(对应120%的挑战目标),冲刺目标的绩效系数为1.5(对应150%的冲刺目标)。结果该企业市场部营销总监当年完成销售额1950万元,目标完成率为 $\frac{1950}{1500}=1.3$。显然,该营销总监达到了"三阶目标"中的挑战目标,未达到冲刺目标。所以,其绩效系数应当按照挑战目标的绩效系数计算。

从上面的例子可以看出,"三阶目标"的绩效系数与目标之间的比例系数有关。一些企业喜欢根据"三阶目标"的比例系数,直接为每个等级的目标设置一个较为固定的绩效系数。在实践中我们发现,这样的方法不仅不实用,而且很容易挫伤员工的工作积极性。比如,在下面这个案例中,某企业初步设计的"三阶目标"绩效系数就存在明显的问题,需要进行调整和改进。

案例如下。

某企业根据自身的情况,为员工设置了三阶目标,并通过对员工三阶目标完成情况的考核,设置了相应的绩效系数,具体如表4-32所示。

表4-32 某企业初步设计的三阶目标绩效系数表

目标完成情况	达标			未达标	
	达到冲刺目标	达到挑战目标	达到保底目标	低标	不达标
目标完成率(a)	$a \geq 150\%$	$150\% > a \geq 120\%$	$120\% > a \geq 100\%$	$100\% > a \geq 80\%$	$a < 80\%$
绩效系数	1.5	1.2	1	0.8	0

根据表4-32所示,假设小孙是该企业的销售人员。在其绩效指标制定时,小孙在个人目标承诺书中承诺其三阶目标。其中,保底目标为300万元销售额,挑战目标为360万元销售额,冲刺目标为450万元销售额。

结果小孙实际完成了330万元的销售额目标。显然,他达到了保底目标,但未达到挑战目标。这时候,他应该被归入"达到保底目标"这一区间，其绩效系数是 1。

但是在实际工作中，如果按照这种方法计算，在未达到下一等级目标的情况下，员工额外完成的任务量往往无法被计算在内，导致其无法收获该有的回报。比如，上面的小孙，他不仅达到了保底目标，还超出了 30 万元的销售额。但是，这 30 万元的销售额实际并未被计算在其该有的绩效系数里。这种情况往往会引发员工的强烈不满，从而导致员工在达到保底目标，但无法达到挑战目标的时候，就会停止努力，不会继续完成更多的任务，出现消极怠工的情况。这样导致的结果，就是让企业蒙受损失。所以，在三阶目标法的实际使用中，我们还要考虑员工意愿这个因素，激励他们不断冲刺更高的目标。对三阶目标的绩效系数设计，通常的做法如表 4-33 所示。

表 4-33 某企业改良后的三阶目标绩效系数表

目标完成情况		达标			未达标	
		达到冲刺目标	达到挑战目标	达到保底目标	低标	不达标
目标完成率（a）		$a \geqslant 150\%$	$150\% > a \geqslant 120\%$	$120\% > a \geqslant 100\%$	$100\% > a \geqslant 80\%$	$a < 80\%$
调整前	绩效系数	1.5	1.2	1	0.8	0
调整后		$a+50\%$	$a+20\%$	a	0.8	0

注：达到冲刺目标的封顶绩效系数为 250%，即"$a+50\% \leqslant 250\%$"。

根据表 4-33 所示，我们用小孙实际完成的销售额除以其保底目标销售额，也就是 $\frac{330}{300}=1.1$，作为他的实际绩效系数。

而在另一次考核中，小孙完成了 390 万元的销售额，用同样的方法可以计算出小孙的目标完成率为 130%，达到挑战目标。那么，他的绩效系数就应该按表 4-33 中"达到挑战目标"一栏的对应绩效系数计算，也就是 130% + 20% = 150%。换而言之，在第二次考核中小孙的绩效系数应该为 1.5。

2. 间接目标法的绩效系数转化

间接目标法是通过间接的方式设置"三阶目标"，根据员工的实际表现对比目标,得到其目标完成率,再用该目标完成率计算绩效系数。

和直接目标法相比,间接目标法最大的区别就是其目标设置的方式发生了改变,不是直接从企业或部门的绩效目标中分解得到,而是通过对员工绩效指标的考核,根据考核结果设置对应的三阶目标。比如,某企业规定考核分数得到 90 分为达到保底目标,得到 100 分为达到挑战目标,得到 110 分为达到冲刺目标,这就是间接三阶目标法。

案例如下。

某企业主要从事某类产品的生产和加工业务,由于其生产工序复杂、流程繁多,因此设置了大批的生产线主管。为了给这些生产线主管设计绩效薪酬,该企业对生产线主管先进行绩效考核,再通过间接目标法将绩效考核结果转化成绩效系数,具体如表 4-34 所示。

表 4-34 某企业采用间接目标法设计的绩效考核与绩效系数表

类型	指标	描述	分值	得分
绩效考核内容				
KPI	目标完成率	……	30	
	产品合格率	……	20	
	成本控制率	……	5	
	……	……	5	
	……	……	5	
	……	……	5	
KPA	生产管理	……	5	
	工作配合度	……	5	
	生产管理创新	……	5	
	……	……	5	
	……	……	5	
	……	……	5	
加分项	计划组织能力		5	
	现场管理能力		5	
	人才培养能力		5	
	团队建设能力		5	
总分合计			120	

续表

绩效系数设计方法	绩效分数区间（a）	$120 \geq a \geq 105$	$105 > a \geq 90$	$90 > a \geq 80$	$80 < a$
	对应目标等级	达到冲刺目标	达到挑战目标	达到保底目标	未达标
	绩效系数	1.2	1.1	1	0.5

注：同季度内连续两个月考核未达标，需要进行相应的调岗、降薪及培训，若一年内累计6个月不合格，将协商离职。

该企业采用间接目标法来计算员工的绩效系数，先根据绩效指标对生产线主管进行绩效考核，再将考核分数归入不同的区间，按照目标等级得到对应的系数。在这一过程中，员工的绩效考核分数是依据"三阶目标"的标准，达到哪个等级的目标，就能得到哪个等级的绩效系数，非常简单直接。比如，该企业生产线主管小吴在该季度的绩效考核分数为95分，按照表4-34，小吴此次考核属于"达到挑战目标"一级，即绩效系数为相对应的1.1。

从某种意义上来说，间接目标法结合了直接目标法和区间层差法的某些特征。它的优点是能够充分结合绩效考核，对一些量化程度较低的工作划分目标等级，从而得到考核系数。所以，它的适用范围往往比直接目标法更广，不仅可以用在生产、销售、高管等岗位，还能用在很多职能岗位上。不过，需要注意的是，由于与其目标对应区间的绩效系数是相对固定的，与直接目标法比起来，灵活性和激励性稍显不足。并且，由于对应目标等级和绩效分数区间挂钩，而绩效分数区间又受到考核指标的影响，所以达成考核指标的难易程度就会极大地影响员工所达到的目标等级。比如，在一个考核指标较为宽松的企业里，员工很容易就得到高分，也很容易达到目标，那么我们就应该适当地将目标区间的分值调高；而对一个考核指标较为严苛，员工不易达成目标的企业来说，各目标区间的分值就可以适当降低，以实现对多数员工的激励效果。

（五）强制分布法

前面我们在介绍单项指标等级划分时，曾经用过强制分布法。在这里，我们对强制分布法做一个更为深入的介绍。强制分布法源于杰克·韦尔奇的"活力曲线"，如图4-5所示的271活力曲线图。杰克·韦尔奇认为，一个企业中有20%的员工是优秀员工（A类），70%的员工是普通员工（B类），10%的员工是不合格员工（C类）。强制分布就是按照这个271活力曲线将各部门的员工按照绩效情况进行强制分布的。

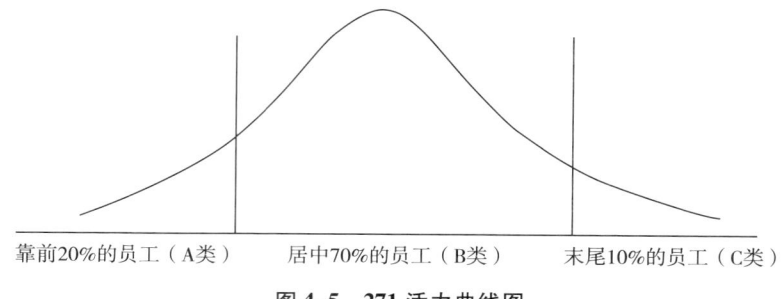

靠前20%的员工（A类）　　居中70%的员工（B类）　　末尾10%的员工（C类）

图4-5　271活力曲线图

处于前20%的员工，也就是A类员工，往往被企业视为优秀人才，企业对其采取的策略往往是不断奖励，比如升职、加薪等，甚至还会提供股权激励；对于中间70%的员工，也就是B类员工，往往被看作企业的普通员工，可以提供适当的培训升职与加薪的机会，在工作中也可以给予一定的培训、认可和奖励；而末尾10%的员工，也就是C类员工，不但不会得到奖励，还会面临被淘汰的风险。

强制分布法的特点就是按照上面的标准对企业内的员工进行强制划分，明确其分布的区间。一般来说，利用强制分布法设计绩效系数时通常有两种形式：第一种是单一强制分布法，第二种是混合强制分布法。

1. 单一强制分布法

单一强制分布法是单独采用"强制分布"这一种方法对员工的绩效考核结果进行排序，根据排序分布的情况来确定各员工的绩效系数。

采用单一强制分布法，首先要通过绩效考核得到员工的绩效考核结果，再按照结果将同类型、同等级的员工进行排名，然后按照排名进行强制分布，得到前20%的绩效优秀者、中间70%的绩效普通者和末尾10%的绩效较差者，最后为不同等级的员工设置对应的绩效系数即可。

在实际工作中，企业可以根据自身情况和现实需求，对具体的分布比例进行适当的调整。比如，一些企业为了强化激励性，会适当地增加优秀者的比例。还有一些企业为了强化区分效果，会将中间70%的绩效普通者细分为多个等级。不过在一般情况下，强制分布的等级最好维持在3~5个，等级过少会缺乏区分度，等级过多会弱化强制分布的效果。

案例如下。

某企业采用单一强制分布法对生产部员工的绩效结果进行排序，将该部门30名员工划分成五个不同等级，并根据企业自身情况，为不同等级的员工设置了绩效系数，具体如表4-35所示。

表4-35 某企业生产部采取单一强制分布法设计绩效系数

等级	优秀	良好	合格	待改进	不合格
分布比例	20%	20%	30%	20%	10%
排名	第1~6名	第7~12名	第13~21名	第22~27名	第28~30名
人数	6	6	9	6	3
绩效系数	1.5	1.2	1	0.9	0.5

从表4-35中可以看出，该企业根据自身情况对单一强制分布法进行了调整，适当增加了划分的等级，并为不同的等级设置了相应的分布比例和绩效系数，然后按照生产部员工的绩效结果，将员工归入对应的等级中，直接得到了员工的绩效系数。

假设该企业生产部员工小钱在某次绩效考核中位列30名员工的第4名，那么按照单一强制分布法，他应该被归入"优秀"一栏中，其对应的绩效系数是1.5。

2. 混合强制分布法

混合强制分布法是将强制分布法作为一种加权手段，配合其他的绩效系数转化方式一起使用。在使用混合强制分布法时，首先需要利用其他方法得到员工的绩效系数，然后再将同类型所有员工已有的绩效系数进行排序，并对排序结果进行强制分布，划分出不同的绩效分布等级，然后为不同的等级设置加权系数，最终将加权系数与原绩效系数相乘，得到加权后的绩效系数。

从严格意义上来讲，混合强制分布法的目的不是转化绩效系数，而是通过对绩效系数的加权计算，强化激励效果。比如，下面这家企业就是典型的利用混合强制分布法来强化激励效果的案例。

案例如下。

某集团企业在设计生产部门员工的绩效薪酬时，采用"三阶目标法+强制分布法"对员工的绩效系数进行加权设置。在实际工作中，该企业先根据三阶目标法，将员工的绩效考核结果转化成绩效系数，具体如表4-36所示。

表4-36 某企业采用三阶目标法设计的绩效系数表

目标完成情况	达标			未达标	
	达到冲刺目标	达到挑战目标	达到保底目标	低标	超低标
目标完成率(a)	$a \geq 120\%$	$120\% > a \geq 110\%$	$120\% > a \geq 100\%$	$100\% > a \geq 80\%$	$a < 80\%$
绩效系数	$a+10\%$	$a+5\%$	a	0.8	0

注：达到冲刺目标的封顶绩效系数为140%，即"$a+10\% \leq 140\%$"。

然后，根据已经得到的绩效系数，该企业采用强制分布法，将该部门现有的60名员工进行排序，按照排列顺序将员工归入A、B、C、D四个等级，并为每个等级设置了加权系数，具体如表4-37所示。

最后，该企业将员工原有绩效系数与强制分布得到的加权系数相乘，得到员工最后的绩效系数。

表 4-37　某企业采用强制分布法对绩效系数进行加权

等级	A	B	C	D
分布比例	20%	30%	40%	10%
排名	1~12	13~30	31~54	55~60
人数	12	18	24	6
加权系数	1.4	1.2	1	0.5

小赵是该企业生产部的员工。在此次绩效考核中，小赵表现出色，目标完成率达到135%，实现了冲刺目标。企业通过三阶目标法计算出小赵的绩效系数为135%+10%=145%；然后，再根据强制分布法，为该部门60名员工进行排序，得出小赵的排序结果为第3名，位于A等级中，加权系数为1.4；最后，该企业将小赵的原有绩效系数和加权系数相乘，得到小赵的加权绩效系数为1.45×1.4=2.03。

第六节　绩效薪酬设计

我们都知道，绩效薪酬是和绩效考核结果紧密相关的一种薪酬模式。企业通过目标的制定与分解、指标的设计与提炼，以及对绩效考核标准的设立，可以实现对部门和员工的绩效考核。

绩效考核的结果是我们设计绩效薪酬的重要参考资料，尤其是绩效系数，其对绩效薪酬的设计有重要的作用。在上一节，我们讲了如何对员工进行考核，如何将考核结果转化成绩效系数。这一节，我们就利用这个绩效系数来设计企业的绩效薪酬。

常见的绩效薪酬有两种类型，分别是目标型绩效薪酬和量化型绩效薪酬。量化型绩效薪酬也可以分为两种：一种是个人量化型绩效薪酬，另一种是团队量化型绩效薪酬。针对这三种主要的绩效薪酬类型，我们在设计时也有较为明显的区别。

一、目标型绩效薪酬

目标型绩效薪酬是指按照员工不同的岗位和工作内容,设置一定数量的绩效目标,按照员工完成的目标值计算并发放绩效薪酬的薪酬模式。

由于目标型绩效薪酬既可以对员工的业绩结果进行考察,也可以对员工的行为表现进行考核,具有很强的适应性,所以适合绝大多数岗位,是一种"放之四海皆准"的绩效薪酬模式。不过,由于考虑到其激励强度、激励周期以及在现实工作中的使用效果,目标型绩效薪酬更多出现在职能岗位、管理岗位和一些与经营业绩没有线性关联的岗位中。在目标型绩效薪酬中,员工薪酬的设计可以采用以下公式:

员工总薪酬 = 固定薪酬 + 目标型绩效薪酬(绩效薪酬基数 × 绩效系数)

在这个公式中,员工总薪酬受到固定薪酬、绩效薪酬基数和绩效系数等三个因素的影响。固定薪酬的设计通常采用岗位薪酬 + 能力薪酬,即薪级薪档的方式,关于这一点,我们在本章第一节做了较为详细的阐释。

绩效薪酬基数的计算,一般有两种方法:一种是根据薪酬固浮比来计算,另一种是根据浮动率来计算。

(一)根据薪酬固浮比来计算,其公式为固定薪酬∶绩效薪酬基数 = 固浮比。

比如,计算某企业总经理的绩效薪酬基数,通过岗位和能力评估,得到该总经理的固定薪酬为 20000 元,固浮比为 4∶6,利用公式,我们可以得到 $20000\colon X = 4\colon 6$。

通过公式可以得到,$X = 30000$ 元,也就是说该企业高管的绩效薪酬基数为 30000 元。

在这里,我们需要注意一个问题,那就是,在这个公式中,我们实际上是把绩效薪酬当作浮动薪酬来看。从理论上来说,两者存在一定的区别。但就现实而言,大多数企业的浮动薪酬主要是由绩效薪酬构成。所以，两者在一定程度上是可以等同的。

（二）根据浮动率计算，其公式为：绩效薪酬基数＝固定薪酬×浮动率（浮动比值∶固定比值）

比如，上面例子中的总经理，其绩效薪酬基数也可以用这个公式来计算。首先，我们利用固浮比得到总经理岗位的浮动率为：

浮动率＝浮动比值∶固定比值＝6∶4＝150%

然后，再用浮动率乘以固定薪酬，即可得到总经理的绩效薪酬基数，即绩效薪酬基数＝20 000×150%＝30 000元。

可以看出，上面两种方法从本质上来说，都是利用固浮比来得到绩效薪酬基数的。前者较为直接，在计算过程中较为简单。

通过公式，我们知道目标型绩效薪酬的计算由两个因素构成，除了绩效薪酬基数，还有一个因素就是绩效系数。绩效系数的来源主要是通过企业的绩效考核。关于这一点，我们在上一节已经做了较为详细的介绍。

案例如下。

近年来，某综合性集团企业的业务不断拓展。为了更好地对业务进行高效管理，该企业设置了一系列的业务子公司和事业部。组织的扩增给职能团队带来了很大的管理压力，特别是财务体系、人力资源体系、行政体系和市场体系的压力日益增加。

为了缓解职能团队的压力，该企业在近两年持续扩招职能人员。不过，短期内大量加入的职能人员也给企业带来了绩效考核的难题，一方面，相对生产、销售、技术等业务体系来说，职能体系的绩效指标更加难以量化，比如针对财务部门的预算工作就很难设定一个针对性较强的量化指标。所以，该企业在初期的职能人员绩效考核中，出现了大量的无效指标、弱关联指标，导致绩效考核效果不佳，引起了不少职能人员的不满，甚至离职。

另一方面，相对业务体系来说，职能体系产生的价值很难在短时间内得到体现，比如销售人员的销售额、利润等指标往往可以在一两个月内得到体现，但是 HR 部门的人才管理则可能需要数年才能收获效果。

针对职能人员绩效考核的这些设计难题，该企业决定对职能人员的绩效薪酬进行改革，设计了专门的目标型绩效薪酬体系。

首先，该企业为职能人员设定整体的固浮比为 8∶2，即固定薪酬为 80%，浮动薪酬（主要为绩效薪酬）为 20%。以财务部刚转正的会计小周为例，他的薪级薪档为 3 级第二档，固定薪酬为 4800 元。因此，该企业计算出其浮动薪酬为 $\frac{4800}{80\%} = \frac{绩效薪酬}{20\%}$，即其绩效薪酬为 1200 元。也就是说，小周的绩效薪酬基数为 1200 元。

在绩效考核上，该企业对职能人员做了相应的调整，利用常规量化指标与岗位加分项相结合的形式，形成整体的目标完成率，通过目标完成率匹配"三阶目标"，最终得出职能人员的绩效系数，具体如表 4-38 所示。

表 4-38　某企业职能人员三阶目标绩效系数表

目标完成情况	达标				未达标
	达到冲刺目标	达到挑战目标	达到保底目标	低标	超低标
目标完成率（a）	$a \geq 120\%$	$120\% > a \geq 110\%$	$120\% > a \geq 100\%$	$100\% > a \geq 80\%$	$a < 80\%$
绩效系数	$a+10\%$	$a+5\%$	a	0.8	0

注：达到冲刺目标的封顶绩效系数为 140%，即"$a+10\% \leq 140\%$"。

同时，为了强化对绩效优秀者的激励效果，同时也让不合格的人员流动起来，该企业决定对所有的职能人员进行强制分布，将职能人员分为四个等级，并给予相应的绩效系数，如表 4-39 所示。

在某次绩效考核中，会计小周表现突出，目标完成率达到了 111%，属于"达到挑战目标"等级，并且处于强制分布的前 20% 的员工当中，是财务部门的高绩效人员。

表 4-39　某企业职能人员强制分布表

分布等级	A	B	C	D
强制分布比例	10%	30%	50%	10%
绩效系数	2	1.4	1.1	0.8

因此，该企业根据绩效考核结果，计算出小周的绩效薪酬为 1200×(111%+5%)×2=2784（元），再加上固定薪酬 4800 元，其薪酬总额为 2784+4800=7584（元）。

二、个人量化型绩效薪酬的设计

个人量化型绩效薪酬是对员工个人所达成的业绩按照一定的方法、标准和比例进行提成核算的绩效薪酬模式。在个人量化型绩效薪酬中，按照员工完成业绩的多少，对应相应的标准进行提成。这种方法简单直接、目的明确、激励效果强，适用于业绩可以完全量化的岗位。

个人量化型绩效薪酬在核算时虽然简单，但是在设计时并不轻松，尤其是在提成方式和提成比例的设计上，哪个岗位该用哪种提成方法，该设什么样的提成比例，往往是需要设计者根据岗位的特性和企业自身的情况来决定的。按照提成方式的不同，个人量化型绩效薪酬一般可以分为两大类型：第一种类型是按比例提成，第二种类型是按单价核算。

在第一种类型中，最常见的是业务提成薪酬模式。在第二种类型中，最常见的是计件薪酬制和计时薪酬制。对于这两种薪酬类型，我们在提成的设计上也各有方法。

（一）业务提成薪酬的设计

业务提成是根据员工的业务绩效，将企业业务收益按照一定的比例，对企业和员工进行分成。这种方法主要适用于销售额、利润、回款等与营收相关的业绩指标。业务提成是一种十分常见的绩效薪酬模式,适用于很多岗位,尤其适用于与销售相关的岗位,所以业务提成也被称作销售激励。在业务提成薪酬中,员工薪酬的设计思路比较简单,可以采用以下公式:

员工薪酬总额 = 固定薪酬 + 业务提成(提成基数 × 提成比例)

显然,在这个公式中,员工的薪酬总额受到固定薪酬、提成基数和提成比例等三个因素的影响。其中,关于固定薪酬的设计,可以采用前面提到的"岗位薪酬 + 能力薪酬"的薪级薪档的方式来确定。

提成基数需要根据企业自身的业务情况来确定。通常来说,提成基数需要用最能代表企业业绩的某个指标来确定,常用的提成基数有企业的销售额、营业额、毛利润、净利润和回款等。

在业务提成的两个指标中,最重要的是提成比例的设计。设计提成比例时,我们可以采取以下步骤。

第一,预估销售人员的薪酬收入。根据行业薪酬水平和市场薪酬状况,我们首先对员工的薪酬收入进行一个基本预估,即预估企业给该员工发放的年度薪酬数额。

第二,划分固浮比,预估员工的浮动薪酬。通过对员工薪酬数额的预估,我们可以得到员工的总薪酬数额。接着,我们将预估的员工薪酬数额,按照一定的固浮比进行划分,从而得到固定薪酬和浮动薪酬。在业务提成模式中,为了增强对业务人员的激励效果,浮动薪酬最好设计为弹性模式,也就是浮动薪酬应该达到或超过员工总薪酬数额的 60%,有些企业浮动薪酬甚至会达到员工薪酬数额的 80%~90%,这是根据企业的薪酬策略、薪酬成本预算、企业自身的营业情况和想要达到的效果而定的。确定了固浮比,我们就能根据员工的预估薪酬数额,预测出员工的浮动薪酬数额,在这里也就是提成收入。

第三,确定员工的业务量。根据企业当年的营业目标、市场环境和主要竞争对手情况,企业还需要确定与提成比例挂钩的业务量。这个业务量可以是具体的销售额、成交单量、毛利润或者净利润,比如,可以把业务量定为 1000 万元的销售额、200 万元的净利润或者 5000 单的成交量等。

第四，计算提成比例。知道了员工的浮动薪酬和业务量，只需要用浮动薪酬除以业务量即可得到提成比例。比如，某企业销售人员的月浮动薪酬预估为 5000 元，其提成指标为净利润，业务量为 20 万元。那么，$\frac{5000}{200000}=2.5\%$，可得到该企业销售人员的提成比例为 2.5%。

这样企业的提成比例就已经设计好了。在实际的工作中，我们可以根据企业的情况对计算得到的提成比例进行微调，以消除不稳定的市场环境导致的业绩过高和过低，和消除销售人员的偶然性业绩，维持销售员工收入相对稳定，达到保留销售人员并持续激励销售人员的目的。同时，根据企业的实际需要，还可以为业务提成设计相应的配套措施，比如，一些企业会设置最低业务标准和"封顶"机制，在保证员工达到企业基本要求的同时，消除市场波动带来的不确定性。

当然，一些企业为了提高边际效应，发挥单个员工高业绩带来的价值，在业务提成上也会采取"上不封顶"的方式，甚至会根据不同业务量来设定提成比例。比如，某企业规定员工完成的净利润在 20 万元以下，提成比例为 2.5%；员工完成的净利润在 20 万元~50 万元，提成比例提升到 4%；员工完成的净利润在 50 万元~100 万元，提成比例提升到 7%；员工完成的净利润在 100 万元以上，提成比例达到 12%。这样的提成比例设置往往更能激励员工创造高业绩，为企业带来高盈利。

究竟采取哪种提成方式和提成比例，是需要根据企业的现实情况和根本需求来确定的。有时候，一些跨地区的企业或者拥有众多产品种类的企业，往往还需要根据销售区域和产品的不同，设置不同的提成比例。比如，某化妆产品在一二线城市投入大量的广告进行宣传，所以销售火爆；在三四线城市由于缺乏广告投入，销售难度远大于一二线城市。在这种情况下，我们就需要根据实际情况对各区域的业务提成比例进行调整，将一二线城市的提成比例适当调低，将三四线城市的提成比例提高，以起到对销售人员的激励作用。同理，企业也可以采取提高提成比例的方式，来引导销售人员将销售重心向着企业的重点产品和项目倾斜。

案例如下。

某企业根据自身情况设计业务人员的提成模式，最初，该企业首先通过梳理现有业务人员的薪酬情况，并结合市场同行的薪酬水平，预估基层业务人员的薪酬为10000元/月左右；然后，该企业将业务人员的固浮比设置为4:6，即4000元/月的固定薪酬和6000元/月的绩效薪酬，具体如表4-40所示。

表4-40 某企业初步设计的业务人员提成模式表

级别	基本薪酬	绩效薪酬	对应完成回款任务
业务员	4000元/月	6000元/月	20万元/月

该企业规定，只要每月完成20万元的回款任务指标，业务员就能获得4000元的固定薪酬和6000元的绩效薪酬；如果无法完成20万元的任务指标，业务员就只能获得4000元的固定薪酬。但是，这种薪酬模式会导致两个问题，第一，部分员工无法完成20万元的任务指标，就只能获得4000元/月的固定薪酬，导致该企业的业务员流动性很大，公司人员结构极不稳定；第二，业绩达标者在完成目标值后缺乏动力，导致其不愿挑战更高的回款额度，因而影响企业回款数额的提高。

为了解决以上问题，该企业决定对原来的薪酬模式进行改良，提升薪酬激励性。首先，该企业仍以回款任务量作为提成因素，并参考原来4:6的固浮比进行设计；然后，根据预估浮动薪酬数额，该企业计算出员工的基本业务提成比例为 $\dfrac{6000}{(1-60\%)\times 200000}=7.5\%$；接着，该企业为了激励目标达成者追求更高的回款任务量，还设置了超额业务提成指标，规定超过20万元的回款部分，企业按照9%的比例提成，于是设计了如表4-41所示的业务提成模式表。

表 4-41　某企业改良设计的业务人员提成模式表

薪酬类型	固定薪酬	基本业务提成	超额业务提成
回款任务指标	12万元（20万元×60%）	12万元＜X≤20万元	20万元＜X
提成系数	无	1	1.2
提成比例	4000元	7.5%	9%

从表 4-41 可以看出，该企业规定 12 万元为业务提成的最低标准，即业务员完成 12 万元的回款任务就能获得 4000 元/月的固定薪酬；而当回款任务量超过 12 万元，但没有超过 20 万元时，按照 7.5% 的比例提成；当回款任务量超过 20 万元时，则超过部分按照 9% 提成。

并且该企业额外设计了提成系数。对于基本回款任务量部分，该企业设置的系数为 1，即 7.5%×1＝7.5%。而当业务员达到超额回款任务量时，系数提高到了 1.2，即 7.5%×1.2＝9%。设置提成系数，在很多企业都是十分常见的，其目的是为了强化激励效果。如果该企业在未来的薪酬设计中，想要调整超额部分的提成比例，只需要对提成系数进行调整即可。比如，该企业若需要增加 2 个超额业务激励区间，规定 20 万元~30 万元为一个区间，30 万元~50 万元为一个区间，50 万元以上为一个区间，则只需要将提成系数进行相应的设计即可，比如，规定 20 万元~30 万元区间的提成系数为 1.2，30 万元~50 万元区间的提成系数为 1.4，50 万元以上区间的提成系数为 1.8，那么对应的提成比例分别为 9%、10.5%、13.5%。

在该企业目前的业务提成设计中，假设某业务人员完成了 24 万元的回款，那么他当月的总薪酬为：4000＋7.5%×（200000－120000）＋9%×（240000－200000）＝13600 元。

（二）计件薪酬制和计时薪酬制的设计

计件薪酬制和计时薪酬制都属于按单价核算的个人量化型绩效薪酬类型，两者十分相似，区别在于计件薪酬制是按照员工完成的任务量来计算薪酬的，而计时薪酬制则是按照员工的工作时长来计算薪酬的。但从根本上来说，它们都是以员工完成的单价（单位数量和单位时间）为基础设计的绩效薪酬。在计件薪酬制和计时薪酬制中，员工的薪酬可以采用以下计算公式：

员工薪酬总额＝固定薪酬＋计件薪酬/计时薪酬（单价×数量）

在这个公式中，固定薪酬的设计可以采用"岗位薪酬＋能力薪酬"的薪级薪档方式来确定。计件薪酬需要通过产品的单价×员工生产的数量来计算，计时薪酬需要通过单位时间的薪酬价格×员工工作的时长来计算。其中，计件薪酬的产品单价和计时薪酬的单位时间薪酬价格，是影响和决定计件薪酬和计时薪酬的关键指标。所以，设置产品的单价和单位时间的薪酬价格是设计计件薪酬和计时薪酬的关键。

1. 如何确定计件薪酬的产品单价

通常来说，产品单价的确定需要四步：第一，从企业成本、行业情况和市场薪酬水平出发，进行综合评估，预估某个岗位的具体薪酬数额；第二，划分固浮比，确定固定薪酬部分和浮动薪酬部分的比例；第三，用浮动薪酬除以工作时长，得出平均薪酬标准；第四，单位时间的平均薪酬标准除以单位时间的劳动定额，具体计算公式如以下所示。

$$产品单价 = \frac{单位时间的平均薪酬标准}{单位时间的劳动定额}$$

比如，某工厂结合所在行业状况、市场薪酬水平及自身的薪酬成本预算，得出生产线上技术工人的薪酬水平大概是6000元。该企业按照自身情况，将其固浮比设置为5∶5，也就是3000元的固定薪酬和3000元的浮动薪酬。对浮动薪酬部分，该企业用月浮动薪酬（3000元）除以月正常出勤天数（21.75天），再除以每天的工作时间（8小时），得到员工每小时的薪酬数额约是17元。该企业又通过工作日志写实法计算出该岗位标准的产品产出量为170件/时。最后，用单位时间内的薪酬数额除以单位时间内的产品产出数量，即可得到每件产品的价格，即产品单价 $= \frac{17 元/小时}{170 件/小时} = 0.1$ 元/件。

2. 如何确定计时薪酬的小时价格

计算计时薪酬的小时价格和计件薪酬的产品单价的步骤有些类似，需要三步，第一，企业需要从自身情况和行业标准出发，对岗位的具体薪酬价格进行预估；第二，划分固浮比，确定固定薪酬部分和浮动薪酬部分的比例；第三，用平均月浮动薪酬标准除以月出勤小时数即可得到：小时价格 = $\dfrac{平均月浮动薪酬标准}{月度出勤小时数}$。

比如，某工厂生产线工人的月薪酬标准是 6000 元。该企业按照自身情况将其固浮比设置为 5∶5，也就是 3000 元的固定薪酬和 3000 元的浮动薪酬。月度法定的出勤小时数是 174 小时（21.75 天×8 小时），即可得出该工人每小时的薪酬数额：

$$小时薪酬数额 = \dfrac{3000 \text{ 元/月}}{174 \text{ 小时/月}} = 17.2 \text{ 元/小时}$$

计件薪酬制和计时薪酬制简单、直接，容易计算，实行起来很方便，并且其激励效果也较为明显。不过，单纯的计件薪酬制会导致员工过度关心个人利益，忽视企业利益；只重视产品数量，不重视产品质量和客户服务质量提升等一系列问题。同时，单纯的计时薪酬也很容易让员工偷懒取巧，出现"磨洋工"的情况。所以，很多企业在设计计件薪酬制和计时薪酬制时，不光会对产品数量和工作时间进行考核，还会综合考虑其他考核因素，将生产效率、产品质量、完成率、一次性通过率、差异化产品完成率、出勤率、成本浪费等一系列考核要素，选择关键的指标项，纳入量化标准中来，设置一定的考核系数，从而形成多维度的综合考核体系。

案例如下。

某互联网企业由于业务发展，出现了大量的客服需求。为此，该企业招聘了大量的客服人员，为了满足日益提升的服务需求，提高客服人员的电话接听率，特针对客服团队设置了计件薪酬制。

该企业的计件薪酬制由两部分组成，即固定薪酬和计件薪酬。其中，固定薪酬为正常出勤情况下企业需要支付的薪酬；而计件薪酬则是企业按照客服接听电话的数量计算的。

最初,该企业根据自身情况和行业标准,预估客服人员的薪酬数额约为5500元/月,并结合实际情况,将客服人员的薪酬固浮比划分为4∶6,即固定薪酬为2200元,浮动薪酬预估为3300元。然后,该企业根据客服人员的出勤时间及单位时间接听电话的数量,计算出客服人员每接听一个电话的价格为0.8元。于是,按照这个标准在客服团队中推广。

不过,这一制度实行不久,就出现了明显的问题,客服人员为了得到更高的薪酬,想尽办法提高电话的接听数量。有时候,客服人员甚至会在没有完成接听服务的情况下,擅自挂掉电话,导致客户投诉事件不断增加,从而严重影响企业形象。

为了解决这一问题,该企业重新审视原有的计件薪酬制,决定对客服人员的服务质量进行考评,将客户满意度纳入考核范围。为此,该企业设计了两种方案。

方案一:客服人员在原本的计件薪酬基础上,按照客户满意度的高低,增加了一个考核系数。客服满意度为90%,该考核系数就是0.9;客户满意度为85%,该考核系数就是0.85。以此类推。最后,用客服的计件薪酬乘以该考核系数,得到考核后的计件薪酬数额,其计算公式如下:

员工薪酬总额 = 固定薪酬 + 计件薪酬 × 考核系数

方案二:在原本的计件薪酬基础上,按照好评率的高低,对客服人员设置了不同的评价区间,每个区间设置一定的系数,如表4-42所示。

表4-42 某企业计件薪酬考核区间表

客户满意度	<80%	80%~90%	90%~95%	95%~98%	98%~100%	100%
考核系数	0	0.8	0.9	0.95	0.98	1.0

最终,用客服人员好评率所在范围区间对应的考核系数乘以计件薪酬,即可得到考核后的计件薪酬数额,其计算公式如下:

员工薪酬总额＝固定薪酬＋计件薪酬×考核系数

同时，两种方案均规定：客户满意度低于80%，考核系数均为0，即客服人员不合格，只能获得固定薪酬。

从具体操作上来说，两种方案都是可行的。不过，该企业考虑到设置区间考核系数的激励性更强，最终选择了方案二。

小李是该企业的客服，固定薪酬为2200元/月。已知该企业规定客服人员每接听一个电话可以获得0.8元，小李该月每天平均接听电话的数量为205个，工作天数为22天。通过客户满意度调查，得知其好评率为97%。由此，我们可以计算出小李该月的薪酬为：2200＋0.8×205×22×0.95＝5627.6元。

通过计算得出，小李该月的薪酬为5627.6元。利用这种方法，该企业在短时间内解决了客服人员"重数量不重质量"的问题，提高了客服人员的服务质量，挽回了企业的形象。

无论是业务提成薪酬，还是计件薪酬制和计时薪酬制，个人量化型绩效薪酬设计时都需要注意以下两点。

第一，在个人量化型绩效薪酬中，员工的个人利益与企业的短期经营指标形成强关联。有时候，员工为了自己的个人利益，会做出一些短视行为，置企业的发展于不顾，损害企业的利益。所以，在设计个人量化型绩效薪酬时，设计者需要重视这类问题，在方案中进行全面的考量，并严格执行，防患于未然。

第二，在实行个人量化型绩效薪酬前，需要将企业的政策和规则向员工讲述清楚，以免造成企业和员工在认知和理解上的分歧，导致矛盾和利益冲突。

个人量化型绩效薪酬有其适用的范围，企业在使用时需要认真考虑，严谨调研，切勿照搬照抄，也切勿"一视同仁"，在企业内大搞量化。对于一些业绩结果难以量化，量化价值不大，需要主观评价的岗位来说，大量使用个人量化型绩效薪酬反而会弄巧成拙，起到适得其反的效果。

那么，对于企业来说，我们是选择目标型绩效薪酬，还是选择量化型绩效薪酬；是选择个人量化型绩效薪酬还是选择团队量化型薪酬，或者选择多种薪酬模式并存呢？这是所有企业在实际中都会面临的问题，但同样，这也是一个必须要"具体情况具体分析"的问题。在这一方面，基于我们曾经服务的诸多企业，我和我的团队做了大量的研究和整理工作，读者可以扫描本书"结束语"后面的微信二维码，获得专业团队的指导。

三、团队量化型绩效薪酬的设计

团队量化型绩效薪酬是一种对团队的量化绩效进行考核，并根据考核结果进行里程碑式即时激励的绩效薪酬模式。所谓里程碑式激励是达到一个"里程碑"，企业就给予该团队相应的薪酬激励，比如，完成某个项目、实现某个方案、研发某个产品，或者成功完成某种非常规的绩效表现，对这样阶段性的、里程碑式的成果进行激励，就叫里程碑式激励。

相比对个人绩效的考核和激励，团队量化型绩效薪酬更能激励员工的团结协作精神，也更能让员工团结力量办大事。尤其是在一些项目化运作的企业中，比如，在工程建设、软件开发、管理咨询等项目中，团队量化型绩效薪酬往往可以发挥很大的作用。

在设计团队量化型绩效薪酬时，首先需要根据团队的价值创造来计算整体的薪酬激励数额，然后根据个人在团队内部的贡献程度来对薪酬数额进行二次划分。所以，团队量化型绩效薪酬的设计思路一般可以分为两步，第一步是针对团队的整体薪酬分配；第二步是针对个人的具体薪酬分配。其中，针对团队的整体薪酬分配一般采用两种分配方式。

第一种，按里程碑分配。这是一种较为复杂的团队分配方式，常见于一些系统性工程中。在这种分配方式下，企业首先需要立项，并成立"评审委员会",对项目进行考核。考核的重点是项目能否通过审批立项、项目的等级划分、项目的困难程度,团队的人员构成情况、角色分工,以及各角色的贡献程度和对项目的重要程度等。然后,企业再根据项目的价值大小和难度等级,从企业的薪酬成本中划分相应的团队薪酬总额(奖金包或项目奖金)。接着,当项目完成之后,对项目进行考核,对项目成效和团队员工的贡献程度进行专业评估。最后,根据考核结果,对项目奖金进行具体分配。

这种模式是为了克服传统组织体系精细化分工带来的机构臃肿、效能低下等问题,为集中核心力量,快速解决临时性的专项任务而设置的。所以在实施时需要注意两个问题,第一,团队成员要精炼,不能出现人员堆积的情况;第二,在薪酬分配时一定要体现团队的协作性和公平性,维护团队的团结合作精神。为了充分体现公平性原则,团队中每个成员的团队量化型绩效薪酬(奖金)分配,需要依据其在成果、贡献及对团队的重要程度等因素上综合考量。

第二种,按照团队业绩分配。这种模式越来越常见,尤其是在一些互联网和电商行业中。它们在企业内部组建了一个个小组织,从企业的整体组织体系中独立出来,形成各自的单元。一个团队就可以完成一个独立的工作流程,单独创造价值,自己核对成本、营业额和利润,形成"以小组制为核心的单品全程运营体系"。这其中,最典型的例子就是韩都衣舍的三人制。

在韩都衣舍三人制中,他们将设计师、销售员和采购员组合在一起,形成一个三人小组,负责某类产品的全流程管理。一旦形成小组,从创意、设计、原料采买到最后的销售都由这三个人负责,小组取得的业绩成果也由这三个人和企业共享。比如,韩都衣舍把以小组产出的毛利润作为提成基数,为"三人小组"设置了一定的提成比例系数。该团队取得多少业绩,就能按提成比例获得相应的团队奖金包(团队薪酬总额)。有了团队的总体奖金包,只需要按照团队中成员的贡献度进行人员的薪酬分配即可。

完成了团队薪酬的分配，接下来就是将团队薪酬按照贡献程度分给团队中的个人，这就是团队量化型绩效薪酬分配的第二步。

在进行个人薪酬分配时，我们需要注意两个重要因素，第一个是员工在团队中所扮演的角色对团队的贡献程度；第二个是员工的绩效系数。

关于团队中成员所扮演的角色的贡献程度，企业在项目成立或组建团队时，就需要进行一定的评估，然后获得团队成员的角色分配系数。比如，某企业根据自身的项目评估结果，对某项目小组内各角色进行的系数分配，具体如表4-43所示。

表4-43 某企业项目团队角色分配系数表

项目角色	项目负责人	核心成员	骨干成员	辅助成员
分配系数	1.8	1.2	0.8	0.5
岗位对应人数	1	4	6	2

如表4-43所示，该企业在立项过程中，组建专业的评估小组，对某项目进行评估，并根据项目团队中各成员所扮演角色的不同，制定了对应的薪酬（奖金）分配系数。在项目完成后，该企业只需按照分配系数，将团队总薪酬（奖金包）分配到团队成员即可。在具体的分配过程中，各角色的奖金分配可以采用如下的公式进行计算：

$$团队成员奖金 = 团队奖金包 \times \frac{个人角色分配系数}{\Sigma(角色分配系数 \times 相应人数)}$$

比如，小张是该项目的负责人，假设该项目的团队奖金包为20万元，按照上面的公式，小张的个人奖金为

$$20 \times \frac{1.8}{(1.8 \times 1 + 1.2 \times 4 + 0.8 \times 6 + 0.5 \times 2)} \approx 2.9 \text{万元}$$

利用分配系数，我们可以很轻松地计算出项目负责人小张的项目奖金为2.9万元。可以看出，这种方式计算起来很简单，操作性也非常强。一般来讲，分配系数需要企业在立项过程中确定下来。不同的企业对于分配系数的标准和要求不同，具体的设计方法也有所差别，

比如下面这家企业设计的分配系数就很有特点。

案例如下。

某企业是广东省沿海地区的一家大宗产品公司，集生产、研发、销售于一体，主要业务销售模式是招投标形式。早期，该企业业务范围较小，在每次招投标项目时，该企业只需要根据项目的实际情况和各部门的人员分工情况，从不同的部门抽调人员组成项目小组，负责招投标事项。

随着业务的不断拓展，这种通过抽调组成项目小组的方法，越来越难以适应市场的变化，出现了许多问题。一方面，项目小组的成员来自生产施工、技术研发、商务拓展等不同部门，人员结构复杂，沟通成本高，团队工作效率低；另一方面，按照抽调式组成小组的模式，项目结束后团队立即解散，团队的凝聚力和战斗力往往会大打折扣。

另外，该企业缺乏团队型绩效薪酬的观念，对项目小组成员的薪酬缺乏设计。在项目薪酬核算时，完全按照员工所在部门的原绩效薪酬发放，结果项目团队出现不公平现象，导致一部分项目成员"浑水摸鱼""吃大锅饭"；另一部分项目成员贡献很大、业绩突出，但得不到相应的奖励，极大地打击了大家的参与积极性和团队协作性。

为了解决以上这些问题，该企业决定组建一批相对稳定的招投标项目团队。新建的招投标项目团队，成员由固定的人员构成，平时仍在各自的部门工作，进行招投标工作时再参与到项目团队中来。每个项目团队主要由4类成员组成：商务拓展、项目经理、技术员和招投标主管。同时，该企业还把项目团队成员的奖金拆分为两部分：一部分是原来的部门绩效奖金；另一部分是项目绩效奖金。一旦中标成功，该团队成员即可获得该项目的绩效奖金。

由于该企业之前做了比较完善的岗位价值评估和员工能力素质评估，得到了合理且完善的固定薪酬。并且基于岗位和能力而形成的固定薪酬，也恰好可以匹配员工在该项目团队中所扮演角色的价值和贡献。所以，在对招投标团队成员的项目绩效薪酬（奖金）比例设置时，该企业借助团队成员原本的固定薪酬作为依据和参考，计算出该项目各成员的角色分配系数，具体操作如下。

首先，列出项目团队所有成员的固定薪酬，计算固定薪酬总和；

其次，用个人的固定薪酬除以团队所有人的固定薪酬总和，得到每个人的绩效薪酬（奖金）分配系数，用公式表示就是：

$$分配系数 = \frac{个人固定薪酬}{团队所有人固定薪酬总和}$$

以该企业"西南项目小组"为例。该小组共有4个人，分别是商务拓展1名、项目经理1名、技术员1名和招投标主管1名，对应的固定薪酬数额分别为8000元、14800元、9800元、11200元。

因此，按照上面的公式可以计算出该项目小组所有人的固定薪酬总额为：8000＋14800＋9800＋11200＝43800元，然后用每个人的固定薪酬除以项目小组总的固定薪酬（即43800元），即可得到该项目小组成员的奖金分配系数，具体如表4-44所示。

表4-44 某企业"西南项目小组"成员分配系数表

岗位	商务拓展	项目经理	技术员	招投标主管
固定薪酬（元/月）	8000	14800	9800	11200
分配系数	18%	34%	22%	26%

7月份，西南项目小组在竞标中获得200万元的大额订单。按该企业规定，项目团队可以获得订单总额的2.5%的提成。所以，该项目团队在这次竞标任务中可获得的奖金总额为2000000×2.5%＝5万元。根据已经得出的各成员分配系数，该企业计算得到的该项目团队成员7月份绩效奖金如表4-45所示。

表4-45 某企业"西南项目小组"7月份绩效奖金表

岗位	商务拓展	项目经理	技术员	招投标主管
奖金分配系数	18%	34%	22%	26%
7月份绩效奖金（元）	9132	16895	11187	12785

通过分配系数设计薪酬的方法虽然简单,但是却存在一个较为严重的缺陷,那就是分配系数往往是一个恒定的比例,而且是在团队组建时就已经确定的,很难发生变化。这样往往会导致员工的团队量化型绩效薪酬(个人奖金)无法对项目实施过程中各成员的具体表现进行有效的衡量和区分。这时候,我们就需要在团队考核项目中增加"绩效系数"这个因素,对团队成员的贡献程度、价值大小和绩效考核结果进行综合评价。

案例如下。

某企业在立项之初,按照项目团队各成员所扮演的不同角色的贡献程度,计算出对应的分配系数。同时,在项目实施过程中,对项目团队成员进行绩效管理和考核,在项目完成后得到各成员的绩效系数,如表4-46所示。

表4-46 某企业制定的角色分配系数和个人绩效系数表

项目角色	项目负责人	核心成员	骨干成员	辅助成员
分配系数	1.8	1.2	0.8	0.5
角色人数	1	4	6	2
各成员的绩效系数	1.2	0.8, 0.9, 1.1, 1	1, 1.2, 0.7, 1, 0.9, 1	1.1, 0.9

根据表4-46所示,我们只需要利用团队成员的分配系数和绩效系数,就能计算出该团队成员的绩效薪酬(奖金),具体的计算公式如下:

$$个人绩效薪酬 = 团队薪酬总额 \times \frac{个人角色分配系数 \times 个人绩效系数}{\Sigma(角色分配系数 \times 相应人数 \times 绩效系数)}$$

比如,小李是该项目的骨干成员之一,假设该项目的薪酬总额为20万元,小李的绩效系数为0.9。按照上面的公式,小李在团队中的个人绩效薪酬(奖金)为

$$20 \times \frac{0.8 \times 0.9}{(1.8 \times 1 \times 1.2 + 1.2 \times 1 \times 0.8 + 1.2 \times 1 \times 0.9 + \cdots\cdots 0.5 \times 1 \times 1.1 + 0.5 \times 1 \times 0.9)} \approx 1.17 万元$$

利用该公式可以计算出团队中所有成员的绩效薪酬(奖金)数

额。这种方法的优点是，相较于前一种方法，增加了绩效系数，可以对团队运作过程中成员的表现进行实时的监管和评价，起到了监管作用；同时，根据实际表现和考核结果来衡量员工的薪酬，真正发挥了绩效的作用和价值，更能体现公平性，有利于团队的和谐。

案例如下。

在某技术导向型企业中，技术研发团队一直是其业务发展的核心。但由于企业发展初期在薪酬体系设计上的缺陷，导致其技术研发团队遭遇一系列严重的问题。

第一，由于该团队对人才的要求很高，且被视为企业发展的核心，所以企业将大量资源向该团队倾斜，团队成员薪酬逐年递增，结果导致团队利润增幅跟不上成员薪酬增幅，给企业带来很大的经济压力。

第二，由于技术研发人员的成果难以短期见效，绩效难以界定，所以对于技术研发人员的绩效考核名存实亡，没有体现绩效考核的价值。

另外，在企业发展初期，为激励技术团队进行研发，该企业为技术人员制定了一条"养老"政策，该政策规定：研发工程师对其参与研发的技术和产品，享受无时限的研发产品市场销售额的提成。也就是说，只要研发人员研发的某款产品还在持续销售，该员工就可以一直从销售额中获得提成。这一政策导致在研发人员中有相当一部分老员工即便在没有新贡献的情况下，也能通过过往的研发成果享受长期的提成，从而造成大量的研发人员不思进取。

随着企业增速的放缓，技术团队绩效的产出与人力成本的矛盾开始凸显，该企业技术团队薪酬体系的改革已经刻不容缓了。

在这种情况下，该企业对技术团队的薪酬体系进行了一系列的调整，其中最核心的就是构建绩效和薪酬的适配体系，让薪酬真正匹配其个人创造的实际价值。

首先，该企业对技术团队进行了改革，形成了项目团队制，根据市场反馈和战略方向设定研发项目，再根据项目需求组成研发团队，并对每个项目设立项目绩效奖金包。

接着，该企业还对技术人员的薪酬模式进行了调整，从原来名存实亡的"固定薪酬+绩效薪酬"变成了"固定薪酬+团队量化型绩效薪酬"。在团队量化型绩效薪酬的设计环节，该企业将团队成员分为4类，并按照角色分配系数、个人绩效系数等因素来对团队成员的绩效薪酬进行分配设计。以某改进型项目小组为例，该项目共有8人，被划分为4类角色，其具体的角色分配系数和个人绩效系数，如表4-47所示。

表4-47 某企业"改进型项目小组"角色分配系数和个人绩效系数表

项目角色	项目负责人	核心成员	骨干成员	辅助成员
角色分配系数	1.6	1.1	1	0.6
岗位对应人数	1	3	2	2
个人绩效系数	1.2	1.1, 1, 0.9	1.1, 1.1	1, 0.9

根据表4-47中的数据可得出，该企业计算出该改进型项目团队中各角色的奖金分配可采用如下的计算公式：

$$团队成员绩效奖金 = 项目绩效奖金包 \times \frac{角色分配系数 \times 个人绩效系数}{\sum(角色分配系数 \times 相应人数 \times 绩效系数)}$$

在该项目中，项目评估委员会根据项目价值和难易程度，为该项目设立了30万元的项目绩效薪酬总额。其中，小李和小张是该项目的两名核心成员，根据考核结果，小李的个人绩效系数为1.1，小张的个人绩效系数为0.9。因此，按照上面的公式，可以得出小李和小张的绩效薪酬分别为

$$小李：30 \times \frac{1.1 \times 1.1}{(1.6 \times 1 + 1.1 \times 3 + 1 \times 2 + 0.6 \times 2)} = 4.4 万元$$

$$小张：30 \times \frac{1.1 \times 0.9}{(1.6 \times 1 + 1.1 \times 3 + 1 \times 2 + 0.6 \times 2)} = 3.6 万元$$

除了薪酬模式的调整，企业还对技术制定了相应的提成享受时限，规定研发工程师可享受3年的研发产品市场销售额提成，并基于产品上市的年限给予对应的提成比例，即第1年的提成占比为1%，第2年

的提成占比为 0.8%，第 3 年的提成占比为 0.5%，比例逐年递减以对应产品逐渐增加的销售投入。

现如今，随着组织扁平化、流程化的趋势愈演愈烈，团队协作的方式也正受到越来越多企业的青睐。团队量化型绩效薪酬模式恰好可以适应这种趋势，对团队及团队成员起到很好的激励效果。不过在设计团队量化型绩效薪酬时，我们还需要注意以下几个问题。

第一，团队量化型绩效薪酬一般适合于团队价值或团队结果能够量化，可以进行清晰核对的项目，比如，有明确的销售额、利润、节约成本额度、客户扩展数量等指标。如果缺乏这些可量化指标，那么实行团队量化型绩效薪酬的效果就会大打折扣。

第二，由于团队量化型绩效薪酬在奖金分配过程中，团队成员的数量会影响成员的奖金分配情况。所以在配置人员时，一方面要严谨合理，另一方面也要尽可能地精简人员结构。如果人员过多，那么奖金分配到个人头上的数额势必会减少，可能会导致团队成员的不满和抗议。同时，人员增多可能会导致团队成员"吃大锅饭"，出现"浑水摸鱼"的情况。

第三，团队量化型绩效薪酬的主要目的是对项目团队的参与者按照贡献价值，进行公平合理的绩效薪酬分配。在这个过程中，薪酬激励一定要保证公平合理，要有力地激励团队协作精神的发挥，要尽可能地避免团队内部的"唯利是图"和目光短浅的现象出现。

四、利用绩效薪酬，建立"固定薪酬+浮动薪酬"体系

无论是目标型绩效薪酬，还是量化型绩效薪酬，都是建立在绩效管理的基础上的。绩效薪酬体系和绩效管理体系就像一根棍子的两头，是密不可分，相互支撑的。

企业想要有完善的绩效薪酬体系，就必须有相应的绩效管理体系，要有明确的绩效目标，并提炼出关键性绩效指标，然后为这些指标设置

考核的标准和要求，从而实现对员工绩效的考核。利用考核结果得到员工的绩效考核系数，以此为基础才能设计出企业想要的绩效薪酬体系。

绩效薪酬是浮动薪酬的重要组成部分。甚至在很多企业，绩效薪酬就意味着浮动薪酬，两者可以等同起来。在前面的内容中，我们利用岗位薪酬和能力薪酬构建起薪级薪档的固定薪酬。企业只需要根据一定的固浮比设计，就能将固定薪酬和浮动薪酬有机地结合起来，形成企业的三位一体薪酬模式。对于大多数企业和企业中的大多数岗位来说，这样一套结合岗位、能力和绩效构建起来的"固定薪酬+浮动薪酬"体系，可以满足常规的需求。

案例如下。

某企业通过岗位价值评估和能力素质评估，得出营销类（S）员工的薪级薪档分布情况，并通过固浮比设置得出各薪级薪档对应的绩效薪酬基数如表4-48所示。

表4-48　某企业薪级薪档和绩效形成的固浮薪酬表

职类职别职级	薪级	薪档薪酬（单位：元）					固浮比（浮动率）	绩效薪酬基数（单位：元）				
		第一档	第二档	第三档	第四档	第五档		第一档	第二档	第三档	第四档	第五档
S7 资深总监	11	21700	24400	27100	31100	36500	80%	17400	19600	21700	24900	29200
S7 高级总监	10	15500	17400	19300	22200	26100	70%	10900	12200	13600	15600	18300
S6 总监	9	11400	12500	13800	15900	18700	60%	6900	7500	8300	9600	11300
S5 资深经理	8	8700	9600	10700	12200	14400	50%	4400	4800	5400	6100	7200
S4 高级经理	7	6700	7400	8200	9400	11100	50%	3400	3700	4100	4700	5600
S3 营销经理	6	5200	5700	6300	7300	8500	50%	2600	2900	3200	3700	4300
S2 营销主管	5	4300	4800	5300	6100	7100	40%	1800	2000	2200	2500	2900
S1 营销专员	4	3600	4000	4400	5100	5900	30%	1100	1200	1400	1600	1800

从表4-48可以看出，该企业按照固浮比，为每一薪级薪档都设置

了对应的浮动薪酬（主要为绩效薪酬）。在该企业中，员工的总薪酬由两部分构成，第一部分是由薪级薪档所确定的固定薪酬；第二部分是根据固浮比设计的绩效薪酬。不过，这里确定的绩效薪酬仅仅只是一个基数，员工能不能拿到这个数额，还需要用绩效结果考核来决定。

比如，老李是该企业的高级总监，处于该企业第10级第四档。按表4-48所示，其固定薪酬为22200元，对应的绩效薪酬基数也应该是第10级第四档，也就是15600元。理论上来说，老李的总薪酬应该为22200+15600=37800元。不过，老李实际拿到的薪酬可能会与这个数额存在差距，原因就在于其绩效薪酬部分往往需要根据实际的绩效考核结果而定。

利用岗位、能力和绩效设计的薪酬体系，已经受到越来越多企业的青睐。一方面，它在传统的岗位薪酬基础上，加入员工能力和绩效表现作为衡量标准，可以从多层面、多维度去评估员工的价值创造和贡献程度；另一方面，利用绩效作为对员工的监督和评价的手段，可以很好地衡量员工是否充分发挥了能力，是否可以真正满足企业的要求。更重要的是，在岗位和能力的基础上加入绩效，可以让薪酬真正地"浮动"起来，极大地强化了薪酬的激励性。

不过，在我们这个一切都在快速变化的VUCA（Volatility，易变性；Uncertainty，不确定性；Complexity，复杂性；Ambiguity，模糊性）时代，很多企业面对复杂多变的内外部环境和竞争态势，其发展可能需要随时调整。面对这种情况，单单靠岗位、能力和绩效形成的薪酬体系，或许还不足以满足企业发展的所有需求，特别是在应对一些突发的战略事件时，这样一套薪酬体系就显得缺乏灵活性和应对性。

这个时候，我们就需要引入另外一种薪酬模式，那就是战略薪酬，来丰富和完善我们的薪酬体系。下一章，我们就来了解什么是战略薪酬，以及战略薪酬是如何设计的，它和其他三种薪酬又是如何一同搭建起企业完善的四维薪酬体系的。

第五章
战略薪酬，四维薪酬激励的整合

我们知道，从愿景与使命、价值观中，企业衍生出自己的发展战略，又从发展战略分解得到自己的业务战略。按照一个个业务战略的要求，企业组建起自己的组织、部门、岗位，并按照相应的标准去招聘和选拔所需要的人才。通过这一步一步的流程，企业将自己的战略目标分解到每个岗位上和每位员工身上。

在前面的几章中，我们分别通过岗位价值、能力素质模型和绩效考评，对企业里的岗位和员工进行了评估，建立起岗位薪酬、能力薪酬和绩效薪酬，并形成了三位一体的薪酬体系。我们常说，企业的薪酬是为企业战略服务的。不过，这些薪酬模式对于企业战略的承接是间接性的，对战略变化的反应相对比较被动、迟缓和滞后。所以，它们都属于常规性薪酬，通常用于应对企业常规的薪酬问题。

不过，企业在发展的过程中，不可能只面对常规问题。有时候，企业的战略需要调整、发展需要转型、业务需要拓展。在这种情况下，企业的常规性薪酬可能存在激励性不足、激励效果滞后、激励方向不全面、激励重点不突出，甚至激励失效等情况。面对这些非常规性的问题，企业也需要一种"非常规"薪酬模式，那就是战略薪酬。特别是在当今这个VUCA时代，市场变化太迅速、太复杂、太模糊，充满各种不确定性。企业如果要在不断变化的市场环境和竞争态势中寻找到新的增长点，就需要未雨绸缪，做好战略层面的规划。在薪酬设计上，我们也需要考虑这种特殊情况，为企业做好薪酬规划，直接支撑企业战略。

所谓战略薪酬是指站在企业战略的层面，对完成企业特殊任务、做出突出贡献的员工进行特殊激励的薪酬模式。战略薪酬是利用薪酬让企业实现"站在未来，经营当下"的战略性布局。人们常说"计划没有变化快"，这是因为计划里没有包含变化。战略薪酬的本质就是从薪酬的角度出发，站在企业战略的高度，将企业未来可能出现的变化和波动纳入企业的计划中，从而保证企业的稳步发展和战略达成。

设计战略薪酬的关键是搞清楚企业战略到底是什么，如何用薪酬规划去支撑企业战略。在这个过程中，我们需要先用SWOT分析法对企业战略进行分析，然后根据分析结果设置企业的战略事件，并利用人才盘点工具分析找到战略事件的人才。最后，再根据这些人才在战略事件中所完成的特殊贡献和突出任务，进行相应的奖励，形成战略薪酬。

第一节　利用SWOT分析法，制订战略事件计划

设计战略薪酬最核心的问题就是明确企业的战略目标，这既是前提，也是基础。不过在现实中，很多企业的发展战略往往是模糊的、抽象的，甚至是缺失的。这时候，我们想要设计战略薪酬，首先需要对企业战略进行清晰、明确的分析。分析企业战略，最常用的方法就是SWOT分析法。

SWOT分析法也叫态势分析法，是指将与企业相关的内部优势、内部劣势、外部机会、外部威胁四个因素通过调查列举出来，形成一定的矩阵排列，然后用系统分析的思想，把各种因素相互匹配起来并

加以分析，从中得出一系列带有决策性的结论。

SWOT 分析法最早是由海因茨·韦里克于 20 世纪 80 年代提出的，用于分析企业的战略规划。SWOT 由 S、W、O、T 四个英文字母组成，其含义分别是优势（Strengths）、劣势（Weaknesses）、机会（Opportunities）、威胁（Threats）。这种方法主要用来协助分析者分析企业的内外部状况，以及企业可能存在的机会和威胁，确定企业的利弊得失，让分析者对企业所处的情境有一个全面的、系统的、准确的认知，从而有针对性地制定企业发展的战略、计划和对策。在进行 SWOT 分析时，分析者一般需要回答以下四个核心问题。

SO（优势—机会）——如何运用企业的内部优势，最大限度地发掘外部机会？

ST（优势—威胁）——如何运用企业的内部优势，应对或规避外部威胁？

WO（劣势—机会）——如何从企业内部的劣势中寻找到新的机会？

WT（劣势—威胁）——企业处在何种劣势中？企业该如何在这种劣势中，应对来自外部的威胁？

一、SWOT 分析流程的设计

想要回答上面四个问题，我们就需要用 SWOT 分析法对企业战略进行有针对性的分析。其大致思路是先找到企业经营中最为重要的影响因素，然后针对这些重要的影响因素搜集信息、整理资料，对其未来可能发生的变化进行预测，判断其发展的趋势是朝着有利于企业的方向发展，还是朝着不利于企业的方向发展。根据发展的趋势，重要的影响因素可分为正面、负面两大类型。其中，外部的正面因素形成了企业的机会（O），外部的负面因素构成了对企业的威胁（T），内部的正面因素形成了企业的优势（S），内部的负面因素是企业的劣势

（W）。在具体使用SWOT分析法时，企业一般需要经历以下三个流程。

第一，对企业的外部环境进行分析，明确企业的机会（O）和威胁（T）。

这一步的关键就是对企业的外部环境进行分析。一般来说，企业外部环境的分析需要包含两个方面：宏观环境分析和微观环境分析。

宏观环境分析主要采用PEST分析法。PEST分析法是从政治、经济、社会、文化、技术五个方面对企业的环境进行系统性的分析。某企业宏观环境分析表（见表5-1）就是根据PEST分析法而制作的。

表5-1 某企业宏观环境分析表

不同因素		变化的动向或趋势	对公司的现在和未来的影响	无影响/机会/威胁	分析与评价（正负5分制）
政治因素	法规的变化				
	汇率的变化				
	政界的动向				
经济因素	GDP增长率				
	消费动向和失业				
	物价变化				
	金融和财政政策				
社会因素	人口的动态变化				
	劳动力的变化				
	出生率的变化				
	人口的高龄化				
文化因素	生活习惯的变化				
	价值观体系				
	教育水平				
	消费模式的变化				
技术因素	信息技术的进展				
	新能源的供应				

微观环境分析主要是从产业因素、市场因素和区域因素等方面进

行分析。表 5-2 所示为某企业微观环境分析表。

表 5-2 某企业微观环境分析表

不同因素		变化的动向或趋势	对公司的现在和未来的影响	无影响/机会/威胁	分析与评价（正负 5 分制）
产业因素	市场规模的变化				
	行业的增长率				
	行业周期				
市场因素	竞争对手的战略				
	替代品优劣比较				
	市场占有率变化				
	对手的资源和能力构成				
区域因素	政府的支持				
	地区的工业基础				
	居民和社区				
	当地资源				
流通因素	流通渠道的变化				
	通信和信息				
	商圈范围				
其他因素	民事异常				
	气候异常				

当然，微观环境分析比较常用的方法还有"波特五力模型"。"波特五力模型"是从供应商、客户、潜在竞争者、现有竞争者、替代品五个方面进行分析。表 5-3 所示为某企业"波特五力"量化分析表。

第二，对企业的内部状况进行分析，明确企业的优势（S）和劣势（W）。

第一步是从企业的外部环境出发，寻找企业的机会和威胁。这一步则是对企业内部的经营实力和经营状态进行分析，寻找企业自身存在的优势和劣势。我们可以参考麦肯锡的7S模型进行分析，麦肯锡的7S模型指出了企业在发展过程中必须全面地考虑各方面的情况，包括策略（Strategy）、结构（Structure）、制度（System）、共同价值观（Shared Value）、风格（Style）、员工（Staff）、技能（Skill）等。我们可以通过麦肯锡7S模型的七个维度（见表5-4），对企业内部组织进行全面的扫描分析，找到企业组织的优势与劣势。我们还可以通过核心领导层的能力、中/基层经营管理层的能力、生产与研发技术的实力、产品与品牌影响力、商业模式与业务结构、人力资源与财务状况、市场与营销实力、企业商誉无形资产等维度来分析企业的经营实力。

表5-3 某企业"波特五力"量化分析表

维度与内容		不同分值					得分	单项总得分
		1分	2分	3分	4分	5分		
供应商议价能力评估	核心供应商的性质	很多	较多	一般	较少	非常少		
	核心供应商的可替代性	很高	较高	一般	较低	很低		
	核心供应商控制上游的能力	很低	较低	一般	较高	很高		
	核心材料占产品总成本比例	很低	较低	一般	较高	很高		
购买者议价能力评估	购买者购买金额	很低	较低	一般	较高	很高		
	购买者数量	很多	较多	一般	较少	很少		
	我方所提供的产品同质化程度	很低	较低	一般	较高	很高		
	购买者对其他品牌的依赖度	很低	较低	一般	较高	很高		
新进入者威胁评估	进入者的数量	很少	较少	一般	较多	很多		
	进入者进入成本	很高	较高	一般	较低	很低		
	进入者需承担的风险	很高	较高	一般	较低	很低		
	同行对新进入者的反击程度	很高	较高	一般	较低	很低		

续表

维度与内容		不同分值					得分	单项总得分
		1分	2分	3分	4分	5分		
替代品的威胁评估	替代品的梳理	很少	较少	一般	较多	很多		
	替代品销售增长率	很低	较低	一般	较高	很高		
	替代品的产能	很低	较低	一般	较高	很高		
	替代品厂家的盈利情况	很低	较低	一般	较高	很高		
竞争者能力评估	竞争对手品牌的市场影响度	很低	较低	一般	较高	很高		
	市场需求增长率	很低	较低	一般	较高	很高		
	竞争对手产品的竞争优势	很低	较低	一般	较高	很高		
	竞争对手的规模	很低	较低	一般	较高	很高		

表5–4　麦肯锡7S模型分析简表

维度	分析内容	对企业现在和未来的影响	优势与劣势分类
策略（Strategy）	我们的策略是什么		
	我们如何实现目标		
	我们如何面对竞争压力		
	客户需求有什么改变？我们如何处理		
	外部的环境要求我们的策略做哪些改变		
结构（Structure）	我们的公司团队是如何划分的		
	组织构架是怎样的		
	不同部门之间是如何协作的		
	团队成员之间是如何合作的		
	决策权是集中的还是分散的		
	这种决策方式是必须采用的吗		
	沟通方式是直接的还是间接的		

续表

维度	分析内容	对企业现在和未来的影响	优势与劣势分类
制度 (System)	我们的企业制度是怎样的		
	控制权集中在哪里？考核测评体系是怎样的		
	团队的内部规则和流程是怎样的		
共同价值观 (Shared Value)	核心价值观是什么		
	团队文化是什么		
	价值观有多强		
	公司成立是基于什么基本价值观		
风格 (Style)	企业的管理风格是怎样的		
	领导力有效吗		
	团队成员是倾向于竞争还是互助		
员工 (Staff)	部门职位有哪些空缺？需要拥有什么能力的人来补充		
	在当前所需的职业技能方面，我们有什么漏洞吗		
技能 (Skill)	公司最强的技术是什么		
	有没有什么技术漏洞		
	公司在哪方面是有核心竞争力的		
	当前的员工与目前职位的技能匹配吗		

第三，提炼企业的优势（S）、劣势（W）、机会（O）和威胁（T），形成SWOT矩阵。

完成企业的外部环境和内部状况的分析后，我们会得到相当数量的资料。在这些资料中，我们需要整理出企业存在的机会、面临的威胁、拥有的优势及明显的劣势，形成企业的SWOT矩阵，具体形式可参考表5-5所示的内容。

表5-5　企业 SWOT 分析矩阵表

外部因素	内部能力	
	优势 S（Strengths）	劣势 W（Weaknesses）
	①…… ②…… ③…… ……	①…… ②…… ③…… ……
机会 O（Opportunities） ①…… ②…… ③…… ……	SO （发挥优势，利用机会） 策略： ①…… ②…… ③……	WO （利用机会，克服劣势） 策略： ①…… ②…… ③……
威胁 T（Threats） ①…… ②…… ③…… ……	ST （发挥优势，回避威胁） 策略： ①…… ②…… ③……	WT （克服劣势，回避威胁） 策略： ①…… ②…… ③……

二、SWOT 分析结果的运用

从 SWOT 矩阵中，我们不难看出企业的优势（S）和劣势（W）都对应着一定的机会（O）和威胁（T）。我们对企业进行战略分析是对 SWOT 矩阵中的四项因素进行两两配对，形成"优势—机会（SO）""劣势—机会（WO）""优势—威胁（ST）""劣势—威胁（WT）"四种战略，并总结出相应的解决方案。

（一）对两类"机会"的分析

1. 利用"优势—机会（SO）"制定企业战略

"优势—机会（SO）"战略是将 SWOT 矩阵中的企业内部的"优

势"因素和外部的"机会"因素进行组合分析而形成的。这种战略思考的核心问题是，能否充分利用企业自身的优势去争取外部的机会。

显然，这是所有企业都梦寐以求的理想状态：内部充满优势，外部充满机会。在这种状态下，企业处于强有力的支配地位，只需要考虑如何放大内部优势，去外部寻找更多的机会，从而使企业内外部获得同步提升，促进企业的快速发展。

不过，对于大多数企业来说，这种战略状态是很少的。在一般情况下，企业的发展都会面临困难。对更多的企业来说，不仅要具备自己的"优势—机会"战略，还要考虑自己的"劣势—机会"战略。

2. 利用"劣势—机会（WO）"制定企业战略

"劣势—机会（WO）"战略是将SWOT矩阵中的企业内部的"劣势"因素和外部的"机会"因素进行组合分析而形成的。这种战略思考的核心问题是，能否找到和利用外部机会来弥补企业自身的劣势，或者企业内部的劣势是否阻碍了企业对外部机会的利用。

通常来说，采取这种战略的企业，其外部往往有较好的机会，但内部存在一定的问题，阻碍了企业对机会的利用。面对这种情况，一方面，企业可以寻找更合适的合作伙伴一同发展，利用合作伙伴的优势弥补企业自身的劣势，共同将"蛋糕"做大；另一方面，企业也需要对内部的劣势进行坚决的改造和调整，招募与培养人才，合力攻坚，通过自身的努力尽可能地弥补企业内部的劣势。

（二）对两类"威胁"的应对

1. 根据"优势—威胁（ST）"制定企业战略

"优势—威胁（ST）"战略是将SWOT矩阵中的企业内部的"优势"因素和外部的"威胁"因素进行组合分析而形成的。这种战略思考的核心问题是，能否利用企业的内部优势来规避或减少外部的威胁。

如果说机会利用不当，企业会蒙受损失的话，那么威胁应对不妥，企业可能就会丧失优势，甚至遭到毁灭性的打击。所以，即便应对

"威胁"的战略不是企业的主要战略，同样也需要引起企业的重视。

有时候，外部的威胁可能来自同行业的竞争者，也可能来自客户和供应商，还有可能是"跨界打击"，甚至有可能来自新技术、新产品、新材料、新的政策和其他方面。对于潜在的威胁，企业需要有敏锐的感知力，尽早察觉并防患于未然。一旦面临威胁，企业就需要利用内部优势，竭力取得内外平衡，消除威胁。当然，对于一些不可逆的威胁，比如，政策的调整、市场环境的改变、新技术的出现等，企业则需要尽快做出调整，以适应变化，解除威胁。

2. 根据"劣势—威胁（WT）"制定企业战略

"劣势—威胁（WT）"战略是将SWOT矩阵中的企业内部的"劣势"因素和外部的"威胁"因素进行组合分析而形成的。这种战略思考的核心问题是，能否减少内部劣势来应对外部威胁。

一般来说，处于这种战略态势下的企业，往往都非常被动，只能采取防御姿态。这时候，如果企业的内部"软肋"遭到外部威胁的直击，要么防御撤退，要么着手改变，只有这两条出路。

（三）通过对SWOT矩阵中优势、劣势、机会、威胁的两两组合分析，形成企业的主要战略

通过SWOT分析，企业会获得大量的发展战略选项。在这些选项中，企业需要根据实际情况做出相应的取舍。比如，"优势—机会（SO）"反映的是企业具有外部机会的优势领域，是企业可以主动抓取的战略；而"劣势—威胁（WT）"则是企业的薄弱业务，既没有优势，又充满威胁，往往是企业需要舍弃的。

有的企业在战略选择上喜欢"扬长补短"，用优势资源去弥补"劣势"和"威胁"。这样做往往是对企业优势资源的浪费。这一点是企业需要注意的。不过有时候，企业在遭遇发展瓶颈时，也需要投入一定的战略力量和资源，以消除企业发展的瓶颈，从而推动企业良好地发展。

究竟采取何种战略，企业需要有自己的判断。在确定战略之后，企业就需要根据这些战略，制订相应的战略事件计划。战略事件是指企业为了达成企业战略而直接设置的特殊事件和任务。它们与常规事件不同，是和企业战略直接关联的，有很强的战略目的。确定战略事件后，企业还需要对战略事件进行强制排序，形成优先次序，以协助决策者对企业战略进行有计划的落地执行，如图5-1所示。

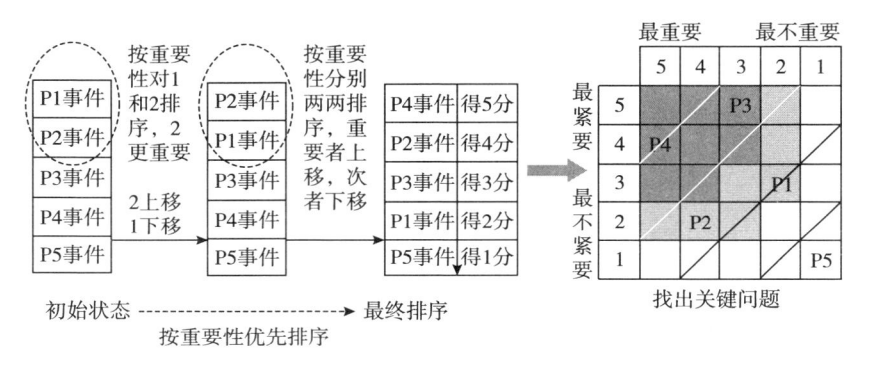

图 5-1　企业战略事件强制排序

战略事件一旦确定并形成强制排序，我们就可以进入下一步，即对企业内的员工进行人才盘点，挖掘执行战略事件的战略性人才，完成我们制订的战略事件计划。

案例如下。

华南地区某快消品企业自创建以来，十多年一直采取单品制胜的策略，其特色产品在区域内获得了不少的粉丝，积累了较好的口碑和一定的品牌知名度，业绩也在逐年提升。

可是近年来，随着该行业的发展，消费者的需求变得越来越多样化，市场上的替代性产品、同质性产品不断冲击该企业原有的市场份额。同时，传统的线下渠道成本越来越高，经销商对该企业产品的兴趣不断下降。这一系列问题，导致企业业绩出现大幅下滑。为了提升销售业绩，该企业尝试了许多办法，比如，提高促销活动的频次、扩大销售规模、增加广告投入、加强对经销商的支持等，可是盈利始终无法得到提升。最终，为了应对这种销售业绩下滑的不利情况，该企业决定进行全面改革，调整企业的发展方向，具体操作如下。

基于市场调查，企业利用SWOT分析法，对企业战略进行了全面分析，充分梳理了企业的优势、劣势、机会和威胁。在此基础上，该企业调整了发展战略，并初步确定了战略事件。

第一，改"单品制胜"战略为"产品线决胜"战略。该企业决定，从过去的战略单品模式调整为产品线销售，基于多年品类积累的技术优势，进行新产品的研发，以适应消费者需求的变化。为此，该企业为技术研发部门确定了"新品开发"的战略事件。

第二，改"线下主导、线上辅助"战略为"线上线下全面联动发展"战略。该企业对过去的线下渠道进行全面变革：一方面，裁并分整，重新规划原有的线下渠道，强化经销商激励；另一方面，发力线上渠道，跟上时代发展，布局"小快抖直B淘"等小众流量聚集地。为此，企业为营销部门设置了"渠道联动"的战略事件，为电商部门设置了"平台拓展"的战略事件。

第三，激活粉丝群体，开展社群营销。由于企业在过往的发展中，对私域流量重视不够，缺乏粉丝黏性，客户复购率较低。为了有效地提升老客户的复购率，企业决定为营销部门设置"社群营销"的战略事件，组建社群营销团队，积极开展社群营销，运营私域流量。

第四，立足区域，放眼全国。此前，由于该企业所生产的单品具有特殊的区域属性，导致产品在本区域之外的市场表现不佳。为了挖掘新的增长点，企业决定积极拓展新产品，研究新政策，不断发掘新兴市场，将产品推向全国。为此，该企业为销售部门设置了"区域扩张"的战略事件。

但是，由于企业资源（主要为人力和财力）的局限性，企业无法在短时间内同步进行多项战略事件。经过战略委员会的探讨，该企业按照重要程度和紧急程度，对战略事件进行了强制排序，确定了执行各项战略事件的先后顺序为"社群营销→新品开发→平台拓展→区域拓展→渠道联动"。

最终，该企业按照战略事件的排序，分阶段、分主次地对各项战略进行落地执行，并为各项战略事件增加人才编制，强化激励效果。经过两年的发展，该企业已经开发出多项新品，强化粉丝黏性，提高了顾客复购率，并在线上线下取得了销售业绩的大幅提升，将产品推向全国多个区域。

第二节　利用人才九宫格，盘点战略人才

梳理战略事件的过程其实是将企业较为抽象的阶段性战略，变成一个个具体的、可执行的工作事件的过程。战略事件一旦确定，企业就需要思考到底用什么人去完成这些战略事件才是最合适的。一般来说，由于战略事件的特殊性，企业在选择完成战略事件的员工时，一般也会考虑到员工的战略价值，即该员工是否有能力、有潜力支持企业实现战略目标。这个选拔员工完成战略事件的过程，就是战略人才盘点。

我们常说的人才盘点是指对企业内员工的能力、潜力、绩效等影响工作完成情况的要素进行摸底调查和综合评估，从而了解员工的综合竞争力。战略人才盘点就是在此基础上对能够完成企业战略事件的员工进行评估和盘点，最终选拔出能够完成企业战略的相关人才。

对于企业来说，需要什么样的战略人才，应根据企业的战略目标和战略事件而定。企业有什么样的战略事件，就会选拔什么样的战略人才。企业战略人才的盘点完全是基于企业实现战略事件的实际需求出发的。不过，对于大多数企业来说，战略人才也具有一些普遍特质，企业在遴选人才时，也可以根据这些特质进行有针对性的选择，表5-6所示为某企业提炼的战略人才素质模型。

表5-6 某企业提炼的战略人才素质模型

能力指标	指标定义	能力要求
人才培养	经常为下属提供有建设性的反馈意见,激励其改进工作方法以使其迅速实现职业发展	将培养下属作为自己的一项重要任务,经常与下属当面探讨其发展方向,以及目标达成的手段
创新能力	采用原来没有的方式方法解决问题,或创造新的机会和方法,提高工作效率和产品、服务的性能	敏锐地洞察商机,发掘利用资源,提供公司业务增长的新选择
项目管理能力	根据具体项目采取项目过程的控制手段和方法,以确保预期效果的技能	建立一套系统的行动方法确保项目的实施,决定项目实施步骤的有限顺序,决定资源有效地分布;项目成果超过预期,有关键的项目文档便于继承和追溯
组织协调能力	组织资源,协调人员去完成工作的能力	能够组织资源(人员、资金、材料和支持)去完成工作,能够同时组织不同业务单元的人员实施不同的行为去达成目标,且行动迅速高效
计划能力	分析任务,确定目标和实施方案的能力	准确地观察、度量任务或项目的深度和难度,设定合理的目标,将工作科学地分解成不同的流程步骤,制定工作计划和大致的异常处理措施,根据工作出现的问题进行调整,结果和目标基本吻合

战略人才的特质往往是复杂的、独特的,每家企业对战略人才的定义和选择标准往往都不尽相同。不过,对大多数企业来说,战略人才的特质往往会表现在高能力、高潜力、高绩效这三个核心方面。具备这三大核心特质的人才,也是企业最佳的战略人才选择,我们称之为"三高"人才。对于企业来说,选拔战略人才,从某种意义上来说就是从组织里寻找到这些"三高"人才。那么,"三高"人才到底应该怎么盘点和选拔呢?接下来,我们就介绍一下人才盘点的具体流程和操作方法,以帮助企业找到自己的战略人才。

一、战略人才的盘点流程

正如前面所说，不同于普通的人才盘点，战略人才盘点是基于企业已经明确的战略事件而进行的对高能力、高潜力和高绩效人才的盘点。在这个过程中，我们要充分考虑人才对于企业的战略价值。所以，在方法的选择、各项指标和标准的确定上，都要充分体现这种战略性。

（一）"高能力"人才盘点

优秀的能力是保障员工顺利完成战略事件的基础，所以对战略人才的盘点，首先就是针对员工的能力进行相应的盘点和评估。在第三章的内容中，我们讲到了对企业员工的能力评估，最常用的方法就是构建"能力素质模型"。对于"高能力"人才的盘点，我们也需要利用"能力素质模型"对其进行基本的能力素质评估。然后，在能力素质评估的基础上，结合企业的战略事件，确定员工实现战略事件所需要的战略性能力，形成我们的"高能力"评价指标。

在这个过程中，我们最常用的方法就是360度能力评估法。360度能力评估法又称"360度考核法"或"全方位考核法"，是指从自己、上司、直接部属及客户等方面，对被盘点人进行全方位评估的方法。

360度能力评估法主要是从多个维度考察被盘点对象，利用历史数据、工作伙伴反馈、专家意见、内在心理深度剖析、多任务管理场景考察等测评维度，对战略人才进行全面的呈现和预测，进而筛选出"高能力"人才。

案例如下。

2021年，华东地区某企业对组织内的战略人才进行盘点。该企业先使用SWOT分析法，梳理了企业的发展战略，得出自身的紧急战略事件，即大力拓展全国市场。

在此基础上，该企业进一步分析认为，他们急需一批销售类领军人才，以帮助企业实现拓展全国市场的战略计划。于是，该企业对内部的销售类人才进行了战略人才盘点，提拔了一批销售类人才开疆拓土，其具体操作如下。

首先，企业对战略事件所需要的销售类战略人才进行了调研和访谈，进而制定了这类人才所需的能力素质指标，如表5-7所示。

表5-7　某企业销售类战略人才能力素质指标

维度	定义	关键点
影响能力	运用数据、事实等直接影响手段，或通过人际关系、个人魅力等间接策略来影响客户，使其接受产品推荐并可能产生购买行为的能力	采取各种手段说服客户接受产品推荐并购买
成就动机	指个人有强烈的追求工作成功的愿望，不断设定具有挑战性的目标挑战自我，关注自身职业生涯的发展，追求事业的成功和卓越	有事业心，设定高标准的自我挑战目标，与他人竞争，追求工作的精益求精
坚持不懈	指个人坚定不移地沿着既定的目标前进并持续关注目标，即使遭到拒绝和失败，也能克服外部和自身的困难，坚持实现目标	在遇到困难时不放弃，能尝试多种方法去克服困难
客户导向	能够关注客户和满足客户不断变化的需求，竭尽全力帮助和服务客户，为客户创造价值	关注客户需求，尽力解答客户的问题，全心全意为客户服务
人际交往	与客户建立或维持友善、和谐关系的能力	与客户建立和维持关系的意识和亲密程度
自信心	相信自己有能力或有采用某种有效的手段完成工作任务、摆脱困难情境或解决问题的信念	相信自己的能力和判断，敢于挑战冲突，坚持己见
分析式思维	通过把整体分解为部分来认识事物的能力，即对面临的问题和情况进行前因后果的逐步推进式分析的能力	将问题整体分解为部分，进行因果关系分析、重要性排序、方案判断和选择

然后，该企业根据能力素质指标，制定了销售类战略人才盘点评分表，对每一位销售员工进行评估并打分，具体如表5-8所示。

表5-8 某企业销售类战略人才盘点评分表

维度	定义与关键点	分数	标准	360度评分及相应权重				加权合计
				自我(10%)	同级(20%)	上级(30%)	客户(40%)	
影响能力	定义:运用数据、事实等直接影响手段,或通过人际关系、个人魅力等间接策略来影响客户,使其接受产品推荐并产生购买行为的能力 关键点:采取多种手段说服客户接受产品推荐并购买	1	直接说服:采用单一、直接的方法或论据说服客户进行购买(如摆事实、讲道理等),通常强调产品本身的优势					
		2	简单多元法:采用两种以上的方法,但仍然没有表现出针对客户的特点进行说服					
		3	对症下药:善于换位思考,能够根据客户的兴趣点和关注点(如爱好、利益、顾虑等),并通过表现要求对客户的重视和理解,从而获得客户的持续信任。预先考虑到不同客户的可能反应,提前做出应对预案					
		4	巧借力法:寻找支持自己观点并能对客户真正产生影响的人物,使用连环套的方式对客户施加影响,如借助专家说法、游说客户中的关键决策人物、利用人际关系网络进行间接影响等					
		5	利益联盟:能够根据销售现场的情况设计复杂的影响策略,与关键人物结成利益联盟,通过私下沟通获取对方的支持,共同对客户施加影响					

续表

维度	定义与关键点	分数	标准	360度评分及相应权重				加权合计
^	^	^	^	自我(10%)	同级(20%)	上级(30%)	客户(40%)	^
成就动机	定义：指个人有强烈的感受到工作成功的愿望，不断设定具有挑战性的目标，关注自身职业生涯的发展，追求事业上的成功和卓越。关键点：有事业心，设定高标准的自我挑战，与他人竞争，追求工作的精益求精	1	表达意愿：表现出把工作做好的感望，对浪费时间和低效率的工作感到不满和沮丧（如抱怨浪费时间、资源等）					
^	^	2	符合标准：工作努力，表现符合公司制定的销售管理标准					
^	^	3	制定标准：有不服输的信念，不甘落后或承认失败，明确衡量自己进步的具体标准（如自己要把业绩做到短期的销售目标，明确衡量自己进步的具体标准（如自己要把业绩做到前五名或者要做到像某个销售冠军那样）					
^	^	4	改善绩效：积极有效地安排和利用时间，根据自己所制定的进步标准，对现有的工作方式加以改进，以提高销售业绩					
^	^	5	挑战目标：对工作极其热爱，享受销售成功后带给自己的快乐、自豪感和满足感。为自己制定具有挑战性的销售目标，并采用科学的方法，理智地分析完成目标可能存在的风险因素，进而实施具体的行动去逐步实现目标（"挑战目标"是指尽了很大的努力后，成功的可能性为80%左右的目标）					

续表

维度	定义与关键点	分数	标准	360度评分及相应权重				加权合计
^	^	^	^	自我(10%)	同级(20%)	上级(30%)	客户(40%)	^
坚持不懈	定义：指既定目标不移地追着既定目标前进，即使遭到拒绝和失败，也能克服外部和自身的困难，坚持实现目标 关键点：在遇到困难时不放弃，能够尝试多种方法去克服困难	1	信念坚定：在遭到客户拒绝时，能够抑制自己的消极想法，不气馁					
^	^	2	行为坚定：表现出较好的耐力，为了达到自己的工作目标，不懈地努力工作					
^	^	3	克服困难：当遭到客户拒绝或销售失败时，能够意识到并正确对待自己的不足，从错误中吸取教训，能够承受较大的销售目标压力，采取积极行动去实现					
^	^	4	自我激励：面对困难时能够不断地自我激励，在工作上花费较长时间，不轻易放弃					
^	^	5	意志顽强：越挫越勇，在屡战屡败的情况下依然不放弃或尝试新的工作理念和方法，以完成任务或达成销售目标					
客户导向	定义：能够关注客户和满足客户不断变化的需求，竭尽全力帮助和服务客户，为客户创造价值	1	及时回应：响应客户的咨询、要求，能够解决客户提出的常规性问题					
^	^	2	保持沟通：与客户经常沟通，关注客户的满意度，提供对客户有帮助的信息，当客户需要帮助的时候可以随时取得联系					

续表

维度	定义与关键点	分数	标准	360度评分及相应权重 自我(10%)	同级(20%)	上级(30%)	客户(40%)	加权合计
客户导向	关键点：关注客户需求，尽力解答客户的问题，全心全意为客户服务	3	个性化服务：花费时间了解了客户的需求，为客户提供个性化的产品和服务。担当起顾问的职责，针对客户的需求，经济能力推荐适合他们的高性价比的产品，积极参与帮助客户进行决策					
		4	花掘潜在需求：关注和了解客户的潜在需求，提出符合客户需求的产品开发或服务的建议					
		5	重视长期利益：为客户寻找长期利益，能够采取具体的措施为客户提供增值服务，并借此成功取信于客户					
人际交往	定义：与客户建立或维持友善、和谐关系的能力	1	保持工作关系：同客户保持与工作相关的接触，维持正式的工作关系					
		2	非正式接触：能敏感地把握客户的性格特点和利益需求，进而选择与之交流的方式。偶尔在工作中开始以非正式的方式与客户交流					
		3	主动联络：在与客户交流的场合，能够主动调动客户的交流情绪，营造双方轻松交流的气氛。积极创造与客户接触的机会，主动联络客户，利用非正式的方式同客户建立融洽关系					

续表

维度	定义与关键点	分数	标准	360度评分及相应权重				加权合计
				自我(10%)	同级(20%)	上级(30%)	客户(40%)	
人际交往	关键点：与客户建立和维持关系的意愿和亲密程度	4	积极维护：经常在工作以外的时间继续与客户保持联络，如在节日等重要时刻表示心意。利用间接的人脉关系，扩大自己的人际网络范围					
		5	深厚情谊：与客户建立长期稳定的亲密私人友谊，相互之间可以坦率地交流，谈论敏感问题和私事；客户在对与自己有重要关系的问题上，能够主动地"通风报信"。利用自己的私人友谊扩展业务网络					
自信心	定义：相信自己有能力或采用某种有效手段完成工作任务、摆脱困难情境或解决问题的信念。关键点：相信自己的能力和判断，敢于挑战冲突，坚持己见	1	显示自信：以有力的方式呈现自己					
		2	无满自信：对自己的能力有信心，在同级别的同事或朋友群中，强有力给他人留下深刻印象。认为自己工作能力比别人强。对公司的产品有信心，能够向客户清楚地介绍公司的产品，证明自己的推荐观点有道理					
		3	敢于挑战：喜欢具有挑战性的工作，对各种挑战充满信心，积极要求承担新的任务。面对拒绝和失败不放弃、不懈怠，以积极乐观的态度面对					
		4	总结教训：能够仔细思考，总结工作失败的教训，并做出改进计划					
		5	无所畏惧：坚信自己的观点和意见是正确的，不害怕与上级主管或客户发生冲突。主动争取具挑战性的任务布置工作					

续表

维度	定义与关键点	分数	标准	360度评分及相应权重				加权合计
				自我(10%)	同级(20%)	上级(30%)	客户(40%)	
分析式思维	定义：通过把整体分解为部分来认识事物的能力，即对面临的问题和情况进行前因后果式的逐步推进式分析的能力 关键点：将问题的整体分解为部分，进行因果性分析、重要性排序、方案判断和选择	1	分解问题：能够分解客户提出的问题，具体包括哪些要求					
		2	简单解释：通过思考，能够对客户的某种疑问进行合理的解释					
		3	多方考虑：能够从多个方面对客户提出的问题进行不同的解释，或推测出客户可能提出的其他问题					
		4	全面判断：能够经过思考给予客户不同的解释，并根据客户的偏好尽心推理，选择最恰当的一种方式解决客户的疑问					
		5	未雨绸缪：能够准确地预测到对客户推荐产品时可能遇到的障碍，提前做好应对措施。基于事先设想好的沟通方案，面对客户的问题权衡利弊，做出应对选择					
合计总分								

在表5-8中，该企业还为各评估对象设置了相应的权重：自我评分权重为10%，同级评分权重为20%，上级评分权重为30%，客户评分权重为40%。

最后，参照得到的具体分值，根据排序选拔出一批销售类高潜力战略人才，通过半个月的强化培训，将其派往全国进行业务市场的开拓工作。

通过"能力素质模型"和360度能力评估法的评分结果，企业可以将员工的能力划分成三个等级：引领者、推动者、执行者。引领者是指能力很强，能完全适应企业的战略发展需要，有充分的能力引领战略事件顺利实现的人；推动者是指能力较强，能够适应企业的一般性战略发展需要，在完成战略事件中起到一定推动作用的人；执行者是指能力一般，无法充分适应企业的战略发展需要，在达成战略实现的过程中往往只能执行一些常规性任务，无法承接企业的战略事件。

（二）"高潜力"人才盘点

一般来说，战略事件是根据企业战略而制定的，代表着企业的未来。在很长一段时间内，战略事件都会影响甚至决定企业的发展。在这种情况下，企业在选择完成战略事件的人才时，也必须考虑到其未来的成长性、发展前景，以及与企业战略发展进程的匹配程度。所以，"高潜力"就成为战略人才盘点中一项极为重要的内容。从某种意义上来说，对企业战略人才的盘点就是对"高潜力"人才的盘点。

盘点"高潜力"人才的方法有很多。一些企业会根据公司自身注重的潜力因素，设计自己的方法，或邀请外部咨询专家指导设计。通常来说，常用的潜力评估方法有两种：一种是对人才潜质的行为化评估；另一种是从思维敏锐力、人际敏锐力、变革敏锐力、结果敏锐力四个方面来识别。

对人才潜质的行为化评估，主要看员工五个方面的表现：第一，在学习任务和发展行动方面是否表现积极；第二，是否习惯于主动寻求反馈并采取相应行动；第三，能否经常从经验中汲取经验教训，杜绝错误的再次发生；第四，能否迅速地领会，并掌握新概念、新信息；

第五，能否主动学习岗位职责之外的知识和技能。

在第二种常用的潜力评估方法中，我们只需要对人才的四种敏锐力进行识别和判断。比如，思维敏锐力强的人，在工作中追求卓越，会产生很多灵动性的方法；人际敏锐力强的人，能及时高效地与团队交流，并反馈信息，能出色地帮助团队完成任务；变革敏锐力强的人，往往能够积极引入新的观点，喜欢创新、开拓；结果敏锐力强的人，目标导向和成就导向很强，对标准要求高。当然，对于四种敏锐力的定义和权重占比，企业可以根据自身的实际情况和要求进行相应的修改和设置。四种敏锐力人才盘点评价简表示例如表5-9所示。

表5-9 四种敏锐力人才盘点评价简表示例

要素	定义	表现	维度	评分 单项	合计
思维敏锐力	指管理者具有能够从容地面对复杂的局面，深入探究问题的根源，并建立不同事物之间联系的能力	能够适应复杂和不明朗的局面；找寻困难问题的解决之道；博览群书，涉猎多个领域；好奇心强	博闻强识		
			应对复杂性		
			关联思考		
			批判性思考		
			灵活切换		
			追本溯源		
			好学善问		
			善于发现解决方案		
人际敏锐力	指管理者具有自我认知，并能与不同的人交往和解决棘手问题的能力	政治敏锐；善于沟通，善于进行冲突管理；自我察觉，自我改善；有弹性地根据情况做出回应	沟通高效		
			冲突管理		
			客观冷静		
			助人成功		
			轻松处事		
			心胸开阔		
			富于人际智慧		
			个人学习		
			回应反馈		
			角色弹性		
			自知之明		

续表

要素	定义	表现	维度	评分单项	评分合计
变革敏锐力	指具有愿意尝试变革，并能处变不惊的能力	保持持续的变革，永不满足； 能够承担沉重的批评； 引入新的视角； 通过他人引领变革	勇于尝试		
			创新管理		
			勇于承担变革压力		
			善于推演和预见		
结果敏锐力	指管理者鼓舞团队，运用影响力，即使无先例可循也能产生结果的能力	有驱动和存在感； 接受度、灵活性； 组建高效团队； 在不利的局面下获得成功； 资源丰富，通过他人等资源达到目的	激励他人		
			善于授权		
			目标感强		
			实现成效		
			勤奋好强		
			突出影响力		
总分					

通过上述两种方法，企业可以识别员工的不同"潜力"，并将员工的潜力划分为三个等级：茁壮成长、有限成长、艰难成长。茁壮成长是指员工拥有较高的潜力，可以匹配企业的战略发展，其潜力可以完成企业主要的战略事件；有限成长是指员工拥有一般性潜力，可以勉强适应企业的战略需求，可以完成一定的战略事件；艰难成长是指员工的潜力较差，无法适应企业战略发展的需求，最好不要承接企业的战略事件。

（三）"高绩效"人才盘点

绩效是评价一名员工最直接、最高效的指标。通常来说，绩效的高低不仅在一定程度上可以体现员工能力的高低，也能体现其对工作的适应和匹配程度。在战略人才盘点中，高绩效也是一项重要的评判标准。

在第四章中，我们已经对绩效做了一些简单的介绍。在这里，对"高绩效"人才的盘点，也可以借用绩效考核的方法，对员工在近期内的绩效进行评估。根据绩效评估的结果，将员工划分为三类：功勋者、贡献者、达标者。功勋者是指企业绩效的主要创造者；贡献者是指对企业绩效的达成有较大贡献的人；达标者是指完成绩效标准，在绩效考核中合格的人。

值得一提的是，大多数企业对战略人才的盘点，一般都是针对绩效达标者进行的。对于绩效未达标者，企业往往是不予考虑的。不过，对于那些在常规绩效考核中表现较差，但在战略人才盘点中表现极佳的有潜力的人才，可能是因为"人岗不匹配"导致的。在进行战略人才选择时，企业需要认真研判和审慎应对。

案例：某企业根据自身情况划分的"高绩效"人才盘点等级，如表 5-10 所示。

表 5-10　某企业"高绩效"人才盘点等级表

等级	近两年的绩效平均分（满分为 120 分）	表现描述
卓越绩效（S）	≥100 分	每次工作都出类拔萃，成为公司甚至行业内的榜样
优秀绩效（A）	80~99 分	几乎总是能够出色地完成任务，是值得依赖的公认的优秀员工
良好绩效（B）	60~79 分	基本能够较好地完成工作任务，工作表现较为稳定
有待改善绩效（C）	<60 分	经常出现工作业绩未达到要求的情况

（四）战略人才九宫格的设计

对高能力、高潜力、高绩效人才的盘点，是企业战略人才盘点的核心。完成了这三项盘点之后，企业就可以根据这三项盘点的结果进行战略人才九宫格的设计。

战略人才九宫格是以能力及绩效作为两轴，或以潜力及绩效作为两轴，每一轴根据不同能力展现或不同潜力展现的程度再细分为三个等级，交叉发展出九个不同的格子，然后将人才按照相应的标准分别划入这九个格子，从而反映出人才在各项指标上的优劣区别，进而选拔出优秀人才的方法。

从图 5-2 中我们不难看出，在战略人才九宫格模型中，企业可以将员工按照标准，分别划分到九个格子中，并将九个格子划分成五个不同的区域。比如，某企业将这五个不同的区域分别形象地表示为最强王者、璀璨钻石、荣耀黄金、不屈白银、黯淡黄铜，最终形成企业的"人才地图"。

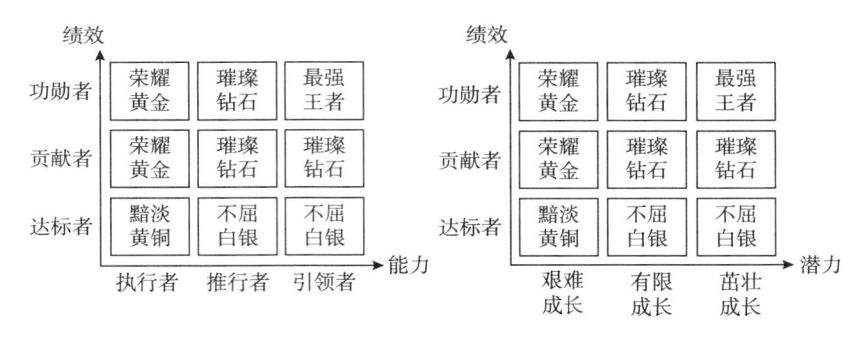

	绩效				绩效		
功勋者	荣耀黄金	璀璨钻石	最强王者	功勋者	荣耀黄金	璀璨钻石	最强王者
贡献者	荣耀黄金	璀璨钻石	璀璨钻石	贡献者	荣耀黄金	璀璨钻石	璀璨钻石
达标者	黯淡黄铜	不屈白银	不屈白银	达标者	黯淡黄铜	不屈白银	不屈白银
	执行者	推行者	引领者 能力		艰难成长	有限成长	茁壮成长 潜力

图 5-2 某企业战略人才九宫格图

在此基础上，只需要进行相应的分析，企业就可以判断谁才是真正的战略人才，谁才能更好地接受和完成战略事件。对于人才九宫格的分析，我们可以参考下面几点（以图 5-2 所示的内容为例）。

1. 对"能力—绩效"九宫格的分析

"能力—绩效"九宫格，反映的是员工的能力和其绩效之间的关系。其中，位于九宫格右上角的"最强王者"，代表的是在绩效和能力的评估中表现都极为优秀的人才，他们属于九宫格中的明星，是我们关注的重点，也是承接企业战略事件的重点对象。

"璀璨钻石"位于表格的中上部，代表的是能力和绩效都比较优秀的人才，是仅次于"最强王者"的选择，他们可以承接一部分难度较小、较为常规的战略事件。

处于"荣耀黄金"区域的员工，是绩效不错但能力有待提升的人才。对于这部分员工来说，重点是做好手中现有的工作，让他们承担企业的战略事件可能会存在较大的难度。我们要做的是想办法维护好这部分员工目前工作的积极性和斗志，并让他们在常规工作中保持高产出，而不是考虑让他们完成战略事件。

处于"不屈白银"区域的员工，是表现出一定的工作能力，但绩效欠佳的员工。这类员工值得我们认真分析，为什么他们的能力很好，但是绩效却不好呢？是因为外界因素，需要我们下一步再给他们创造条件，匹配资源激发他们的能力呢，还是因为我们没把这些人放对位置，以至于他们的能力在目前的岗位上无法发挥出来呢？这类员工在能力得到充分确认和开发之前，也不宜承接相关的战略事件。

最后是位于整个九宫格左下角的"黯淡黄铜"，处于该区域的员工，在能力和绩效上都存在着明显问题，不仅不宜承接战略事件，而且还要审慎使用。对于长期处于"1号格"（左下角）的员工，我们往往需要对其进行强化培训和调岗，如果通过培训仍不符合企业的要求，可能就需要采取一些强硬的措施。

2. 对"潜力—绩效"九宫格的分析

"潜力—绩效"九宫格反映的是员工的潜力和其绩效之间的关系。分析"潜力—绩效"九宫格的方式与分析前面的"能力—绩效"九宫格十分相似。

位于九宫格右上角的"最强王者"，代表的是绩效与潜力俱佳的人才，我们将这部分人称为"高潜力人才"，他们往往是企业未来一段时间内培养的核心人才，是战略事件的最重要承接者，也是企业未来发展的关键。

位于九宫格中央的"璀璨钻石"，表示人才在潜力和绩效上表现都较好，是值得培养的人才，可以承接一定量的战略事件。

处于"荣耀黄金"区域的员工，绩效不错，但潜力有限。显然，这类人的能力在工作中已经达到极限，未来可能缺乏进步的空间。可以让他们承接少量短期的战略事件，但企业不宜将重点放在这些人身上。

处于"不屈白银"区域的员工，虽然绩效欠佳，但潜力巨大。针对这类员工，我们也需要进行一定的分析，找出其业绩不佳的原因，然后及时加以调整，辅导其进行业绩改进。鉴于这些员工优秀的潜力，他们很有希望成为企业的高潜力人才，只要将对他们的辅导和培训加以改进，他们就可以承担起企业的战略事件。

对于"黯淡黄铜"的员工来说，其在绩效和潜力上的表现都不佳，需要对他们进行岗位调换，或者采取其他处理措施。

通过对"能力—绩效"和"潜力—绩效"两套战略人才九宫格的盘点，我们对企业现有人才已形成一个初步的认知和判断。接下来，只需要将两套九宫格盘点的人才进行相应的排序，并最终形成一套综合绩效、能力和潜力的排名，我们就能得出企业所需的"三高人才"。

"三高人才"是承接企业战略事件的核心和关键，是实现企业战略的主要承载者。企业的战略薪酬也主要是针对这一类人才进行激励而设计的。

实际上，看似简单的战略人才九宫格，其中包涵了大量的准备工作，比如等级的划分，要划分为几级、如何划分、划分的标准是什么、划分的好处是什么等。世上没有两个完全一致的企业，薪酬设计绝不能教条地照搬方法。在企业实践的过程中，如果你对战略人才盘点有任何疑问，可以扫描本书"结束语"后面的微信二维码，以获得专业的解答。

二、战略事件的设置

在前面的内容中，我们首先通过 SWOT 分析法，确定了企业的战略事件，又利用人才九宫格，完成了企业人才盘点，得出了企业所需的战略人才。

在此基础上，企业就可以利用人才盘点得到的战略型人才去承接战略事件，从而达成企业的战略目标。在这个过程中，我们需要对这些战略型人才进行专项的薪酬激励，这就是战略薪酬。一般来说，战略薪酬的激励有两种：一种是针对员工达成的特殊任务进行激励，另一种是针对员工所做的突出贡献进行激励。

特殊任务是指员工为了执行企业战略规划范围内的战略事件，而进行的临时性的、突然性的工作任务，这些工作由于在短期内难以量化，无法通过传统的薪酬模式衡量其价值贡献，所以需要用战略薪酬对其战略价值进行衡量和激励。比如，某大型企业为了开拓新市场，将成熟市场的华南区销售总经理调往市场完全待新开发的西北区，在该区从零开始建设销售团队和开拓市场。类似这种跨区域的人员调动，由于可短期衡量的绩效相差太大，根据企业的薪酬体系，个人绩效薪酬会受到很大的影响，而其事件的性质是属于战略性的，且一般具有突发性、临时性等特征，所以属于特殊任务。

突出贡献是指员工或团队，在促进企业战略发展、达成战略事件等方面，起到巨大的推动作用，或者对企业攻克战略难题做出了重要贡献。比如，某企业销售员工将个人的某些特殊资源提供给公司，为公司带来巨大商业价值；某研发人员通过不懈努力，终于攻坚克难，完成重点技术研发，帮助企业攻克技术难关，实现跨越式发展。显然，这些贡献对企业具有巨大的价值，已经远远超过了本岗位及其个人绩效的标准，且在现有的薪酬模式下无法真正衡量其潜在的战略价值，对此我们也可以采用战略薪酬进行激励。

一般来说，对于完成特殊任务的战略薪酬激励往往采用里程碑式激励。在设计这种战略薪酬时，企业需要根据战略事件的重要程度、完成难度、完成周期、人员投入、资源配置及企业的其他情况等，对战略事件的价值进行评估，并设置相应的薪酬包（这里是指战略薪酬的预算总额)。当员工达成（或按阶段达成）战略事件的任务时，企业就可以按照事件进展的里程碑（阶段性任务或目标），分配相应的薪酬（或奖金）。

对员工做出的突出贡献，企业则需要采取即时性激励的方法。即时性激励是员工一旦完成战略事件，企业确认其突出贡献，就立即对员工进行激励。这样做主要是为了强化激励效果。

无论是里程碑式的激励还是即时激励，战略薪酬的激励都是一次性的。比如，一些企业规定，在特殊任务中，只要员工按照事先制定的标准完成某一阶段的任务，就对其进行相应的激励；或者在整个战略事件完成之后，按照整个事件的标准进行一次性激励。绝对不能对一个战略事件进行反复的激励。同理，对于员工的突出贡献也只能进行一次性激励。一些企业在对员工的突出贡献进行激励时，由于其贡献价值持续的时间长，在未来很长一段时间内进行反复激励，这也是不合理的。比如，某企业为了鼓励研发人员的技术创新，规定研发人员只要研发出新产品或新技术，在未来就可以不受时限地享受永久提成。这一方案看似有很强的激励性，但是对研发人员来说，很容易导致其之后"坐享其成"，不再追求技术创新和产品改进，最终沦为企业的"闲人"。对于企业来说，也很容易形成"养闲人"的氛围，最终滋生出不良的企业文化。

案例如下。

华东地区某消费品企业，自20世纪创立以来，已有百年的历史。在这百年中，该企业披荆斩棘，经历过无数波折，成为行业中家喻户晓的"百年老店"。不过，进入新的数字化经济时期以来，由于互联网的巨大冲击，行业发生了翻天覆地的变化，该企业在传统竞争中建立起来的优势逐渐丧失，它面临着前所未有的巨大挑战。

为了扭转这一不利趋势，该企业决定调整战略，重新规划发展路线。为此，企业对内部进行了调整和改革，梳理了企业的发展战略方向，制定了企业新的发展战略方案。为了应对一些极为紧迫的重点战略规划，该企业设置了战略事件和战略薪酬，希望以此为抓手，在互联网时代获得新的发展契机。

在这个过程中，该企业先用 SWOT 分析法，对企业战略进行梳理，然后根据梳理的设置战略事件，并基于业务发展的战略方向进行人才盘点，最终设置战略薪酬，具体操作如下所述。

三、战略分析

（一）运用 SWOT 分析法进行战略分析

1. 企业自身的优势与劣势

1）优势（S）

（1）百年老店，品牌知名度较高，消费者认可度高；

（2）市场（渠道）相对稳定，团队相对稳定，传统市场操盘经验丰富；

（3）立足本土市场多年，了解本土消费者的消费习惯和地区文化。

2）劣势（W）

（1）市场稳定带来了相对固化的思维模式，难以突破现有的业务模式；

（2）在互联网时代下，缺乏与市场创新相对应的战略性人才，整体创新能力相对欠缺；

（3）对数字化营销还存在盲区，如本土文化营销知识相对欠佳，营销与文化二者结合不到位。

2. 行业呈现出的新特点带来的机遇与风险

1）机会（O）

（1）中国城镇居民收入的持续增长，意味着消费品市场的巨大潜力；

（2）中国文化元素日益受到青睐，越来越多的本土企业快速崛起；

（3）中国消费规模屡创新高，消费升级已是大势所趋，从线下到线上的发展趋势愈加明显。

2）威胁（T）

（1）行业整体增速放缓，爆发式增长难以出现；

（2）行业竞争日趋激烈，包括国外巨头与国内新兴企业带来的挑战；

（3）互联网时代的到来极大地改变了消费者的购物习惯，传统的大型零售实体渠道经营承受着巨大的压力。

表5-11所示为某企业SWOT分析表。

表5-11 某企业SWOT分析表

外部因素	内部能力	
	优势S（Strengths）	劣势W（Weaknesses）
①百年老店，品牌知名度较高，消费者认可度高；②市场（渠道）相对稳定，团队相对稳定，传统市场操盘经验丰富；③立足本土市场多年，了解本土消费者的消费习惯和地区文化	①市场稳定带来了相对固化的思维模式，难以突破现有的业务模式；②在互联网时代下，缺乏与市场创新相对应的战略性人才，整体创新能力相对欠缺；③对数字化营销还存在盲区，如本土文化营销相对欠佳，营销与文化二者结合不到位	
机会O（Opportunities）	SO（发挥优势，利用机会）	WO（利用机会，克服劣势）
①中国城镇居民收入的持续增长，意味着消费品市场的巨大潜力；②中国文化元素日益受到青睐，越来越多的本土企业快速崛起；③中国消费屡创新高，消费升级已是大势所趋，从线下到线上的发展趋势愈加明显		

续表

外部因素	内部能力	
	优势 S（Strengths）	劣势 W（Weaknesses）
威胁 T（Threats）	ST（发挥优势，回避威胁）	WT（克服劣势，回避威胁）
①行业整体增速放缓，爆发式增长难以出现；②行业竞争日趋激烈，包括国外巨头与国内新兴企业带来的挑战；③互联网时代的到来极大地改变了消费者的购物习惯，传统的大型零售实体渠道经营承受着巨大的压力		

（二）确定业务战略发展方向和战略目标

企业利用 SWOT 分析法进行分析，制定的战略如表 5-12 所示。

1. SO 战略

通过机会与优势的组合分析，找到最大限度的发展，可以采取的战略是，进行中国文化体系的建设，从价值与取向、技术与物质文化、审美与艺术、语言与文字风格等多维度打造出适合中国消费者的产品。

2. WO 战略

通过机会与劣势的组合分析，利用机会，回避劣势，可以采取的战略是建立快速的市场反应机制，挖掘、培养和招募战略性人才，创建中国文化元素产品经理和数字化营销团队。

3. ST 战略

通过威胁与优势的组合分析，利用优势，减少威胁，可以采取的战略是加强对渠道的覆盖和掌控能力，在深耕现有渠道优势的同时，不断开拓包括线上在内的新兴渠道并加大投入。

4. WT 战略

通过威胁与劣势的组合分析，减少威胁，回避劣势，可以采取的战略是利用数字化营销平台与消费者进行高质量、高频次的直接互动，深度打通线上和线下渠道,在全国试点新商业模式。

表5-12　某企业根据SWOT分析法制定的战略

外部因素	内部能力	
	优势S（Strengths）	劣势W（Weaknesses）
①百年老店,品牌知名度较高,消费者认可度高; ②市场（渠道）相对稳定,团队相对稳定,传统市场操盘经验丰富; ③立足本土市场多年,了解本土消费者的消费习惯和地区文化	①市场稳定带来了相对固化的思维模式,难以突破现有的业务模式; ②在互联网时代下,缺乏与市场创新相对应的战略性人才,整体创新能力相对欠缺; ③对数字化营销还存在盲区,如本土文化营销相对欠佳,营销与文化二者结合不到位	
机会O（Opportunities）	SO战略	WO战略
①中国城镇居民收入的持续增长,意味着消费品市场的巨大潜力; ②中国文化元素日益受到青睐,越来越多的本土企业快速崛起; ③中国消费屡创新高,消费升级已是大势所趋,从线下到线上的趋势愈加明显	进行中国文化体系的建设,从价值与取向、技术与物质文化、审美与艺术、语言与文字风格等多维度打造出适合中国消费者的产品	建立快速的市场反应机制,挖掘、培养和招募战略性人才,创建中国文化元素产品经理和数字化营销团队
威胁T（Threats）	ST战略	WT战略
①行业整体增速放缓,爆发式增长难以出现; ②行业竞争日趋激烈,包括国外巨头与国内新兴企业带来的挑战; ③互联网时代的到来极大地改变了消费者的购物习惯,传统的大型零售实体渠道经营承受着巨大的压力	加强对渠道的覆盖和掌控能力,在深耕现有渠道优势的同时,不断开拓包括线上在内的新兴渠道并加大投入	利用数字化营销平台与消费者进行高质量、高频次的直接互动,深度打通线上和线下渠道,在全国试点新商业模式

基于 SWOT 分析法，该企业提出了自己的战略目标，即 5 年内实现营业收入 150 亿元，并制订了相应的战略事件计划。例如，在市场营销方面，其战略事件是开发高创意性的品牌活动；在市场渠道方面，其战略事件是开拓全新的战略渠道；在技术研发领域，构建高度自主化的数字化体系……

企业根据现有资源的情况和战略事件的紧急程度，对各类战略事件进行了排序，确定了执行的先后顺序和资源投入量。

与此同时，针对这些战略事件，该企业对现有的人才做了战略性人才盘点，选拔了一批优秀的战略性人才担当战略事件的重任。

四、人才盘点

（一）基于企业战略目标而进行的组织架构调整

由于该企业在战略上的调整较大，为了适应这种战略变化，该企业首先对自身的组织架构进行了调整和改变，新增了零售事业部，增设了中国文化元素产品经理、内容营销经理、数字化营销平台总监等岗位。

（二）基于企业战略目标而进行的人才盘点

为实现 5 年营业收入 150 亿元的战略目标及相应的战略事件，该企业按照能力、潜力、绩效等因素，对企业内的人才进行了盘点，形成战略人才九宫格，并对其进行排序，最终得到企业所需的战略人才，如图 5-3 所示。

（三）基于企业战略需求而对外进行的人员招募

对于在企业内部没有挖掘或未发现能够充分胜任的战略人才，该企业可以根据对人才的需求，对外进行战略人才招募。

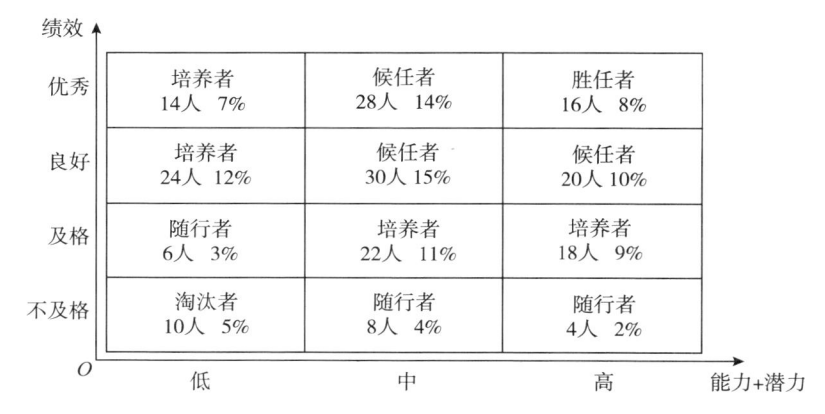

图 5-3 某企业战略胜任力人才盘点九宫格图

绩效	低	中	高
优秀	培养者 14人 7%	候任者 28人 14%	胜任者 16人 8%
良好	培养者 24人 12%	候任者 30人 15%	候任者 20人 10%
及格	随行者 6人 3%	培养者 22人 11%	培养者 18人 9%
不及格	淘汰者 10人 5%	随行者 8人 4%	随行者 4人 2%

横轴：能力+潜力

五、战略薪酬的设计

通过上述步骤，该企业完成了战略事件的设置和人才盘点，得到了负责具体战略事件的战略人才。接下来，针对线上渠道的开拓、高创意性品牌活动的开发、高度自主化的数字化体系的构建等战略事件，该企业制定了对应的战略薪酬表，如表 5-13 所示。

表 5-13 某企业的战略薪酬表

战略事件负责人	战略事件类别	事件完成度	战略奖金（万元）
王晓红	线上渠道开拓	完成合格的渠道开发 5 个	3
		完成合格的渠道开发 8 个	5
		完成合格的渠道开发 15 个	12
赵精明	高度创意性品牌活动开发	完成创意性品牌活动开发 2 个，并达成销售额提升目标量	3
		完成创意性品牌活动开发 4 个，并达成销售额提升目标量	6
		完成创意性品牌活动开发 6 个，并达成销售额提升目标量	12

续表

战略事件负责人	战略事件类别	事件完成度	战略奖金（万元）
钱世中	自主化数字化体系	完成体系构建的第一阶段	6
		完成体系构建的第二阶段	10
		完成体系构建的第三阶段	18

正如表5-13中所呈现的，战略薪酬的设计一定是基于企业战略而定的，而且特别需要注意的是，企业在设计战略薪酬时，应区分战略事件和绩效考核中的关键绩效事件，千万不要将二者混为一谈。同时，由于战略薪酬是我在多年的服务实践中孕育出的一套解决企业薪酬痛点的方案，许多企业使用后效果显著，但在整个行业中仍属于"新鲜事物"，因此，如果你想要更加深入地了解战略薪酬，获得更新、更详细的信息，或者在实际操作中遇到难题，可以扫描本书"结束语"后面的微信二维码，获得专业的操作指引和第一手资料。

第三节　利用四维薪酬，打造富有竞争力的薪酬体系

一、整合四种薪酬模式，形成四维薪酬

随着市场体系的不断完善，企业面临的环境变得越来越复杂，对于人才的需求也越来越多样，激励的手段自然需要提升和改善。早期的较为单一的传统薪酬模式已经很难适应企业的发展需求。现如今，很多企业已经开始寻找和探索薪酬改革的新模式，要求改变以岗位和绩效为主的薪酬体系。

四维薪酬正是在这一趋势下产生的。四维薪酬从岗位、能力、绩

效和战略四个维度对企业薪酬进行全面的设计，以适应企业对薪酬价值和意义的全面需求。在前面几章的内容中，我们已经详细介绍了四维薪酬体系的四个模块分别是怎么构建起来的，又是如何衔接起来，形成一个有机的薪酬体系的。这里我们做一下简要的回顾。

首先，岗位是基础和起点，所以薪酬设计需要从岗位价值评估开始，构建起职级薪级体系，形成岗位薪酬；然后，在岗位薪酬的基础上，我们通过能力素质模型对员工的能力进行评估，对薪级体系进行拓展，构建起薪档体系。结合岗位薪酬和能力薪酬，形成"薪级+薪档"的双维度薪酬体系。由于这部分薪酬浮动性小，相对比较稳定，一旦确定，短期内就不会发生大幅度的变化，所以被企业视为固定薪酬。

接着，根据确定的固定薪酬，企业只需要按照自身的实际情况设置对应的固浮比，就能得到对应的绩效薪酬基数。绩效薪酬基数是企业预期的员工可能获得的绩效薪酬数额。最终，员工能不能得到这些绩效薪酬，企业还需要对员工的绩效进行考核，根据绩效考核结果来判断。显然，绩效薪酬是根据员工的表现及其创造的有效成果而浮动的，所以属于浮动薪酬。

将固定薪酬和浮动薪酬结合起来，就形成了员工的总薪酬。对于大多数岗位来说，其总薪酬的设计也主要由岗位、能力和绩效三个核心部分组成。不过，这样的薪酬设计较为常规，主要是对应一些常规人才和岗位，但是在处理特殊的战略性事件时，会显得不够灵活和缺乏针对性。所以在此基础上，我们还要引入战略薪酬，最终形成"岗位+能力+绩效+战略"的四维薪酬体系。

四维薪酬体系不仅可以满足现代企业的常规发展的薪酬需求，还能很好地匹配企业战略，对企业的核心战略和经营业务，进行针对性的调整和改变，具有极强的灵活性。在VUCA时代，四维薪酬体系是企业进行薪酬设计的最佳选择之一。

案例：某企业为电子商务中心总监设计的四维薪酬，如表5-14所示。

表 5-14　某企业电子商务中心总监四维薪酬设计模型

姓名	郭江涛	所属部门	电子商务中心	职务名称	电子商务中心总监
直接上级	总经理		直接下级部门	运营部、推广部、商品部、企划部 营销部、客服部、物流部、技术部	
第一部分　岗位薪酬					
岗位概要	参与制定公司的电子商务发展战略，建设公司的电子商务运营体系，策划与推进公司各项电子商务运营方案，计划、组织、协调公司电子商务相关各部门工作的执行，监管、督导并确保实现公司的电子商务战略目标				
岗位价值	在公司总体战略指导下，顺应互联网及电商平台的发展趋势，制定公司电子商务战略及运营方案，运用对电子商务深入的专业理解，不断创造创意，提出各类有效的解决方案，领导并激励电子商务团队和成员实现公司电子商务的各个阶段性目标，对公司电子商务战略目标的实现直接并完全承担责任				
职位级别	总监	职务序列	M5	岗位薪酬级别	11级
第二部分　能力薪酬					
知识技能	拥有MBA（工商管理硕士研究生）学历，8年的电子商务运营经验，担任过运营经理、推广经理、营销经理和运营总监等职务，曾经为某企业从零起步建设电子商务部门在5年时间内达到1亿元的销售规模				
胜任能力	具有100人以上的团队领导能力，具有制定电子商务战略的能力；具有策划3000万元营销企划活动的能力，具有管理5个业务部门的能力；具有协调职能部门、业务部门和外联电商平台合作方的能力				
薪级薪档	11级 第五档	基本工资（岗位薪酬+能力薪酬）	15000元/月	固浮比	50%

续表

第三部分　绩效薪酬									
绩效考核	绩效指标	KPI	年度目标	销售额	8000万元				满分值	考评部门
^	^	^	^	利润率	20%				^	^
^	^	^	季度目标	^	一季度	二季度	三季度	四季度	^	^
^	^	^	^	销售额	800万元	1200万元	2500万元	3500万元	35	财务部
^	^	^	^	利润率	24%	18%	22.5%	18%	35	财务部
^	^	KPA	战略与策略	1. 公司的电子商务战略及调整提案在1周内通过； 2. 目标分解及其执行方案在1周内通过				15	总经办
^	^	^	组织与团队	1. 组织架构及岗位说明书时时完善； 2. 各部门编制人员在岗率保持在80%以上				15	总经办
^	加分项		销售目标达成率	在保证正常利润的前提下，销售目标达成率≥130%				5	财务部
^	^		私域流量增长率	私域流量季度环比增长率30%，年底达到6000万元				5	财务部
^	^		人才培养	经理级别领导与管理能力培训考核通过率≥85%				5	人资部
^	^		企业文化与价值观	价值观及行为标准考核				5	人资部
合计									
绩效薪酬核算标准	绩效考核评分		a≤80			80＜a≤100			100＜a≤120	
^	绩效系数（A）		A1＝(a−30)%			A2＝a%			A3＝a%＋2×(a−100)%	
^	年度绩效薪酬		A1×18万元			A2×18万元			A3×18万元	

续表

第四部分　战略薪酬						
战略事件	以线上新营销为契机，获得销量增长与品牌曝光： 1. 建设直播团队，与流量KOL、KOC加强合作； 2. 进驻短视频营销平台，搭建品牌矩阵； 3. 建设内容营销与品牌推广团队，捕捉热点事件进行品牌推广与营销； 4. 重视和加大对"6·18""双11"两个活动的投入					
战略薪酬奖励	奖励	项目				
^	^	直播带货	短视频营销	内容渠道营销	"6·18"活动	"双11"活动
^	销售额	≥2000万元	≥1500万元	≥1000万元	≥500万元	≥2000万元
^	利润率	≥15%	≥15%	≥10%	≥15%	≥15%
^	奖金	2万元	1万元	1万元	1万元	5万元
^	年终奖	实现新营销转型战略第一阶段目标（以上指标均达标完成），在保障利润率的同时，年度销售规模突破1亿元，年终嘉奖10万元				
第五部分　薪酬预算						
年度薪酬预算	薪酬维度					四维薪酬预算
^	岗位薪酬	能力薪酬		绩效薪酬	战略薪酬	^
^	基本工资 （固定工资）		职务津贴与奖金 （浮动工资）			^
^	18万元		≈18万元	≈20万元		≈56万元

从表5-14中可以看出，该企业的固定薪酬（基本工资）是根据岗位薪酬和能力薪酬得到的，由于该电子商务中心总监的薪酬数额处于第11级第五档，所以固定薪酬为15000元/月，其绩效薪酬基数为18万元/年，即15000元/月，可以知道其薪酬固浮比为5∶5。

在表5-14的第一部分，该企业明确了电子商务中心总监的岗位概要和岗位价值，确定了电子商务中心总监郭江涛的职位级别、职务序列和岗位薪酬级别等；在第二部分，该企业确认了电子商务中心总监个人的知识技能和胜任能力，确定了电子商务中心总监郭江涛在第一部分认定的薪级中所处的薪档位置，即薪级薪档、基本工资（岗位薪酬＋能力薪酬）、固浮比等；在第三部分，该企业明确了电子商务中心总监郭江涛的绩效指标、核算标准、对应分数，以及从绩效考核评分到绩效系数再到年度绩效薪酬的转化方式；而在第四部分，则标注了战略薪酬的战略事件及其相关指标和考核方法，以及对应的战略薪酬奖励标准；在第五部分，整合了以上四维薪酬内容，形成四维薪酬预算，即电子商务中心总监郭江涛的年度薪酬预算。

值得注意的是，该电子商务中心总监郭江涛的浮动薪酬理论上是由绩效薪酬和战略薪酬两部分构成的。而在实际设计中，该企业根据自身情况，将绩效薪酬当作了浮动薪酬，而把战略薪酬作为了年度（战略）奖金。

二、利用四维薪酬，构建宽带薪酬体系

通过岗位薪酬、能力薪酬、绩效薪酬及战略薪酬所形成的四维薪酬，除了具备传统薪酬体系不具备的多维度、立体式薪酬激励方式，还有一个最大的优点，那就是极大地增加了薪酬的带宽。

在传统薪酬体系中，由于受到职位等级的限制，薪酬的纵向带宽很小，薪级很多。一般来说，企业的薪级往往达到 20 多级，有的企业甚至达到 30 级、40 级以上。这么多的薪级，往往会造成薪酬管理的复杂和混乱，对员工能力提升的激励性很弱，因为员工"升官"了才能涨工资，彼此之间攀比"官"的大小和薪酬的级别，间接导致了官僚的企业文化。因为缺乏对能力和绩效等方面提升的考核手段及薪酬激励体系，致使薪酬在能力和绩效提升方面的激励效果大打折扣。很多企业都有类似的现象，薪酬发了不少，人才激励方面却一团糟。

四维薪酬体系则大不相同。它在传统薪酬的基础上，大量压缩纵向的薪酬等级，拉宽横向的薪档区间，将大量处于同一岗位、同一薪级的员工，按照能力的差别归入不同的薪档，并按照绩效考核的结果，

给予相应的绩效薪酬（或奖金）。对于企业的核心人才、战略性人才，在四维薪酬体系中还会按照相应的战略事件提供额外的战略薪酬激励，从而将带宽拉得更开，形成了有别于传统薪酬的宽带薪酬体系。

关于宽带薪酬体系，我们在第三章中已经做了一定的介绍。不过在这里，我们需要强调的是，在第三章中提到的宽带薪酬体系，主要是建立在岗位薪酬和能力薪酬基础之上的。而在这里，我们又在宽带薪酬体系中增加了"绩效薪酬"和"战略薪酬"两个因素。

举个例子，某企业同为总监级的两名员工，在传统薪酬模式中，两人的职级相同，薪级也不会有明显的差别。这就导致我们的薪酬难以对两人的能力、业绩和其工作中对企业的战略贡献程度进行很好的区分。

不过，在四维薪酬所形成的宽带薪酬体系里，我们可以按照两人在能力上的区别，将两人的薪酬归入不同的薪档，从而在固定薪酬上形成差异。与之对应，通过固浮比设置浮动薪酬，这样的薪酬差距也会被体现出来。比如，王总监的薪酬水平处于第7级第二档，其固定薪酬为12000元/月，张总监的薪酬水平处于第7级第四档，其固定薪酬为16000元/月。该企业总监级的固浮比为5∶5，那么王总监的绩效薪酬基数就是12000元/月，而张总监的绩效薪酬基数则为对应的16000元/月。在这种情况下，员工的薪酬带宽实际上被进一步拉大了。特别是当两位总监处在不同的职务序列时，比如，王总监是行政序列，而张总监是销售序列，两位总监即使处于同一薪级薪档，但固浮比不一样，行政序列是8∶2，销售序列是6∶4，如此一来，薪酬带宽也会带来非常大的差距。这样既为两位总监带来公平感，又能激励两位总监在各自的岗位上创造更大的价值。当然，员工能不能得到预期的绩效薪酬，即薪酬的浮动部分，还需要根据绩效考核结果来确定。

同时，在四维薪酬体系中，我们还考虑了员工的战略价值。如果两人在企业战略中所处的地位和其价值存在差异，承接的企业战略事件不同，那么两人在获得战略薪酬的数额上还会有更大的差距。如此一来，两者在薪酬上的带宽差距就会十分明显。这种差异化的激励，可以有效地激励员工提升能力，提高业绩，挖掘自身潜能，为企业创造更多的价值，并促进企业战略的实现。

案例如下。

某企业根据岗位价值评估，得到企业的职级薪级体系；又结合能力素质评估，划分薪档体系，从而将员工归入不同的薪级薪档，形成固定薪酬（基本薪酬）部分。然后，通过固浮比得到各薪级薪档对应的浮动薪酬（该企业主要为绩效薪酬）。接着，再利用SWOT分析法，对企业战略进行分析，设置战略事件，并根据战略事件设置战略薪酬。最终，该企业利用四维薪酬建立起宽带薪酬体系，具体内容如表5-15所示。

三、结合八字方针，打造富有竞争力的薪酬

显然，通过四维薪酬建立的宽带薪酬体系，具备很多优点，首先，无论是岗位价值评估、能力素质评估还是绩效考核，其依据都源于我们对企业战略的层层分解，所以这种薪酬体系是我们企业战略的根本承载。更重要的是，在当今这个VUCA时代，外部环境具有太多的不确定性，四维薪酬体系的设计可以在企业战略事件上，利用战略薪酬来更灵活、更直接、更高效地激励员工，真正做到"上联战略"。同时，面对不同岗位、不同能力、不同绩效和不同战略价值的员工，我们在薪酬水平、薪级薪档、薪酬固浮比、战略事件划分、战略人才盘点等诸多方面都采取了不同的薪酬策略，以满足企业战略发展的实际需求，同时推动企业在经营方面的发展，做到"下接策略"。

其次，四维薪酬从岗位、能力、绩效和战略四个方面着手，对员工的价值进行评估，充分考虑了员工的共性和特性，做到了对员工价值的全方面衡量，并制定了十分明确的评估和考核标准，真正做到了薪酬的"对内公平"。同时，四维薪酬还实现了"兜底而不封顶"的设计原则，由于有固定薪酬的存在，员工的薪酬往往都有最低保障，

表 5-15 某企业利用四维薪酬建立的宽带薪酬体系表

职级	薪级	基本薪酬（岗位薪酬+能力薪酬）					固浮比	绩效薪酬					战略薪酬		月度合计（基本薪酬+绩效薪酬）					参考年薪范围	
		薪档（月度）							绩效薪酬基数（月度）					战略薪酬基数（年度）								最低~最高（保底）	
		第一档	第二档	第三档	第四档	第五档		第一档	第二档	第三档	第四档	第五档	1级事件	2级事件	第一档	第二档	第三档	第四档	第五档	第一档	第五档
助理	1																			
专员	2																			
主管	3																			
	4																			
经理	5																			
	6																			
	7																			
总监	8																			
	9																			
总经理	10																			
	11																			

而绩效薪酬和战略薪酬所构成的浮动薪酬，从理论上来说又不设上限（当然，在实际中企业可以设置一定的浮动区间），因此，企业外显的薪酬数额往往会被拉高，从而极大地提升企业薪酬的对外吸引力。

此外，通过四维薪酬所构建的宽带薪酬体系，企业可以对员工实行差异化激励，利用较大的薪酬带宽，来激励员工不断地提升自己的绩效、能力和潜力，实现自我突破和长远发展，以此实现薪酬激励的"远能发展"和"近能激励"的方针。

最后，四维薪酬被划分为固定薪酬和浮动薪酬两大部分。其中，固定薪酬是员工的稳定收入来源，可以让员工获得最基本的保障，感受到薪酬的保障性和安全感；同时，绩效薪酬和战略薪酬则强化了薪酬的挑战性，让员工去挑战更高的目标，从而不断实现突破。通过这种划分，四维薪酬也真正实现了薪酬体系"动可挑战""静有保障"的设计目标。

可以说，建立在岗位、能力、绩效和战略之上的四维薪酬，真正实现了"上联战略，下接策略，对内公平，对外吸引，远能发展，近能激励，动可挑战，静有保障"的"上、下、内、外、远、近、动、静"的八字方针薪酬设计理念。四维薪酬全景图如图5-4所示。

总之，四维薪酬作为一种多维度、立体式、多层次的薪酬激励模式，不仅有着很强的激励性，还可以有效地激活企业内部的生产效能，促进企业的经营发展和战略达成。同时，它还具备极强的适应性，可以根据企业自身的实际情况进行针对性的调整和改变，比如，在薪酬结构上，四维薪酬就是多变的。在四维薪酬中，企业可以采用最基本的"固定薪酬+浮动薪酬"的形式，也可以对固定薪酬和浮动薪酬进行调整，变成"基本工资+职务津贴"或者"基本薪酬+绩效奖金"等结构。甚至有的企业为了提高薪酬竞争力，还会在薪酬结构中加入成长机会、办公条件等一系列隐性薪酬。

隐性薪酬是相对于显性薪酬而言的。隐性薪酬是指非物质性的奖励；显性薪酬则是指薪酬中那些物质性的奖励，主要是指工资。显性

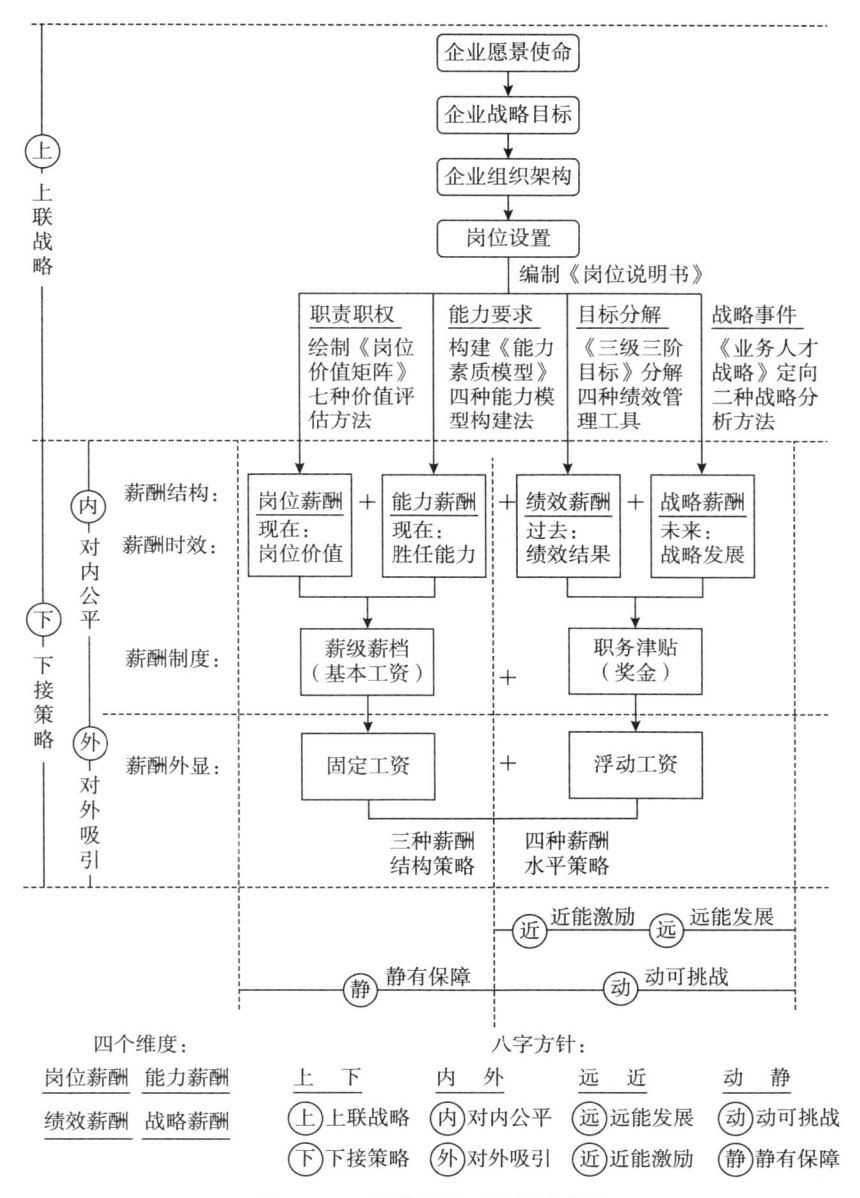

第五章 战略薪酬，四维薪酬激励的整合 | 337

图 5-4 四维薪酬体系设计全景图

薪酬和隐性薪酬被结合在一起，就形成了企业的全面薪酬。

全面薪酬是企业对员工的系统性奖励。系统性奖励是指将所有和员工激励有关的要素都纳入薪酬体系里，对员工进行全方位的激励。在人们的传统观念里，薪酬主要是指物质性激励，也就是俗称的"钱"，包括工资、奖金、津贴、经济性福利等。但是，在全面薪酬的概念里，除了这些物质性的激励，薪酬还包括非物质性的奖励，比如，组织环境、工作环境、员工的心理收益等。

显然，在全面薪酬观念下，企业除了需要物质性的激励方案，还需要加入更多非物质性的激励手段。比如，工作环境的改善，员工心理的满足、自我价值的达成，组织感、参与感、归属感、成就感的获得，以及一定限度的决策权等，以满足员工更加多元化的需求，实现更多层面的激励。

所以，很多企业在设计四维薪酬体系时，往往还会在原本的薪酬体系的基础上，适当地改变薪酬结构，并增加更多的隐性薪酬，以实现对员工的全面激励，构建起一套富有竞争力的全面的薪酬体系。

第六章
薪酬管理，四维薪酬效力的保障

我们知道，对于薪酬体系来说，科学合理、符合企业发展需要的设计方案固然重要；但同时，良好的管理模式和可持续的管理方法也是薪酬设计不可或缺的部分。毕竟，再完美的设计方案，如果无法落实到企业的日常经营和管理中，也只能成为空谈。接下来，我们就用两节的内容来介绍一下薪酬管理中最重要的两个方面，一方面是薪酬预算，另一方面是薪酬管理制度。

薪酬预算是保障薪酬体系得以落实和执行的重要前提。从某种意义上来说，没有合理的薪酬预算，企业就不可能有合理的薪酬体系。薪酬管理制度则是薪酬体系的制度保障，没有薪酬管理制度，薪酬方案就不能得到在企业制度层面的保障。所以，在制定和执行薪酬方案时，我们还需要重视薪酬预算和薪酬管理制度的制定与落实。只有做好了薪酬预算和薪酬管理制度，我们的薪酬体系才能获得强有力的保障，企业也才能走得更远。

第一节 做好薪酬预算，为企业的薪酬体系打下坚实的基础

薪酬预算是指企业在薪酬管理过程中的一系列成本开支方面的计划、平衡和取舍的管控行为。一般来说，薪酬预算需要规定预算期内可以支出的用于薪酬费用的资金额度。薪酬预算是薪酬管控的重要环节，也是企业的薪酬体系得以有序运转的前提。只有做好了企业的薪酬预算，才能为构建企业的四维薪酬体系打下坚实的基础。

一、薪酬预算前的企业环境分析

一般来说，薪酬预算会受到企业内部因素和外部因素的影响。在做薪酬预算之前，一定要做好企业内外部的环境分析工作。

（一）内部环境分析

内部环境分析是指针对企业在薪酬支付能力、薪酬策略、薪酬结构、人员调动情况、招聘离职情况、薪酬满意度等人力资源方面的调查和了解，其主要包括以下几个方面。

第一，薪酬支付能力主要是看企业的劳动分配率、薪酬费用率和薪酬利润率三大指标，一般来说，我们可以选用行业的平均水平，或主要竞争对手的指标来进行比较，评估企业在薪酬方面的支付能力。

第二，薪酬策略主要是看企业各个岗位的薪酬水平策略在市场中的情况，结合企业的战略方向和发展阶段，来决定我们是领先型、跟随型、滞后型还是混合型的薪酬水平策略，薪酬水平策略在很大程度上会影响企业的薪酬预算的成本。

第三，薪酬结构是企业薪酬的构成情况，比如，根据我们的岗位

薪酬和能力薪酬设置的薪级薪档分布情况；根据我们的职务类别和职务序列设置的薪酬固浮比的比例情况；根据企业发展的不同阶段，战略薪酬的设置情况等，以及它们的各自占比情况。

第四，人员调动情况是指企业内部岗位之间的调动和晋升，根据人才盘点，有多少员工要调岗，多少员工要晋升；具体的调岗和晋升情况如何；调岗和晋升后，他们的职位职级、薪级薪档、绩效考核以及战略事件承接等情况又是如何，这些是需要了解清楚的。

第五，招聘离职情况是指预计在下一个周期内，有多少员工会离开公司，有多少新员工会进入公司，进入公司的人是应届毕业生，还是有经验者，其比例分别是多少，在整个人员编制总数里的占比分别是多少，他们分别处于哪个薪级薪档等。

第六，薪酬满意度是指员工对薪酬的满意程度，我们需要了解员工对薪酬不满意的方面是哪些，哪些是我们可以调整的，哪些是可以改进的，哪些是我们必须维持但需要沟通解释的，以便在下一个周期进行调整和改进等。

（二）外部环境分析

外部环境分析主要是针对市场情况、市场薪酬水平、市场薪酬变化趋势、行业标杆企业或竞争对手的薪酬支付水平等方面的了解，其主要内容包括以下几个方面。

第一，市场情况主要是看企业在未来一段时间内（一般为1~2个财年）是快速增长、稳定增长、维持不变还是规模萎缩，通常而言，企业的市场情况往往直接决定着企业的经营战略和对人力资源的需求情况，是我们对外部环境分析首要考虑的问题。

第二，市场薪酬水平主要包括企业内基准职位的市场薪酬水平和分布情况，比如，某基准岗位在市场中是处于25分位、50分位、75分位，还是90分位？同时，我们还要考察各个关键岗位在市场上的平均水平、最高水平和最低水平分别是什么情况，各类岗位的薪酬水平分布最主要的集中区间是什么，对比岗位薪酬一般由什么比例（特别要注意不同企业的薪酬结构及其比例是不一样的）构成等。

第三，市场薪酬变化趋势主要是看薪酬在市场上未来一段时间的变化趋势，是匀速增长、快速增长还是呈现下降趋势，薪酬发展的趋势往往也是影响企业薪酬预算的重要因素。

第四，行业标杆企业或竞争对手的薪酬支付水平是指行业中的龙头企业和竞争对手往往会在一定程度上影响该企业的薪酬预算，尤其是在同一区域内的企业，行业标杆企业或竞争对手对企业的薪酬预算影响更直接，所以在薪酬预算时，也需要对其有所了解，绝不能低估了它们的影响。

二、薪酬预算的方法

薪酬预算是企业薪酬管理的难题之一，尤其是对一些组织结构比较复杂的大型企业来说，薪酬预算往往令无数 HR 头痛不已。选择一种适合企业的薪酬预算方法，是解决这个难题的最优选择。薪酬预算的方法有很多，常用的主要有薪酬费用比率法、劳动分配率法、盈亏平衡点法、人员编制法等。

（一）薪酬费用比率法

薪酬费用比率法是通过薪酬费用比率来计算企业薪酬总额的方法。薪酬费用比率是一种用来推算合理的薪酬费用总额的人工成本控制方法。通过薪酬费用比率法计算薪酬预算总额的公式是：薪酬预算总额＝销售总收入×薪酬费用比率。

在这个公式中，我们不难看出，影响薪酬预算总额的因素有两个，它们分别是企业的销售总收入和薪酬费用比率。知道了这两个因素，我们就能计算出企业的薪酬预算总额。

从理论上来说，企业本年度销售总收入可以通过企业战略目标分解的经营预算得到；不过，一些经营比较稳定的企业，为了保证预算的准确性，也会参考上一年的销售总收入进行合理的推算。

薪酬费用比率其实反映的是企业在一定的销售额下，所应支付的薪酬数额，或是支付一定薪酬应达到的目标销售额。在企业经营业绩稳定的情况下，销售费用比率可以由管理者根据企业过去的经营业绩推导得出。一般来说，使用企业上一年度的销售总额除以上一年度的薪酬总额，用计算公式表示如下。

$$上一年度薪酬费用比率 = \frac{上一年度薪酬总额}{上一年度销售总额} \times 100\%$$

案例如下。

某企业上一年销售收入为 5 亿元，发放的薪酬总额为 7500 万元。在年初预算中，该企业对本年度的销售额预算为 6.2 亿元，则该企业的薪酬预算总额应该是多少？

按照薪酬费用比率法来计算，我们的思路是，先根据上一年度的薪酬总额和销售总额，得出该企业的薪酬费用比率；再用这个薪酬费用比率，结合年度销售总额预算，得出本年度的薪酬总额预算，具体的计算公式如下。

$$薪酬费用比率 = \frac{7500}{50000} \times 100\% = 15\%$$

$$本年度薪酬总额预算 = 62000 \times 15\% = 9300 \text{ 万元}$$

（二）劳动分配率法

劳动分配率法是以劳动分配率为基础，根据一定的目标销售额，推算出企业可能支出的人力成本费用，再按照一定的比例确定薪酬总额的方法。劳动分配率是指企业在生产经营中，获得的额外附加价值，按照一定比例用于员工的薪酬分配。劳动分配率法的计算公式如下。

$$薪酬总额预算 = 附加价值 \times 劳动分配率$$

在这个公式中，企业本年度的劳动分配率可以参考上一年度的劳动分配率，上一年度的劳动分配率的计算公式如下。

$$上一年度劳动分配率 = \frac{上一年度人工成本总支出}{上一年度附加价值} \times 100\%$$

附加价值是指企业本身所创造的价值，它是企业生产价值中扣除从外部购买材料和委托加工的费用之后，企业创造的附加价值。附加价值的计算方法有两种，一种是扣减法，即从销售额中减去原材料等由其他企业购入的且由其他企业创造的价值之后获得的价值，其计算公式为，附加价值＝销售收入－各项成本。

另一种是相加法，即将形成企业附加价值的各项因素独立相加，得到的就是企业附加价值，其计算公式为，附加价值＝利润＋人事费用＋财务费用＋租金＋折旧＋税收＋其他形成附加价值的费用。

案例如下。

某企业上一年度人力成本总支出为6000万元，附加价值为15000万元。该企业通过相加法，将各项附加价值因素的预算相加，得到今年的年度预算附加值为20000万元，那么该企业今年的薪酬预算是多少？

按照劳动分配率法来计算，我们的思路是，先根据上一年度的人力成本支出总额和附加价值，得出该企业的劳动分配率；再用这个劳动分配率，结合本年度的附加价值预算，得出本年度的薪酬总额预算，具体的计算公式如下。

$$劳动分配率 = \frac{6000}{15000} \times 100\% = 40\%$$

$$本年度薪酬总额预算 = 20000 \times 40\% = 8000 \ 万元$$

（三）盈亏平衡点法

盈亏平衡点又称零利润点、保本点，通常是指企业利润为零（全部销售收入等于全部成本）时的销售额或销售量。盈亏平衡点法是指企业处在销售产品和服务所获得的收益恰好能弥补其总成本（含固定成本和浮动成本）而没有额外的盈利时，也就是企业处于不盈不亏但尚可维持经营的状态时，企业对所需薪酬的预算。盈亏平衡点法的计算公式为：薪酬预算总额＝销售总收入×薪酬费用比率。

从这个公式中，我们可以看出，盈亏平衡点的基本思路和薪酬费用比率法很相似。两者的真正区别在于，对薪酬费用比率的确认方式不同。薪酬费用比率法一般采用上一年的薪酬费用比率作为今年的参考依据。而盈亏平衡点法则是在此基础上设置了一定的浮动区间，其具体做法如下。

先根据上一年度企业的经营情况，找到企业的盈亏平衡点和安全盈利点。这里所说的安全盈利点是指企业在确保股东权益，以及可以安全处理可能遭遇的风险和危机情况下，企业所要达到的销售收入。

再根据盈亏平衡点和安全盈利点，计算出企业的最高薪酬预算和最低薪酬预算，其计算公式为：

$$最高薪酬费用比率 = \frac{上一年度薪酬总额}{盈亏平衡点} \times 100\%$$

$$最低薪酬费用比率 = \frac{上一年度薪酬总额}{安全盈利点} \times 100\%$$

最后，利用最高薪酬预算和最低薪酬预算，确定本年度的薪酬费用比率区间；再按照企业的实际情况和需求，在区间内取合适的值，作为企业的薪酬费用比率，企业的薪酬费用比率区间一般为，最低薪酬费用比率≤企业可选择的薪酬费用比率≤最高薪酬费用比率。

案例如下。

某企业上一年度的销售总收入为 40000 万元，薪酬发放总额为 8000 万元。该企业经过计算，得到其盈亏平衡点为 32000 万元，安全盈利点为 45000 万元。该企业预计今年的销售收入为 48000 万元，那么该企业今年的薪酬预算是多少？

按照盈亏平衡点法来计算，我们的思路是，先根据上一年的薪酬总额、盈亏平衡点和安全盈利点计算出企业今年的薪酬费用比率区间，然后再按照企业自身的情况选择合适的薪酬费用比率，最后计算出企业今年的薪酬预算总额，具体的计算公式如下。

$$最高薪酬费用比率 = \frac{8000}{32000} \times 100\% = 25\%$$

$$最低薪酬费用比率 = \frac{8000}{45000} \times 100\% \approx 17.7\%$$

综合以上得出，该企业本年度的薪酬区间为 17.7% ≤ x ≤ 25%。结果，该企业按照实际情况在区间内选择今年的薪酬费用比率为 22%，于是该企业今年的薪酬预算总额为：薪酬预算总额 = 48000 × 22% = 10560 万元。

（四）人员编制法

人员编制法是根据企业的人员编制情况来预算薪酬的方法。在人员编制法中，只需要统计各薪级的平均薪酬基数，再结合该薪级的在职人数，就能计算出企业相应的薪酬预算总额，具体的计算公式为：薪酬预算总额 = Σ（各薪级平均薪酬基数 × 各薪级人数）。

采用人员编制法计算薪酬预算的一般步骤：首先，统计企业各薪级的平均薪酬基数，预测下一年度的行业薪酬增幅，确定下一年度企业整体薪酬增幅及各薪级的薪酬增幅；然后，确定下一年度各薪级员工的人数；最后，预算下一年度的企业薪酬总额。

对下一年度企业薪酬总额的预算，可以采用的计算公式为：薪酬预算总额 = Σ【各薪级平均薪酬基数 × 该薪级员工人数 × （1 + 薪酬增幅）】。

案例如下。

某企业采用人员编制法，根据上一年度各薪级的平均薪酬基数，计算出该年度企业薪酬预算总额。其中，对各薪级的平均薪酬基数统计如表 6-1 所示。

根据表 6-1 所示，结合人员编制法的薪酬预算总额公式，我们可以计算出该企业的薪酬预算总额为：4000 × 6 × （1 + 5%） + 5400 × 5 × （1 + 5%） + 6400 × 5 × （1 + 5%） + 7500 × 7 × （1 + 5%） + 9800 × 6 × （1 + 7%） + 11600 × 4 × （1 + 7%） + 15200 × 2 × （1 + 9%） + 21500 ×

1×(1＋12%) = 312055 元。

表 6-1 某企业各薪级平均薪酬统计表

薪级	1	2	3	4	5	6	7	8
平均薪酬基数（元/月）	4000	5400	6400	7500	9800	11600	15200	21500
在职人数	6	5	5	7	6	4	2	1
增幅	5%	5%	5%	5%	7%	7%	9%	12%

由于这里计算的是单月的平均薪酬基数，所以还需要乘以12，得到本年度的企业薪酬预算总额为：312055×12＝3744660元。

三、薪酬总额的分解

通过薪酬预算我们可以得到企业的薪酬预算总额，也就是我们俗称的薪酬包。广义的薪酬包包括企业全部的物质性薪酬福利和非物质性激励等；狭义的薪酬包则主要是以企业的物质性薪酬福利为主。

确定了薪酬包之后，企业还需要将薪酬包分解，得到部门和员工的薪酬预算。一般来说，薪酬包的分解主要分为两个步骤，第一个步骤是将企业薪酬包分解到各部门和团队，得到部门或团队的薪酬包；第二个步骤是将部门或团队的薪酬包分解到个人，得到个人的薪酬总额。

在将薪酬包分解到部门的过程中，最常用的方法有两种：第一种是部门系数法；第二种是人员编制法。部门系数法是按照各部门对企业的贡献程度，设置相应的部门系数，通过部门系数来计算各部门的薪酬预算。

案例如下。

某企业通过薪酬预算，得到本年度企业的薪酬总预算额为3500万元。再对薪酬总预算进行分解，得出各部门的薪酬预算，该企业决定采用部门系数法计算各部门的薪酬预算。其中，在对营销部的薪酬包进行分解时，具体的操作步骤如下。

首先，该企业采用部门系数法，根据各部门的贡献程度，综合评估得到各部门的部门系数如表6-2所示。

表6-2 某企业的部门系数表

部门	研发部	HR行政部	财务部	营销部	……	预留奖金包
部门系数	……%	……%	……%	27%	……%	……%

然后根据部门系数，该企业计算出营销部的年度薪酬预算总额为：$3500 \times 27\% = 945$万元。

人员编制法是按照部门的人员编制情况，根据部门员工所在薪级的平均薪酬基数和相对应的人数，计算出部门所有员工的薪酬总额，以此作为该部门的薪酬预算总额，其计算公式为：部门薪酬预算总额 = $\sum$（该部门各薪级平均薪酬基数 × 各薪级人数）。

对下一年度企业薪酬总额的预算，计算公式为：部门薪酬预算总额 = $\sum$【该部门各薪级平均薪酬基数 × 薪级员工人数 ×（1 + 薪酬增幅）】。

案例如下。

某企业采用人员编制法对营销部的上一年度各薪级平均薪酬基数和员工数量进行统计，并结合市场情况，得到营销部各薪级的平均薪酬增幅，具体如表6-3所示。

表6-3 某企业营销部各薪级平均薪酬统计表

薪级	3	4	6
平均薪酬基数（元/月）	6400	7500	11600
在职人数	30	5	2
增幅	5%	5%	7%

最终，该企业计算出该营销部的薪酬预算为：【$6400 \times 30 \times (1 + 5\%) + 7500 \times 5 \times (1 + 5\%) + 11600 \times 2 \times (1 + 7\%)$】 $\times 12 = 3189588$元。

通过绩效系数法和人员编制法，企业就可以得到各部门或团队的薪酬预算。在此基础上，部门和团队还需要将薪酬包进行再次分配，最终形成个人的薪酬预算。

在个人薪酬预算的分配过程中，企业需要根据岗位价值的评估结果和能力素质评估结果，综合考量员工的固定薪酬预算。同时，还要结合绩效薪酬的基数和考核结果，对绩效薪酬做进一步的基础预算。对一些重要的核心岗位，或者承接了战略事件的岗位，企业还需要有针对性地进行战略薪酬预算。

不过在现实中，考虑到战略薪酬的特殊性，很多企业会根据战略事件，单独设立一个战略薪酬奖金包，将它和其他薪酬包区分开。

第二节　制定薪酬管理制度，保障企业薪酬体系的正常运转

没有制度的管理和制约，再完善的薪酬体系也只是一句空话，没有任何效力。因此，当我们利用四维薪酬设计方法构建起宽带薪酬体系后，紧接着是将企业的薪酬体系制度化，从而让薪酬有法可依、有迹可循，真正形成规范化、系统化的薪酬管理体系，让企业与员工都能基于薪酬管理制度获得保障。

薪酬管理制度是企业执行和管理薪酬体系时的规范，是面向员工的通识性准则。它和企业的薪酬体系、薪酬文化有着密切的关系，需要在企业内进行高度普及。通常，在员工入职时，企业就需要对其进行相应的宣传，让其了解企业在薪酬制度方面的具体原则和方法。一般来说，企业在制定薪酬管理制度时，需要六个基本流程，具体如图6-1所示。

成立小组 ▷ 确定模式 ▷ 编写分工 ▷ 初稿评审 ▷ 公司评审 ▷ 发布执行

图6-1　薪酬管理制度编制流程

第一步,成立小组。

为了确保管理制度和流程的规范性,制定薪酬管理制度前,企业往往需要成立专门的制度编写小组。一般来说,制度编写小组成员主要为人力资源部成员。小组成立后,要制定统一的分工计划,比如,制定一份"分工编写计划表",以便提高编写工作的效率和准确性,如表6-4所示。

表6-4　某企业制定薪酬管理制度分工编写计划表

项目	内容	制度整理者	内容负责人	审核人	参加人员	计划完成时间
总则						
薪酬结构						
福利津贴						
结算支付						
……						
附则附件						

第二步,确定模式。

企业薪酬管理制度一般有两种模式,一种是纲领式薪酬管理制度;一种是细则式薪酬管理制度。比如,在薪酬制度中,如果出现"参照《实习生管理规范》执行""依据公司统一发布的《职级薪级薪档表》确定职级、薪级和薪档""按照《考勤与休假管理制度》《劳动纪律管理制度》以及《劳动合同》"等,这种引述性的相关管理规定与制度模块就属于纲领式薪酬管理制度,而直接在薪酬制度中,描述了每一个细节内容，规定了每一个适用标准与执行程序的就属于细则式薪酬管理制度。纲领式与细则式薪酬管理制度各有千秋，企业可以根据自身的实际情况选择使用，也可以混合使用。两种模式的优缺点如表6-5所示。

表6-5 薪酬管理制度纲领式与细则式两种模式的优缺点对比

类型	类型描述	优点	缺点
纲领式	1. 提纲挈领描述目的、原则、定义等； 2. 具体细节内容引用相关管理模块的制度	管理灵活	精细化不够
细则式	1. 详细的、具体的、完整的解释和补充； 2. 规定了每一个适用标准与执行程序	关注细节	灵活性较差

第一种，纲领式薪酬管理制度。纲领式薪酬管理制度是由一个核心的制度加上 N 个管理模块组成的。最核心的制度阐释整体的薪酬目的、原则、定义、结构等框架，具体的薪酬内容在各个管理模块中有详细的描述。

案例：截取某企业的纲领式薪酬管理制度。

薪酬管理制度

第一章 总则

第1条 目的

为了规范公司的薪酬管理，建立公正合理的薪酬管理体系，提升公司的薪酬管理水平，调动全体员工的工作积极性，实现公司的可持续发展，特制定本薪酬管理制度。

第2条 遵循原则

1. 公平性原则：外部公平性、内部公平性、个人公平性。

2. 竞争性原则：与同地区同行业同等要求同等职位相比，薪酬福利具有竞争力。

3. 激励性原则：结构和指标比较合理，能最大限度地调动全体员工的积极性。

4. 合法性原则：符合国家《中华人民共和国劳动法》和其他相关

法律法规的规定。

5. 实用性原则：采用薪级薪档加绩效奖金薪资制，并辅以其他奖金制度。

6. 保密性原则：实行薪酬和福利保密制度，泄密者将按照严重违纪处理。

第 3 条　制定依据

1. 公司现在所处的历史发展阶段，外部环境以及公司的发展战略定位。

2. 战略目标分解后，各岗位价值评估，以及各岗位任职者的能力素质模型。

3. 战略目标分解后，各岗位的绩效目标设定。

4. 在公司的发展战略中，对战略事件的设置。

第 4 条　适用范围

1. 本制度适用于公司全体员工。

2. 本制度不适用于兼职、劳务外包、外聘等非直接劳资关系的员工。

第二章　薪酬结构

第 5 条　术语定义

《中华人民共和国劳动法》中的工资是指用人单位依据国家有关规定或劳动合同的约定，以货币形式直接支付给本单位劳动者的劳动报酬。

本薪酬管理制度中的工资具体包括基本薪酬、绩效薪酬、战略薪酬。

一、基本薪酬

基本薪酬是员工所得工资额的基本组成部分，用于保障员工的基本生活，按月发放，是保证员工工作稳定性的基础，也是员工安全感的保证。较之工资的其他组成部分具有一定的稳定性。具体来说，在公司中，基本工资是根据员工所在岗位的价值和岗位履职能力来核定的。

二、绩效薪酬

绩效薪酬又称为考核工资、绩效考核工资，表示对员工过去的工作行为和已取得的成就的认可。绩效工资以员工考核期的绩效考核为基础，根据不同体系、不同岗位的工作性质，本制度对不同体系、不同职级薪级的岗位设置了不同的绩效工资系数。

三、战略薪酬

战略薪酬是部分特殊员工工资的特殊组成部分，其完全区别于基本薪酬和绩效薪酬，是公司为了达成公司战略而做出的突出贡献或完成特殊任务而特别设置的一次性劳动报酬，旨在褒奖员工的高价值贡献。

第6条　薪酬模式

公司所有人员均采用"基本薪酬+绩效薪酬"的薪酬模式，部分特殊岗位在特殊情况下，额外增设"战略薪酬"模块。

第7条　薪酬结构

公司员工薪酬结构由薪酬和福利组成。

1. 薪酬部分：员工薪酬由基本薪酬和绩效薪酬等多层次薪酬结构组成，部分特殊岗位在特殊情况下，额外增设"战略薪酬"模块。

（1）基本薪酬参照公司统一发布的《职级薪级薪档表》确定职级、薪级和薪档。

（2）绩效薪酬详见《公司管理人员绩效薪酬规定》《公司专业技术人员绩效薪酬规定》和《公司销售人员绩效薪酬管理规定》。

（3）战略薪酬详见由总经办发布的各时期《战略事件与战略薪酬

方案》。

2. 福利部分。

（1）年终奖：年终奖与公司年度效益、部门年度考核、个人年度考评成绩挂钩，规定详见《公司年终奖执行方案》。

（2）福利：福利分为"五险一金"法定福利和公司福利两种，具体规定详见《公司福利管理规定》。

3. 其他部分（省略）。

第三章　考勤与薪假

第 8 条　考勤与薪酬详见《公司考勤制度》

第 9 条　有薪假与薪酬（省略）

第 10 条　无薪假与薪酬（省略）

第四章　作业流程

第 11 条　招聘、录用、入职、转正等薪酬作业流程（省略）

第 12 条　晋升、降级、调岗、离职、辞退等薪酬作业流程（省略）

第 13 条　公司或部门统一调薪与临时调薪的薪酬作业流程（省略）

第 14 条　与薪酬相关的其他作业流程（省略）

第五章　薪酬支付

第 15 条　薪酬核算

（1）基本薪酬核算详见《公司基本薪酬核算标准》

（2）绩效薪酬核算（省略）

（3）战略薪酬核算（省略）

（4）奖金核算（省略）

（5）福利核算（省略）

（6）其他（省略）

第 16 条　支付时间（省略）

第 17 条　支付形式（省略）

第 18 条　支付责任（省略）

第 19 条　代扣款项（省略）

第20条　提前支付（省略）

第21条　其他支付（省略）

第六章　管理组织

第22条　薪酬管理组织

公司薪酬福利管理分为公司薪酬委员会和各级职能管理部门两级管理模式。

一、公司薪酬委员会

公司薪酬委员会是公司的薪酬管理机构，由总经理、副总经理，以及财务部、人力资源部、行政部等相关高管人员组成，主要管理职责如下。

（1）负责审议并确定公司薪酬实施的总体方案。

（2）负责审议公司年度员工薪酬的统一调整方案。

（3）负责审议并确定公司的各项福利政策。

二、人力资源部

（1）负责公司薪酬管理制度的建设和发布。

（2）负责公司薪酬管理制度的宣导和培训。

（3）负责薪级、薪档调整的统一管理。

（4）负责公司的福利管理。

三、行政部（省略）

四、财务部

（1）负责公司的薪酬预算。

(2) 负责绩效考核数据的核实。

(3) 负责员工薪酬的发放。

(4) 其他（省略）。

五、其他业务部门与职能部门（省略）

第七章　争议解决

第 23 条　核算争议（省略）

第 24 条　调整争议（省略）

第八章　其他

第 25 条　制度的解释与修订

1. 本制度自执行之日起，原来有关的薪酬制度同时废止。

2. 本制度的未尽事宜经公司总经理授权后，由人力资源部补充。

3. 与本制度相关的附件、补充意见，具有本制度的同等效力。

4. 本制度的最终解释权归人力资源部，修订权、废止权归公司总经理。

第 26 条　本制度经总经理批准后执行。

第二种，细则式薪酬管理制度。相比纲领式薪酬管理制度，细则式薪酬管理制度则精细得多，它通常是由 1 个制度＋N 个分项制度＋N 个配套模板或表格组成。也就是说，要把薪酬各类相关的制度全部囊括在内。

比如，在纲领式薪酬管理制度中经常提到的"年终奖管理规定""福利管理规定""绩效考核管理制度"等内容，大多数企业都主要参考外部的相关制度，所以在管理制度中常常直接借用，不予描述。但是，在细则式薪酬管理制度中，则需要把所有涉及薪酬的规定、制度等内容全部囊括在内，精细化地描述出来。因此，这种薪酬管理制度非常精细，通常可以覆盖企业遇到的所有情况、类别、条款细则等。

案例：某企业采用细则式模式制定的薪酬管理制度。

某企业薪酬福利管理制度
（试行版 1.0）
第一章　总则

（一）目的

薪酬是员工的劳动报酬，代表企业对员工劳动成果的评价，公平合理的薪酬体系有利于激励员工的积极性、增强敬业精神、团队凝聚力和荣誉感。

本制度旨在建立与公司成长发展相匹配的薪酬体系和相关政策，规范薪酬管理，构筑有特色、符合公司实际需求的价值分配机制和内在激励机制，把个人、团队和企业有机地结合起来，制定适合市场运作的薪酬体系，激发员工潜能，形成对内公平、对外吸引、上联战略、下接策略的机制与氛围，实现个人和企业的可持续发展。

（二）基本原则

1. 混合导向原则

本制度将员工薪酬设计为混合薪酬，员工的个人薪酬将由基本工资、绩效工资、战略工资和相关福利津贴构成。

2. 贡献导向原则

本制度将个人的贡献，即价值创造的大小作为薪酬发放的核心依据，员工薪酬的高低将与个人所创造的贡献直接挂钩。

3. 能力导向原则

本制度将员工个人的岗位履职能力作为确定薪酬的直接依据之一，员工薪酬的确定与其贡献和能力直接挂钩。

4. 绩效导向原则

本制度将绩效考核的结果作为确定工资报酬的核心依据，每一个岗位、每一个职级的总薪酬都涵盖一定额度的绩效工资，绩效工资的获得与绩效考核的结果直接挂钩。

5. 可持续发展原则

本制度根据地区物价指数、国家经济发展水平、本行业特点、本地区的工资水平和企业的实际情况制定，并与公司未来发展战略相契合，与公司整体效益的提高相适应，并将适时进行调整。

6. 公平公正原则

本制度秉承着公平公正的原则，针对不同部门、不同岗位或相同部门、相同岗位的员工，进行部门和岗位体系的分类，并根据岗位履职能力获得不同薪级、不同薪档的薪酬待遇。

7. 激励导向原则

本制度制定了具有上升和下降的动态薪酬管理模式，对相同职级、相同薪级的薪酬实行带宽管理，激励员工为企业不断做出贡献、创造价值，获得高薪的机会。

8. 经济性原则

薪酬水平须与公司的经济效益和承受能力保持一致，即在考虑公司承受能力大小、利润合理积累的情况下，使员工与企业能够利益共享。

9. 保密原则

薪酬对内对外均实行保密原则，公司所有个人、单位务必严格执行，以免对公司造成负面影响。

（三）制定依据

1. 管理依据

企业薪酬福利与激励机制的建立需要结合市场标准水平、岗位评估结果、员工价值创造与岗位履职能力等因素，并依据绩效考核结果综合考量，从而使薪酬福利体系同绩效管理及岗位评估、价值创造结合起来，让薪酬体系达到"对外吸引，对内公平；上联战略，下接策略；远能发展，近能激励；动可挑战，静有保障"的良好状态。

薪酬福利体系的作用在于以"利"的形态，激励、促使员工将个人目标与企业目标达成一致，实现双赢。它与企业经营目标的实现和个人能力的发挥相辅相成，同时，为了达到更好的激励效果，提升工作的积极性，薪酬福利还将与职级机制实现有机统一。

2. 分配依据

基本薪酬看个人的岗位履职能力，绩效薪酬看个人的工作绩效，战略薪酬看个人的价值创造。薪酬分配的主要依据是能力、绩效和价值创造，并参考公司和员工工作所属地的最低工资标准、社会平均工资水平及行业平均水平。

（四）适用范围

本制度适用于公司所有员工。

（五）管理机构

为了保证人力资源政策的统一性和完整性，公司实行集中统一的薪酬管理体制。人力资源部为薪酬管理政策的提出者和组织实施者，各部门都必须严格地执行公司的薪酬管理制度。

（六）名词释义

《劳动法》中的工资是指用人单位依据国家有关规定或劳动合同的约定，以货币的形式直接支付给本单位劳动者的劳动报酬，一般包括月度报酬、奖金、延长劳动时间的报酬以及特殊情况下支付的报酬等。

薪酬是指员工因被雇佣而获得的直接和间接的报酬，其范围比工资更广，包括福利（如养老金、医疗保险）以及服务（如带薪休假等）。为简便起见，本薪酬管理制度中的工资与薪酬同义，统一称为工资，具体包括基本工资、绩效工资、战略工资、津贴、奖励、罚款、扣款、加班工资、特别工资等。

1. 基本工资

基本工资是劳动者所得的工资额的基本组成部分，用于保障员工的基本生活，按月发放，是员工工作稳定性的基础，也是员工安全感的保证。比工资的其他组成部分具有相对稳定性。具体来说，在公司中，基本工资是根据员工所在岗位的价值和岗位履职能力来核定的。

2. 绩效工资

绩效工资又称为考核工资、绩效考核工资，是对过去的工作行为和已取得的成就的认可。绩效工资以员工考核期的绩效考核为基础，根据不同体系、不同岗位的工作性质，本制度对不同体系、不同职级薪级的岗位设置了不同的绩效工资系数。

3. 战略工资

战略工资是员工工资的特殊组成部分，完全区别于基本工资和绩效工资，是公司为完成特殊任务，或创造特殊贡献，或表现特别突出的员工而设置的一次性劳动报酬，旨在鼓励员工积极创造价值。

4. 津贴

津贴是指补偿员工在特殊条件下的劳动消耗及额外支出的工资补充形式。为方便起见，本制度不对津贴和补贴作严格意义上的区分，补贴等同津贴。

5. 奖励

（省略）

6. 罚款

（省略）

7. 扣款

（省略）

8. 加班工资

（省略）

9. 特别工资

（省略）

第二章 薪酬结构

（一）薪酬设计

1. 薪酬与岗位、能力

岗位连接着员工和企业，能力则匹配着员工和岗位。

本制度规定，员工基本工资着重考虑的是岗位对于企业的贡献值和个人的岗位履职能力，基于此，公司设计了基于岗位价值评估的岗位薪级和基于能力价值评估的岗位薪档，这二者就构成了员工的基本薪酬。

2. 薪酬与绩效

绩效代表着过去的业绩，绩效工资是基于对员工过往成绩的激励而设计的。

本制度规定，员工绩效工资的系数根据岗位类别来确定，绩效考核的结果将作为员工绩效工资的核心依据，每一个职级及其对应的薪级都设置了不同的绩效工资系数，绩效薪酬的获得与绩效考核的结果直接挂钩，绩效薪酬的设计让公司的每一位员工都能够在本岗位的工作中获得激励。

3. 薪酬与战略

战略代表着未来的布局，战略工资是基于对企业未来的价值创造而设计的。

本制度创造性地提出了战略工资这一薪酬模块，旨在鼓励员工积极地创造价值，为企业做出特殊贡献、完成特殊任务的员工将获得企业的战略薪酬激励。

本制度规定，战略工资属于特殊性工资，是带有企业战略目的或为公司做出突出贡献的员工而设计的，具有临时性、一次性、项目制、高激励性等特征。

4. 福利津贴

福利津贴是员工薪酬的有机组成部分，是公司对员工的爱护和强有力的保障，属于员工工资的辅助部分。

（二）薪酬组成

员工工资＝基本工资＋绩效工资＋战略工资＋福利津贴

员工实发工资＝基本工资＋绩效工资＋战略工资＋福利津贴－扣款

1. 基本工资

基本工资是劳动者所得工资的基本组成部分，用于保障员工的基本生活，比工资的其他组成部分具有相对稳定性。基本工资由两部分确定，根据岗位类别确定职级和薪级，根据岗位履职能力确定薪档，从而最终确定员工的基本工资。

2. 绩效工资

绩效工资是指员工完成岗位责任及工作目标，企业对该岗位所达成的业绩而予以支付的薪酬部分。绩效工资的确定由两部分确定，分别是个人的月度基本工资和所在职级和薪级对应的绩效工资系数。

3. 战略工资

（省略）

4. 福利津贴

（省略）

5. 扣款

（省略）

（三）岗位体系

1. 岗位体系划分

1）为了保障薪酬制度的公平性，同时，为了契合公司未来发展的需求，本薪酬制度根据各部门、各业务模块岗位性质的不同，将公司各部门的岗位划分为销售、技术、管理等三大体系，分别对应同一职级下的不同薪酬等级。

（公司岗位体系划分表省略）

2）岗位体系与薪酬制设计。

本制度规定，不同体系采用不同的计薪模式。

（公司岗位体系与薪酬制度设计对照表省略）

2. 公司岗位体系与职级薪级分布图

（省略）

第三章　基本工资

（一）简述

基本工资也叫作"基础工资"，是企业根据员工所承担的工作本身或是员工所具备的完成工作的技能向员工支付的稳定性报酬，是员工收入的主要部分，也是计算其他薪酬性收入的基础。本制度规定，公司的基本薪酬是由两部分组合而成的，这两部分分别是岗位薪酬和能力薪酬。

（二）岗位薪酬

1. 释义

岗位薪酬源于岗位价值评估，是通过对岗位工作职责进行专业的综合性分析，从而评估岗位对企业的价值，最终确定所在岗位的职级和薪级。

2. 职级和薪级

1）岗位职级划分。

（省略）

2）岗位薪级划分。

（省略）

（三）能力薪酬

1. 释义

能力薪酬源于能力价值评估，通过对任职员工的岗位履职能力评估，根据评估结果进而确定任职人的所属薪档。

2. 岗位薪档划分

（省略）

3. 基本工资体系（职级薪级薪档）的相关说明

1）基本工资体系划分的标准。

（1）本制度规定，岗位薪酬特指岗位价值评估结果的运用，即岗位体系对应的职级和薪级；

（2）本制度规定，能力薪酬特指能力价值评估结果的运用，即职级薪级对应的薪档；

（3）本制度规定，基本工资体系的划分由总经办的岗位评估项目组进行划分，以岗位价值和履职能力为核心划分依据，并兼顾公司的现状和未来的发展需求。

2）基本工资体系划分的特殊情况处理。

（1）当出现岗位无法归入基本工资（职级薪级薪档）体系的情况时，由总经办的岗位评估项目组进行裁决，并知会总经理。

（2）当出现员工对基本工资体系（职级薪级薪档）的划分结果有质疑时，由员工提出申请，由总经办的岗位评估项目组进行裁决，并知会总经理。

3）基本工资体系（职级薪级薪档）的修改、调整和优化。

（1）基本工资体系即职级薪级薪档的修改、调整和优化建议由人力资源部负责提出，由总经办主任和总经理等组成的薪酬项目组审核确认。

（2）基本工资体系即职级薪级薪档的修改、调整和优化将根据公司的发展需求，不定期地进行修改、调整和优化。

第四章 绩效工资

（一）简述

1. 绩效工资

绩效工资是对员工达标、超标等绩效突出部分所支付的奖励性薪酬，旨在鼓励员工提升工作效率和工作质量，它代表对员工过去的工作行为和已取得成就的认可，本制度规定，绩效工资与岗位性质、基本工资直接挂钩。

2. 设计原则

1）为打造公司的目标文化，建设"人人有目标，事事有结果"的工作氛围，对公司的所有岗位都设置了绩效工资，确保人人有绩效。

2）本制度遵循绩效工资与基本工资直接挂钩的原则，基本工资是绩效工资的基础。

3）本制度规定，基于岗位性质设计了不同岗位体系的绩效工资系数，系数越高，绩效工资占总工资的比重越大。

4）遵循"职级越高，绩效占比越大"的设计原则，即职级越高的岗位，对绩效结果负责越多，绩效工资占个人总工资的比重越大。

3. 绩效考核制度

1）绩效考核处理办法。

（1）月度绩效考核。

连续三个月或一年内累计四个月绩效考核不合格的，以绩效考核不合格进行辞退处理。

（2）季度绩效考核。

连续两个季度或一年内累计三个季度绩效考核不合格的，以绩效考核不合格进行辞退处理。

（3）战略绩效考核。

（省略）

2）绩效考核与绩效工资。

（1）绩效工资的考核标准，共计三级，分别是不达标、达标和超标（岗位具体指标省略）。

（2）绩效考核不达标者将不发放绩效工资，绩效考核达标者发放达标绩效工资，绩效考核超标者发放超标绩效工资。

（二）月度绩效工资

1. 适用范围

月度绩效工资仅适用于薪级 1 至薪级 5 的岗位，计入月度工资，按月进行发放。

2. 月度绩效工资计算表

（省略）

（三）季度绩效工资

1. 适用范围

季度绩效工资仅适用于薪级 6 至薪级 10 的岗位，计入季度工资，按季度进行发放。

2. 季度绩效工资计算表

（省略）

（四）年度绩效工资

1. 适用范围

年度绩效工资仅适用于薪级 11 至薪级 15 的岗位，计入年度工资，按年度进行发放。

2. 年度绩效工资计算表

（省略）

第五章　战略工资

（一）简述

在企业的成长发展过程中，企业基于愿景使命制定了系统性的战略规划，其中往往涵盖大量的不确定性工作，同时基于市场环境的变化，公司需要做出一系列的探索性工作寻找市场机会，这类工作大多是区别于成熟业务之外的、无法被具体量化的、也无法立即获得收益的特殊性工作，因此，也难以按照传统的方式进行衡量和激励；另外，在很多的团队中，通常有一部分拔尖的人，对企业做出了很大的贡献，推动了企业的成长和发展。本制度针对上述工作或行为，特设置了战略工资进行激励。

（二）特殊任务薪酬

1. 释义

1）定义。

特殊任务源于总经办和公司高层的决议，主要源于对公司战略方向的调整、探索与思考，当任务被授予人顺利完成了企业赋予的特殊任务，达到或超过预期结果时，即获得特殊任务薪酬。

2）特性。

特殊任务薪酬富有强激励机制，通常属于项目制任务，具有临时性、阶段性、单一项目属性和一次性发放等特点。

3）案例。

经总经办和公司高层研究决定，公司需拓展一个新渠道并交由员工A负责，即员工A获得特殊任务；待员工A完成后提报总经办，经总经办审核通过后，员工A获得此次特殊任务的项目薪酬。

2. 评估标准与薪酬对照表

（省略）

（三）突出贡献薪酬

1. 释义

1）定义。

突出贡献是指在本岗位的工作做出了卓越的贡献，并且是团队中的拔尖人才所做出的贡献，对企业的发展起到推动作用，突出贡献薪酬是一种具有强激励性、不固定性的工资性激励。

2）特性。

突出贡献薪酬同样富有强激励机制，突出贡献薪酬通常给予团队的拔尖人才，具有临时性、阶段性、类别性和一次性发放的特点。

3）案例。

（省略）

2. 评估标准与薪酬对照表

（省略）

第六章　福利津贴

（一）简述

福利津贴是员工全面薪酬体系的重要组成部分之一，为保障员工的工作需求，提升员工的工作热情，公司设计了多样化、多层次的福利津贴制度，为员工搭建了一系列的福利津贴体系。

（二）福利体系

1. 基础福利

（省略）

2. 节假日

（省略）

3. 带薪年假

（省略）

4. 其他有薪休假

（省略）

（三）津贴体系

1. 节日津贴

（省略）

2. 特殊岗位津贴

（省略）

3. 其他津贴

（省略）

第七章　工资的计算与支付

（一）工资的计算

1. 基本工资的计算标准

1）日薪。

根据国家标准，日薪的标准的计算公式为 $\dfrac{月工资总额}{21.75 天}$

2）月薪。

公司执行月薪制，并结合员工的每月出勤天数核算，以自然月作为计薪周期，即每月1日~31日或1日~30日（2月为1日~28日或1日~29日）。

3）请假。

员工请假（事假、病假、工伤、婚丧、生育、休假）期间工资的待遇，按照国家有关规定及公司考勤制度办理。

4）其他休假各类工资的计发。

（省略）

2. 绩效工资的发放

1）基础发放信息。

（1）月度绩效工资。

绩效考核期：月度，即每年考核12次。

适用职级：（省略）

（2）薪级5~10级的绩效工资。

绩效考核期：季度，即每年考核4次。

适用职级：（省略）

（3）薪级11~15级的绩效工资。

绩效考核期：年度，即每年考核1次。

适用职级：（省略）

2）发放标准。

(1) 绩效工资根据个人的绩效考核结果进行发放。

举例（省略）

(2) 各职级绩效考核结果的反馈时间根据绩效考核制度而定，超期未提交绩效考核结果的，计入下次绩效考核期的工资中。

3）发放时间。

(1) 月度绩效工资发放时间：月度绩效考核薪酬计入当月工资，于次月发薪日发放。

举例：三月份的绩效考核工资计入三月份工资中，于四月份发薪日发放。

(2) 季度绩效工资发放时间为季度绩效工资计入当前季度最后一个月，于下个季度的第一个月的发薪日发放。

举例：（省略）

(3) 年度绩效工资发放：年度绩效工资计入公司财年的最后一个月，即计入每年三月份的工资中，于四月份的发薪日发放。

3. 战略工资发放标准与时间

1）发放标准。

(1)（省略）。

(2) 举例。

举例1：（省略）

举例2：（省略）

2）发放时间。

(1)（省略）。

(2) 举例。

举例1：（省略）

举例2：（省略）

（二）工资的支付

1. 计算范围

自然月（每月1日~31日或1日~30日，其中，2月为1日~28日或1日~29日）。

2. 支付时间

公司采用下发薪的形式，即每月××日发放上个月的月薪，如遇周末/节假日，则顺延至下一个工作日。

3. 支付形式

1）公司采用银行转账的形式进行工资支付。

2）未办理工资卡的员工，必须由本人携带有效证件到财务部提取工资。

3）因财务部门计算错误造成员工薪资不符的，将在下个月发放的薪资中补扣。

4. 支付流程

人力资源部依据员工考勤管理和绩效考核管理等书面信息进行薪酬核算，经公司总裁审核、审批后，作为薪酬发放的依据提报财务部，由出纳在发薪日进行薪酬的发放。

5. 代扣款项

1）按国家规定缴纳的个人所得税，由企业代扣代缴。

2）社会保险中按规定由个人承担的部分，由企业代扣代缴。

3）应偿还的借贷款项、预支工资及代垫款项。

4）请假期间应扣发的薪酬，具体按照《公司考勤管理制度》执行。

5）其他应予扣除的款项或罚款。

6. 工资支付相关事项

（省略）

7. 提前支付的情况

（省略）

第八章　工资的确定与调整

（一）工资的确定

1. 基本工资的确定

基本工资的确定主要有三步。

（1）确定岗位类别、职级和薪级。由公司岗位评估项目基于岗位价值评估的结果确定岗位的类别、职级和薪级。

（2）确定个人薪档。由岗位员工的直接上级基于能力价值评估的结果和个人的过往表现确定薪档。

（3）在确定岗位类别、职级薪级和个人薪档后，最终确定个人的基本工资。

2. 绩效工资的确定

（省略）

3. 战略工资的确定

（省略）

4. 人力资源部审核，财务部执行

在基本薪酬、绩效薪酬、战略薪酬确定之后，由人力资源部审核，审核通过后进行薪酬备案，并报财务部执行。

（二）工资的调整

1. 工资调整事项

1）工资调整的原则。

（1）贡献，即价值创造。

工资调整的核心原则是贡献（价值创造），贡献越大，工资调整越快；贡献越小，工资调整越慢。

（2）薪随岗动，易岗易薪。

工资调整必须遵循岗位变动的原则，即"薪随岗动，易岗易薪"，薪酬水平随岗位的变化而调整。

2）工资调整情况。

工资调整遵循公司的薪酬体系规定，工资调整主要包括转正、职级/薪级调整、薪档调整、其他调整等四类情况。

3）工资调整的制度。

工资调整遵循薪酬异动申请制度，主要分为四步，分别是员工提报薪酬异动申请表，直接上级审批，人力资源部审核，知会总经理。

4）工资调整形式。

（1）整体调整。

公司根据国家政策和物价水平等宏观因素的变化、行业及地区的竞争状况、公司发展战略变化以及整体效益情况而进行的调整，包括薪酬水平调整和薪酬结构调整，调整幅度及规模由薪酬委员会根据公司的经营状况决定。

（2）个别调整。

主要指职级薪级调整和薪档调整，分为定期调整与不定期调整。定期调整主要指公司根据年度绩效考核结果对员工的岗位工资进行的调整，包括职级薪级的调整和薪档的调整。薪酬级别不定期调整主要是指公司根据市场情况变化进行的职务变动等情况对员工工资的调整。

2. 试用期

1）试用期的工资事项。

（1）试用期的时长。

（省略）

（2）试用期的薪资标准。

（省略）

（3）试用期的转正标准。

（省略）

（4）试用期的转正后工资。

（省略）

2）对于优秀人才或公司的稀缺人才可以根据市场价格给予破格定

薪级、定薪档，或者招聘时有薪酬协议的按协议执行，但均须报权限领导批准，并知会人力资源部门。

3. 岗位异动

1）晋升。

员工获得晋升即员工的职级或薪级提高，责任发生变化，秉持"岗动薪变，薪随岗动"的原则，晋升后按新岗位的薪级薪档进行计薪。

2）平调。

员工进行平调即员工在同一职级范围内进行调动，秉持"岗动薪变，薪随岗动"的原则，平调后按照新岗位的薪级薪档进行计薪。

3）降职。

员工发生降职降级即员工的职级或薪级降低，责任发生变化，秉持"岗动薪变，薪随岗动"的原则，降职后按照新岗位的薪级薪档进行计薪。

4）特殊调整。

针对特批的临时性的岗位特殊调整情况，责任仅发生临时性的变化，仍按原岗位的薪级薪档进行计薪。

4. 特殊情况

1）奖励。

员工对公司发展做出具有贡献性的工作时，经人力资源部和总经办核查后，根据公司管理制度对员工进行奖励，同期调整薪档；贡献特别巨大的，由人力资源部和总经办共同商定激励方法，其中包含职级薪级的调整。

2）处罚。

（省略）

第九章 薪酬保密

（一）简述

本制度力求提供公平、公正的规则和竞争环境。各部门负责人和上级主管领导应本着公正、客观的原则进行薪酬核定工作，并对薪酬数额进行保密。

（二）薪酬保密执行

（1）公司人力资源部、财务部等所有经手薪酬信息的员工必须保守薪酬秘密。未经人力资源部审批，不得将公司的薪酬方案、标准、管理办法以及员工的个人信息透漏给任何第三方或公司以外的任何人员。

（2）薪酬信息的传递必须通过正式渠道。有关薪酬的书面材料必须加强管理。工作人员在离开办公区域时，不得将相关的保密材料堆放在桌面或容易泄露的地方。有关薪酬的电子文档必须加密存储。

（3）员工具有了解本人所在岗位的薪酬情况及向主管领导询问本人薪酬问题的权利，但应保证对自己的薪酬严格保密，信守不打听、不攀比的原则。

（4）员工对薪酬产生疑义的或其他需核查本人薪酬情况时，须主动联系人力资源部，会同财务部门出纳调阅工资明细，进行薪酬复核。

（5）薪酬信息为公司明确要求的保密事项，因泄密或因相互打探工资造成负面影响的，一经核实，对当事人实行降薪或降级处理，造成严重影响者进行辞退处理。

第十章　附则附件

（一）附则

（1）本制度规定的工资均为税前薪资。

（2）本制度自发布之日起实施，原有关薪酬制度同时废止。

（3）本制度的未尽事宜经公司总经理授权后，由人力资源部补充。

（4）与本制度相关的附件、补充意见，具有本制度的同等效力。

（5）本制度的最终解释权归人力资源部，修订权、废止权归公司总经理。

(二)附件

(1)《薪酬计算表》

(2)《岗位职级薪级薪档等级对照表》

(3)《职员薪酬等级确认表》

(4)《职员福利津贴表》

(5)《职员绩效考核成绩汇总表》

(6)《战略薪酬标准表》

(7)《岗位说明书》

第三步,编写分工。

小组成员按照各自的任务分工搜集资料、整理内容,有序推进编写工作,形成薪酬管理制度初稿。

第四步,初稿评审。

薪酬管理制度的初稿完成后,文件起草小组可组织内部评审,对制度进行评审。在评审确认的过程中,需要注意薪酬管理制度与企业其他制度的一致性、关联性和衔接性,符合企业文化的要求。

第五步,公司审批。

完成初稿审查后,起草小组需要将初稿提交公司决策层进行制度评审,以及时发现问题并修改完善。

第六步,发布执行。

在公司评审完成后,由总经理审批后发布实施,在组织内进行积极的宣传,让企业内员工进行了解和熟悉,并在之后新员工入职时,进行相应的普及。

做好以上六个环节,企业基本就能建立起一套较为完善、有效的薪酬管理制度。在制定薪酬管理制度时,企业往往还需要注意以下几个事项。

1. 充分结合相关法律制度

企业作为一个具有法人资格的实体,在经营过程中必须遵照国家的各项法律、法规和规章；其中，与薪酬管理相关的国家法律主要是《中华人民共和国劳动法》和《中华人民共和国劳动合同法》。

2. 确定制度管理的核心理念

在制定制度过程中，要将员工与企业的利益通过薪酬福利的方式紧密地结合在一起，在制度中体现相应的企业经营理念和价值观，从而促进员工与企业的共同发展。

3. 明确薪酬管理制度的基础框架

完整的薪酬管理制度一定要有一套统一的框架体系，具体包括如下几个方面。

- 主要目的，即描述管理制度制定的主要目的在哪里；
- 术语定义，即定义常见的专业术语和名词解释；
- 适用范围，即清晰定义出制度的适用范围；
- 职责分工，即定义在本项管理制度中各部门的职责；
- 主要流程，即制度涉及的工作流程图；
- 制度规定，即清晰地规定制度的具体内容；
- 相关制度，即本项管理制度引用哪些外部管理制度；
- 主要记录，即本项制度配套的激励文件；
- 制度生效，即规定制度何时正式生效。

良好的薪酬管理是运行四维薪酬的重要支撑，也是发挥四维薪酬效力的保障。在薪酬管理中，薪酬预算是我们落实四维薪酬的前提和基础，管理制度则是维护四维薪酬效力的方法。对于四维薪酬的运行来说，两者有着不可忽视的作用。

对于员工来说，明确、完善的薪酬管理是一份纲领性的指导，可以帮助他们明确企业的薪酬计划和实施目的。同时，也可以规范自己的行为，避免踩到企业的薪酬"雷区"。并且，管理制度中所涉及的项目和条款，可以给予员工充分的制度保障，在一定程度上强化了薪酬的激励性和保障性，从而鼓励员工不断地提升个人业绩。

对于企业来说，薪酬管理是维护薪酬体系的重要手段，是企业战略意图的进一步延伸。有了完善的薪酬管理，企业才能真正地让员工安心地工作，不至于对薪酬产生疑惑而频繁地离职，才能保证企业内部的稳定和发展。同时有了制度的规范，企业在薪酬各环节的具体执行和操作上，才能有法可依，才能按部就班，避免出现各种差错。

不过长期以来，企业对薪酬管理制度的设计和制定都缺乏力度，导致企业薪酬在执行的过程中逐渐失去效力，影响了薪酬的作用。其实，对于所有的企业来说，薪酬管理都是构建和落实薪酬体系的重要一环。想要建立起一套持续发挥作用的薪酬体系，我们就必须形成一套与之相匹配的、完善的、真正的可以落地执行的薪酬管理体系。

结束语

一个有趣的问题：企业的薪酬设计，如何跟上当前这个时代的快节奏变化？这是一位企业家朋友向我提出的问题。

这个问题让我深切地感受到，企业家们在面对高速变化的市场环境时，对"计划赶不上变化"而产生的内心焦虑。老板们担心薪酬跟不上时代的变化速度，担心抢不到人才，也担心留不住人才。

计划赶不上变化是因为你的计划里没有涵盖变化。过往的薪酬理论和方法之所以会失效，是因为过往的薪酬结构过于单一、变化幅度小、灵活性匮乏，致使其在面对未知的变化时，无法充分展现薪酬的调整能力和适应性。

八字方针以人性和战略作为基点，为企业的薪酬构建了良好的底层逻辑和顶层设计思维，可以从根源上为企业的薪酬设计提供理论指导；在八字方针理论的指导下，我们构建起了四维薪酬体系。四维薪酬体系很好地将岗位价值、能力创造、价值贡献、战略驱动等核心元素纳入薪酬的价值评判中，实现了对企业全方位的评估，真正实现了包容性、灵活性，和面对复杂变化的适应性，尤其是将绩效成果和战略事件统筹于一个薪酬模式下，可以更好地实现企业和个人的联结，帮助企业应对VUCA时代的快速变化。

实际上，自薪酬的概念诞生以来，就一直在随着时代的变化而变化。从工业革命开始，工厂主不重视薪酬，工人被当成"工具"，无法获得足够的工资，难以维持生活；到第二次工业革命时，企业出现了职业经理人，组织走向专业化，工人的工资变得相对稳定，出现了各种福利待遇；再到信息化革命时期，薪酬开始走向个性化、多样化、复杂化，各种薪酬模式不断出现，推陈出新。可以说变化是薪酬的常态。而如何掌握薪酬的变化，往往是企业制胜的关键！

作为一名资深的企业经营管理顾问，我对这一点深有感触。最近十几年，随着国内企业的蓬勃发展，大量关于薪酬的理论和方法，也如雨后春笋般地展现在人们面前。这其中，大量的内容如昙花一现，那些得以保留并持续"发光发热"的内容，一定是那些关于帮助企业在动荡的市场环境中，掌握制胜密码的薪酬理论和方法的内容。

在20余年的咨询管理服务中，我和我的团队始终秉持谦逊的态度，对百年薪酬发展中逐渐累积起来的薪酬经验和基本方法，进行辩证式的学习与吸收、继承与发扬、创新与发展，继而运用到企业的管理服务中，获得了大量的实践经验，并对这部分核心内容进行了整理和归纳，于是创作了这本书。

同时，我也意识到企业老板对于薪酬知识的渴求。他们想要了解关于薪酬的知识，想要知道企业在面对薪酬问题时到底该如何做。于是，我站在老板的角度，创作了本套薪酬书籍的第一册，也是本书的姊妹篇，其对企业薪酬管理的"道法"内容做了详细的讲述。在薪酬书籍的第一册中，我详细地阐述了企业在薪酬问题上所面临的核心痛点，以及解决痛点的八字方针，希望从更宏观的视角和更开阔的视野、更远大的格局上，为企业老板和管理者梳理薪酬知识，为企业的日常薪酬管理提供帮助。

不过，正所谓"纸上得来终觉浅，绝知此事要躬行"。薪酬是一门面向个体性、不确定性和无限可能性的艺术。针对每一种薪酬的特殊情况，往往需要在具体的实践中，根据企业的实际情况，进行大量的、专业的调查、分析、研究和设计，不能简单地挪用。所以，如果你在运用本书中的部分方法时，如果出现卡壳或无法具体执行时，请不要自我怀疑，欢迎与我联系并沟通交流，共同探讨解决方案。

欢迎读者朋友提供宝贵的意见，也期待与各行各业的老板、管理者、薪酬工作者和爱好者积极探讨，共同研究。

最后，对于薪酬，我还要提醒的是，薪酬是一个系统性的工程。我的每一个案例以及解决办法，往往是针对某一个问题来说的，只是一个启发，仅供参考，而非万能良药！

薪酬也是一个个性化的工程。每一家公司的愿景使命、企业文化、组织架构、岗位设置、职责权限、人才状况，外部的品牌影响、产品、市场、客户都不一样。所以，薪酬的设计往往也大相径庭。"我之良药，你之砒霜"，你的薪酬模式不一定适合我，我的薪酬模式也未必适合你。简单地套用薪酬模式，对企业的薪酬设计来说是危险的！

薪酬还是一个战略性工程。仅仅把薪酬当作一类问题的解决、一项策略的应用、一种利益模式的分配，都是极短视的行为，可能会为企业将来的发展埋下祸根，为企业长远的发展带来麻烦。当然，完全为未来而设计的薪酬，因为缺少现实的激励效果，谁又会愿意跟着你一起干呢？

对于企业来说，真正成功的薪酬体系，能够孕育出更加成功的企业，是可以帮助管理者实现"企业好、员工好、社会好"的三赢局面的薪酬体系。

读者可以通过下面的微信二维码联系作者，与作者就薪酬设计方面进行更多更广和更深度的交流，或通过下面的微信二维码索取本书中提到的相关资料。